예수교 이해를 위한 알기 쉽게 풀어쓴 성서해설서!

창세기 기독교 역사이야기
성서 속에 흐르는 하나님의 섭리 1

남 홍 진

동양서적

머 리 말

▶ 구약성서 탄생의 배경

구약성서 39권(외경 포함 46권)은 셈족의 역사를 바탕으로 하나님과 인간의 관계를 기록한 이스라엘의 역사임과 동시에 기독교의 경전입니다. 돌이켜 보면, 구약성서는 이스라엘 민족 문학의 정수(精髓)임과 동시에 인류의 소중한 보물입니다. 그러므로 성서는 이스라엘 역사의 산물로 그들의 역사적 배경과 사회생활과 사유(思惟)의 표현 방식을 모르면 이해할 수 없습니다. 왜냐하면, 성서는 사건 연대와 기록 연대가 다를 뿐만 아니라 기록한 사람과 기록한 장소가 서로 다르기 때문입니다.

또한 신구약성서는 역사적 배경이 다를 뿐만 아니라 작품 자체가 통일성 있는 단일 작품이 아닙니다. 문학적으로 분류하기 어려울 만큼 갖가지 문학유형(文學類型)이 어우러진 경서(經書)입니다. 그래서 역사적 사실을 보도한 기사(記事)에 법규와 노래가 나란히 들어가 있는가 하면, 격언, 교훈까지도 함께 들어 있습니다. 그러므로 창세기에서 요한계시록까지, 성서 전체의 내용을 획일적으로 통일시켜 하나의 문학유형으로 간주하여 읽는다면 그것은 성서의 사실성을 무자비하게 부정하거나 혼동하는 오류를 범하게 됩니다.

▶ 총서

신구약성서 66권은 일단 사건이 일어난 다음 그 사건에 대한 내용이 먼 훗날 기록되었습니다. 신구약성서가 글로 기록되기 전까지 여러 세기에 걸쳐 입(口)에서 입으로 구두전승(口頭傳承)되었습니다. 예를 들면 기원전 1850년부터 시작된 아브라함의 역사적 사실이 약 일천 년간 구두전승되어 오다가 통일왕국시대 즉,

솔로몬시대(기원전 950년)에 비로소 글로 옮겨지기 시작했습니다. 이스라엘 12지파의 백성들이 오랫동안 하던 유목생활에서 농경사회로 전환하면서, 특히 다윗왕과 솔로몬왕 시대에 이르러 자신들의 왕권을 공고히 다지기 위해 통일 이스라엘 왕조의 역사와 이스라엘 12지파의 역사를 자신들에게 유리하게 결부시키려는 의도로 그 동안 입으로만 전해 내려온 각 부족들의 전승들을 수집하여 글로 기록한 것이 성서입니다. 그래서 구약성서 39권은 각 권마다 기록 연대와 장소와 필자가 서로 다른 독립된 책들을 한 권의 책으로 편집한 일종의 총서(叢書)입니다.

▶ 시간과 공간을 초월해 성서를 읽어야 하는 이유

무엇보다도 성서를 태동시킨 사건의 주인공들의 믿음과 사건의 증인들과 사건을 기록한 필자와 오늘의 독자들 사이에는 시간적 공간적 문화적인 긴 공간이 가로 놓여 있습니다. 따라서 이렇게 깊고 넓은 사고(思考)의 공간을 이해하는 것은 어렵습니다. 우리가 성서를 읽으면 우선 사건으로서의 역사보다 기록으로서의 역사를 먼저 대하게 됩니다. 그렇다고 성서를 사건과 기록을 별개로 생각해서는 절대로 안 됩니다. 다만 성서의 배경에는 언제나 사건이 먼저 있었고, 그 다음에 그 사건에 대한 내용이 기록되었다는 사실을 전제로 읽어야 합니다. 물론 성서를 이해하는데 이스라엘의 역사를 앞세우면 마치 역사에 의해 성서가 이루어진 것처럼 생각하기 쉽고, 성서에 의해 이스라엘의 역사가 섭리된 하나님의 뜻을 저버릴 수 있습니다. 그러므로 성서학은 역사적 사실(史實)이 기록되기까지의 시간적 공간적으로 크게 벌어진 의식의 간격을 좁히려는 뜻에서 존재한다고 하겠습니다. 그런 의미에서 이 책도 성서가 탄생된 배경을 이해하는데 일조하려는 의욕에서 출간하게 되었습니다.

우리가 성서를 통해 이스라엘의 역사를 고찰하는 목적은 이스라엘의 역사와 더불어 성서가 우리에게 전달하는 하나님의 말씀을 깨닫고, 성서에 담긴 진리를 되살리는데 있습니다. 고대인들은 자신들의 역사를 기록한 목적이 사건의 진실을 후대에 전달하려는데 있었습니다. 따라서 역사는 '그들에게 어떤 사건이 있었는가?' 보다 '그 사건이 왜 일어났는가?'를 더 중요하게 생각하였습니다. 또 '역사적 사건이 주는 교훈이 무엇이냐?'에 더 많은 관심이 있었습니다. 고대인들에게 역사는 사건의 참뜻을 전달하는 유일한 수단이었기 때문에 그들은 사건의 진실을 의욕적으로 전하려고 하다가 때로는 사실을 부풀리거나 다소 수정하는 등 실수를 범하는 경우도 있었던 것이 사실입니다.

▶ 구약성서의 시대적 지리적 문화적 배경

일찍이 바벨론의 우르(Ur)지역에는 아브람의 아버지 테라가 하란으로 옮겨가기 훨씬 이전부터 여러 종족들이 모여 살았습니다. 특히 유프라테스와 티그리스 강 유역의 메소포타미아 평원과 이집트의 나일강 유역에 이르는 소위 초승달지역에는 기원전 수천 년 전부터 여러 부족들이 모여 살면서 인류의 문명을 발전시켰습니다. 특히 나일강 유역의 이집트인들은 기원전 3000년 전부터 그림 모양의 상형(象形)문자를 사용했습니다. 그러다가 기원전 2600년 경에는 웅장한 피라미드와 스핑크스와 같은 석조 문명의 꽃을 피웠습니다.

그리고 바벨론 지역에서는 기원전 3400년 경부터 수메르인들(Sumerians)이 설형문자(楔形文字)를 사용했습니다. 당시 바빌로니아의 함무라비(Hammurabi)왕조는 기원전 2123년 경에 이미 세계 최초의 법전을 사용할 만큼 문명을 발전시켰습니다. 그러다가 지금의 페니키아 지방에서는 기원전 1500년 경에 노아의 큰 아들 셈족에 의해 알파벳 문자를 개발했는데, 그 알파벳 문자로 기록한 대표적인 사례가 바로 구약성서입니다. 그 구약성서를 통해 팔레스타인에서 그리스를 거쳐 유럽 등에 널리 읽혀지기 시작한 문자가 바로 오늘의 알파벳입니다.

▶ 문자와 역사

이처럼 서구 세상에 알파벳 문자가 등장하면서부터 비로소 인류의 발자취가 기록을 통해 후세에 전달되기 시작했습니다. 조상의 발자취를 기록으로 후세에 전달하면서부터 인류의 문명은 한층 더 빠른 속도로 발전했습니다. 따라서 구약성서는 아브람을 신앙의 조상으로 하는 셈족의 후손들이 유프라테스강과 티그리스강 사이의 메소포타미아에서 지금의 레바논과 팔레스타인과 이집트의 나일강 유역으로 이어진 중동의 비옥한 소위 '초승달'지역을 중심으로 살아온 히브리인들의 종교사적 역사 이야기입니다.

▶ 성서는 하나님과 인간의 공동작품

한 마디로 신구약성서는 히브리 민족이 살아온 역사의 자취임과 동시에 하나님이 주관하신 역사의 섭리를 드러낸 계시입니다. 그렇기 때문에 구약성서를 이해하기 위해서는 우선 이스라엘의 역사를 바탕으로 하나님의 뜻을 고찰해야 합니다. 흔히 성서를 가리켜 하나님의 뜻이 담긴 하나님의 책이라고 합니다. 그러나 이스라엘의 역사는 하나님이 주관하시고, 하나님은 인간을 통해 당신의 뜻을 인간의 언어와 글을 빌어 기록하셨습니다. 그런 점에서 하나님과 인간의 공저인 성서를 우리가 이해하기 위해서는 우선 역사를 통해 드러내신 하나님의 의지를 파악해야 합니다. 그런 점에서 읽기 쉽고 간단하게 성서 전체를 개관할 수 있는 책을 써 보고 싶다는 생각을 감히 하게 되었습니다. 그러나 구약성서를 정리하는 가운데 신약성서를 구약과 함께 정리해서는 안 된다는 생각이 들었습니다. 그래서 일단 구약성서에 국한기로 했습니다. 따라서 이 책은 이스라엘의 역사를 중심으로 구약성서를 이해하는데 역점을 두었습니다.

끝으로 이 책을 쓰면서 우리 한국에서 간행된 모든 성서를 비롯하여 외경(7권)과 성서와 관련된 역사적 사실에 관한 기록들도 두루 참고했습니다. 특히 중간시대를 확인하기 위해 7권의 외경도 포함했습니다. 이 책을 펴내는데 물심양면으로 도움을 주신 분들에게 다시 한 번 감사드립니다.

2011년 5월
남 홍 진

목 차

머리말―3

제1부 창조시대

제1장 세상과 인간 창조의 이야기―11
제2장 가인이 아벨을 죽이고 고향을 떠나다―21
제3장 하나님의 심판, 노아와 홍수―26
제4장 바벨탑 이야기―36

제2부 족장시대

제1장 히브리 민족의 조상 아브라함―41
제2장 저주의 도성 소돔과 고모라―63
제3장 이삭을 봉헌한 아브라함의 믿음―70
제4장 이삭과 리브가의 혼인―75
제5장 야곱이 에서를 속이다―83
제6장 야곱의 망명과 하늘에 닿은 사다리―96
제7장 야곱이 대가족을 이루다―100
제8장 야곱이 하란을 떠나 고향을 찾아가다―112
제9장 노예로 팔려간 요셉―125

제10장 요셉이 이집트의 부왕이 되다---136
제11장 요셉과 형제들의 해후(邂逅)---150

제3부 민족해방 투쟁시대

제1장 히브리 노예의 아들 모세의 탄생 이야기---172
제2장 모세와 바로의 대결---191
제3장 이집트를 떠난 히브리인들---207
제4장 모세에게 내려주신 성약(聖約)---229
제5장 시내산에서 가데스에 이르기까지---253
제6장 광야에서 40년 유랑한 곡절---263
제7장 여호수아를 후계자로 선정하다---300

제1부 창조시대

제1장 세상과 인간 창조의 이야기

1. 위대한 창조

옛날, 아득한 그 옛날, 시간의 개념이 존재하기 전이었다. 우주에는 오로지 어둠 속에 하나님만 계셨다. 그때 아무 형체가 없이 흑암에 덮인 물 위에 계신 하나님의 영이 텅 빈 우주 공간을 향해 이렇게 외치셨다.

"빛이 있어라."

그러자 처음으로 빛이 생겨 환해졌는데 하나님이 보시기에 참 좋았다. 하나님께서 말씀으로 창조하신 그 빛의 강도를 조정하셔서 밝음을 '낮'이라 부르시고, 빛의 강도가 낮은 어둠을 '밤'이라고 하셨다. 우주에 생긴 빛으로 말미암아 길기만 했던 어둠이 사라지고 처음 밝아진 날이 이 땅에 첫 아침이었다.

그 다음에 하나님께서 이렇게 말씀하셨다.

"물 가운데 넓은 공간에 물과 뭍이 나누어져라."

그러자 말 그대로 되었다. 하나님께서는 이렇게 뭍과 물로 지구의 공간을 분리하신 다음 올려다 본 창공을 '하늘'이라 하고, 하늘 아래 물이 한 곳에 모인 곳을 '바다'라고 하셨으며, 물이 한 곳으로 모이면서 드러난 뭍을 '땅'이라고 하셨다.

하루였는지, 일주일이었는지, 아니면 아주 긴 세월이었는지, 해가 뜨고 지는 밤과 낮이 계속되면서 우주에는 태양과 달과 별이 생겼고, 땅에는 태양의 열로 시간의 흐름을 잴 수 있는 음양(陰陽)이 구분되었으며, 그 음양의 작용에 따라 또 다른 위대한 창조작업이 계속되었다. 그러나 그때까지 땅은 아무 것도 없는 단순한 흙일 뿐이었다. 그런데 하나님께서 또 다시 말씀하셨다.
"물은 생명의 근원으로 생물을 번성케 하라. 흙에는 푸른 싹이 돋아나 꽃이 피고 씨 있는 열매를 맺어라."
비로소 바다와 땅에는 서로 다른 형태의 생물이 생겨나서 저마다 제 모습을 갖추기 시작했다. 그러나 이들 생물은 모두 움직이지 않는 생물들이었다(창 1:1-19).

◈ 신구약성서의 세계

구약성서와 신약성서의 사건 무대는 이 지구 표면의 넓은 세계를 상징할 뿐 사실적 이야기의 장소는 별로 넓지 않은 일부 지역에서 일어난 이야기들이다. 흔히 초승달 지역이라고 일컫는 지중해(地中海)의 동쪽 지역인 나일강 유역의 이집트와 팔레스타인과 메소포타미아와 소아시아에서 그리스, 남부 이탈리아와 중부 이탈리아 등지가 성서의 역사적 무대이다. 그리고 덧붙인다면 스페인도 일부 관련이 있을 것으로 본다.

---

2. 천지 만물의 주인을 빚으시다

닷새째 되는 날 하나님께서 말씀하셨다.
"바다에는 물고기가 생기고, 창공에는 하늘을 나는 새가 생기고, 땅에는 발이 달린 짐승이 생겨라."
그러자 바다에는 감각이 통하는 생명체가 생겼고, 하늘에는 날짐승들이 날아다녔으며, 땅에는 각종 짐승들이 나타나 서로 다른 갖가지 소리를 내기 시작했다. 하늘과 땅과 바다에는 여러 형태의 생명체들이 골고루 생겨나 적당히 조화를 이루자 하나님은 보시고 참 좋아하셨다. 그러나 이들 생명체를 이해하고 사랑해줄 주인이 없었다.
하나님께서는 당신이 친히 창조하신 우주 만물에 대한 주인이 필요하다고 생각하시고, 엿새째 되는 날 약간의 흙 부스러기를 모아 섬세한 모양의 한 형체를 빚으셨는데 그것이 바로 하나님 자신을 닮은 인간이었다. 하나님이 손수 빚으신 인간의 콧구멍을 통해 숨을 불어넣자 인간은 영혼이 담긴 생명체로 탄생했다. 하나님은 이렇게 흙으로 빚으신 인간에게 히브리말로 '아담(Adam)' 즉 '인간'이란 의미로 이름을 지으셨다. 그리고 아담에게 이르셨다.

"너는 많은 자녀를 낳고 번성하여라. 너의 자손들이 땅을 가득 채우고, 바다의 고기와 공중의 새와 땅의 모든 생물을 지배하라. 그리고 땅에서는 씨 맺는 식물과 열매 맺는 모든 나무를 주었으니 그것이 너의 양식이 될 것이다."

하나님께서는 자기가 창조하신 우주의 만물과 인간을 보시고 참 좋아하셨다.

일곱째 되는 날은 하나님께서 모든 창조물을 축복하기 위하여 하루를 거룩하게 쉬셨다. 그런 다음 하나님께서는 에덴(Eden)의 동쪽에 아름다운 낙원(Paradise)을 가꿔 놓고 아담에게 이르셨다.

"내가 땅 위에 씨 있는 채소와 열매 맺는 나무를 모두 너희에게 주겠다. 그것은 너의 먹을거리가 될 것이다. 그 외에도 모든 짐승과 공중의 새 등 네가 다스리는 모든 생명체들에게도 풀과 열매를 먹을거리로 주겠다."

그리고는 아름다운 낙원을 아담에게 맡기셨다. 그 낙원에는 네 줄기의 큰 강이 에덴동산을 적시며 흘러가 땅을 기름지게 했는데, 첫째 강은 순금과 진귀한 향료와 보석이 많은 하윌라(Havilah)를 흐르는 비손(Pishon)강이고, 둘째는 구스(Cush)를 굽이쳐 흐르는 기혼(Gihon)강이며, 셋째는 앗시리아(Assyria) 동쪽의 티그리스(Tigris)강이고, 넷째는 유프라테스(Euphrates)강이었다(창1:20-2: 1-14).

3. 인간을 사랑하시기에 준 첫 계율

하나님께서 만드신 낙원에는 아담에게 부족한 것이 없었다. 언제나 아담의 식성에 알맞고 영양분이 풍부한 식물이 두루 갖추어져 있었고, 사시사철 맑은 냇물이 흐르고, 과일 나무를 비롯해 갖가지 아름다운 꽃들이 골고루 어우러져 있었다. 그리고 낮에는 뜨거운 태양열을 가려 주는 그늘과 밤에는 바람을 막아 주는 방벽도

◆ 구약성서를 기록한 언어

최초에 구약성서를 기록한 언어는 히브리어를 비롯해서 아람어와 그리스어이다. 22자의 자음(子音)만으로 구성된 알파벳으로 표기(表記)되는 히브리어의 문자는 여러 번의 발전 단계를 거쳐 이루어졌다. 바벨론 유배시대(기원전 586-538년) 이후 비로소 오늘의 네모꼴 글자(마소라 텍스트=MT)가 이루어졌다(외경).

그리하여 오늘의 구약성서 원문은 마소라 텍스트(약어 MT)이다. 대부분 히브리어로 기록되었고, 일부 아람어와 그리스어로도 쓰였다. 히브리어는 셈족 문화권의 언어로서 이미 가나안에서 사용되고 있던 말을 이스라엘 백성들이 자신들의 언어로 토착화시킨 것이다. 히브리어는 솔로몬시대로부터 바벨론 유배(기원전 587) 이전까지 전성기를 이루었다. 그러다가 바벨론 유배 이후에는 아람어가 통용되었다.

아람족은 일찍이 아라비아 반도에서 시작하여 유목생활을 하다가 기원전 2000년대 후반부터는 메소포타미아에서 살다가 다마스쿠스 쪽으로 내려와 정착한 사람들이다. 그들은 다마스쿠스에서 도시국가를 형성하며 살아왔다.

아랍인들의 아람어는 기원전 7세기 경에 아카드어(아시리아의 공용어)를 제압하면서 세력을 떨치기 시작하여 기원전 5~6세기에는 자연히 팔레스타인의 공용어가 되었고, 기원전 331년 경에 이르러 그리스의 알렉산더 대왕이 중동의 전 지역을 정복할 때까지 팔레스타인의 공용어로 사용되었다. 따라서 예수님과 사도시대의 팔레스타인의 이스라엘 백성들이 사용한 언어는 아람어이다. 그러다가 알렉산더 대왕의 동방원정과 함께 그리스어가 널리 통용되기 시작했다. 이때부터 확산된 그리스 문화, 즉 헬레니즘의 문화권에서 통용된 그리스 언어를 코이네(Koine)어라고 한다. 신약성서는 모두 이 코이네 그리스어로 기록되었다. 이 변형된 그리스어는 기원전 4세기 중엽부터 동부 지중해 연안 지역에서 일상회화로 사용된 말로 소위 고전적(古典的) 그리스어, 이른바 속화(俗化)된 그리스어이다. 이 코이네 그리스어는 기원전 333년 경부터 기원후 5세기까지 약 8세기에 걸쳐 통용된 헬레니즘 문화권의 공용어로 사용되었다.

갖추어져 있었다.

그러나 단 하나 선악과(善惡果)라는 예외적인 나무 한 그루가 있었다. 하나님은 아담에게 에덴동산의 모든 것을 다 차지할 수 있지만 다만 선악과나무의 열매만은 함부로 따먹지 말라고 당부하셨다. 그 이유는 하나님께서 아담을 사랑하셨기 때문

> ◆ **구약성서를 경전으로 하는 종교**
>
> 히브리어로 기록된 구약은 비단 유대교와 기독교만의 경전이 아니라 다른 종교에서도 그 내용을 공유하는 것이 특징이다. 유대교와 이슬람교는 세계적인 대 종교이면서도 기독교가 전달받은 구약의 내용을 공유하고 있다. 이러한 현상이 야기된 이유는 유대교와 그리스도교와 더불어 이슬람교는 '셈족의 문화권'을 배경으로 형성된 종교이기 때문이다. 고대 근동지역에 유포되어 살던 셈족의 뿌리에서 태동한 종교이기 때문에 이슬람교의 경전 쿠란(코란)과 유대교의 경전인 구약성서는 모두 셈족의 언어로 기술되었다. 다만 셈족의 언어가 여러 갈래인데 그 중에 쿠란은 아랍어로 기록되었고, 유대교와 그리스도교의 경전인 구약은 히브리어와 아람어로 기록되었다. 구약성서가 이러한 역사적 배경에서 기록되었기 때문에 아브라함과 모세와 같은 구약성서의 위대한 인물들은 유대교와 이슬람교에서도 성인으로 존경의 대상이 되고 있는 것이다.

에 그를 특별히 보호하기 위해 배려하신 자율적인 계율이었다. 왜냐하면, 아담에 대한 하나님의 사랑은 어디까지나 순종을 전제로 하셨기 때문에 단 하나의 예외적인 규정을 만들어 놓고, 아담으로 하여금 그것을 지키라고 당부하셨던 것이다(창 2:15-22).

4. 아담의 짝을 빚다

낙원에는 모든 것이 풍부했지만 아담은 언제나 혼자였기 때문에 늘 외로웠다. 하나님께서는 아담이 외로워하는 것을 아시고 모든 동물을 그가 사는 낙원으로 보내 주셨다. 그리고 아담으로 하여금 모든 동물과 더불어 사이좋게 살도록 배려하시는 한편 동물들의 이름도 그가 알아서 적당히 짓도록 하셨다. 그러자 영리한 아담은 동물마다 생긴 모습에 걸맞게 이름을 하나하나 지었다.

그러나 세상의 모든 동물의 주인이었던 아담은 자신의 마음을 의지하고 생각을 나눌 친구가 없었다. 아담은 모든 것이 풍부하고, 자유스럽고, 평화스러웠지만 늘 고독했다. 아담의 고독한 처지를 안타깝게 여기고 하나님께서 말씀하셨다.

"사람이 혼자 있는 것이 좋지 못하니 내가 그를 도울 적합한 짝을 만들어 주겠다."

하나님은 아담이 잠들었을 때 그의 갈빗대[1] 하나를 뽑아서 여자를 만드셨는데 그가 바로 히브리말로 '생명'이란 의미의 '이브(Eve)'였다. 하나님께서 이브를 아담에게 데려가자 그는 너무 좋아 큰 소리로 외쳤다.

"이제야 나타났구나! 당신은 내 뼈 중의 뼈요, 살 중의 살이로구나. 남자에게서 나왔으니 당신을 여자라고 부르리라. 우리는 오늘부터 하나가 되는 거요."

영리한 아담은 장차 이브가 인류의 어머니가 될 것이라 하여 이름을 다시 '하와'라고 불렀다. 아담이 하와를 아내로 맞아 좋아하는 것을 보신 하나님은 그에게 더 큰 축복을 베푸셨다. 그리하여 이때부터 남자가 부모를 떠나 자기 아내와 함께 부부가 되는 새 삶이 시작되었다.

"온 대지에 과실을 풍부하게 채울 테니, 너는 나를 대신해 모든 창조물을 다스려라. 바다의 물고기와 하늘의 새와 땅 위에 살아 있는 모든 동식물의 주인이 되어라."

하나님은 아담이 하와를 맞아 좋아하는 모습을 보시고 길이 축복하셨다. 이렇게 천지 만물의 주인이 된 아담과 이브는 낙원에서 아무것도 걸치지 않고 벌거벗은 몸으로 살았지만 그들은 서로 부끄러운 줄 모를 만큼 자유를 누렸다(창 2:18-22).

5. 인간의 본질과 인류의 타락

그런데 낙원에는 모든 동물이 행복하게 사는데 유독 함께 어울리지 못하는 동물이 하나 있었다. 그것은 바로 키가 크고 화려한 뱀이었다. 뱀은 아담과 하와의 행복한 모습을 볼 때마다 시기와 질투심에 사로잡혔다. 심기가 뒤틀린 뱀은 아담

---

[1] 갈비뼈는 사람의 신체구조 중 가장 중요한 부위를 보호하는 뼈이다. 따라서 갈비뼈를 나눠주어 이브를 만들었다는 이야기는 자신의 위험을 무릅쓰고 남을 위해 자기를 기꺼이 내어 놓는 큰 사랑을 의미한다.

과 하와의 처지가 자기처럼 불행하기를 바랐다. 그러던 어느 날 하와에게 찾아가 말을 걸었다.

"당신은 에덴에 있는 과일을 모두 따먹을 수 있지요?"

"아닙니다. 선악과의 열매만은 함부로 따 먹을 수 없습니다."

"아, 그렇군요. 하나님은 그 과일만은 따 먹지 못하게 하실 거예요. 왜냐하면, 만일 당신이 그 과일을 따 먹으면 하나님처럼 현명해지기 때문이지요. 그러니 당신도 하나님이 되고 싶거든 그 선악과를 따 먹으세요. 절대로 죽지 않고, 당신도 만물의 창조주 하나님이 될 수 있습니다."

간교한 뱀은 하와 스스로 함정에 빠지도록 유혹했다. 뱀의 그럴듯한 말에 하와는 혼란에 빠졌다. 하나님께서 굳이 선악과만 따 먹지 못하도록 하신 이유가 무엇인지 궁금해지면서 의심하기 시작했다. 어쩌면 뱀의 말이 사실처럼 들려 호기심에 사로잡혔다. 유혹에 빠진 하와는 몇 번을 망설이다가 탐스러운 선악과를 덥석 움켜잡았다. 순간 큰 잘못을 저지른다는 생각이 들었지만 유혹을 뿌리치기 힘들었다. 그녀는 대담하게도 아담에게 함께 먹자고 권했다. 아담은 하와의 말에 덜컥 겁이 났다. 하지만 하와를 자신의 몸처럼 사랑한 아담은 아내의 권유를 뿌리치지 못했다.

아담이 하와와 함께 선악과를 먹는 순간 갑자기 아름다운 낙원의 환경이 바뀌기 시작했다. 그 동안 벌거벗고 살았던 자신의 알몸이 수치스러워져 밝은 빛을 대하기가 싫었다. 아담은 무화과 나뭇잎으로 자신의 부끄러운 치부를 가리고 이슥한 그늘 아래 숨었다. 그러나 하나님의 손길을 벗어나지는 못했다. 그날 저녁 하나님으로부터 불호령이 떨어졌다(창 3:1-7).

> ◈ 구약성서 태고사에 대한 올바른 해석; 성조 설화의 예비 선사(先史)
>
> 창세기의 첫 부분인 1~11장까지를 흔히 성서의 '태고사'라고 한다. 설화라는 이 표현은 성서 말씀의 진위를 의심케 하는 경우가 있어서 별로 좋지 않은 표현이다. 아무튼 성서의 태고사는 지구의 역사와 인간의 기원에 관한 흥미롭고 신비로운 자료들로 구성된 이야기로서 과학적 소재로 생각하게도 한다. 그러므로 처음부터 성서는 물리학이나 지질학 또는 생물학의 교과서가 아니라는 사실에 유의하여야 한다.
>
> 우리는, 성서의 태고사가 우주와 인류의 생성(生成)에 관한 일종의 사실 보고(보도)라는 의식이 널리 퍼져 있는 통념(通念)에서 벗어나야 한다. 오히려 그것은 이스라엘 각 부족(지파)들의 역사를 인류 역사의 큰 시야(視野) 안에 옮겨놓고 우주의 기원과도 결합시키려는 매우 대담한 시도를 했고, 또 정확히 말하면 거기에 나무랄 데 없이 완전히 성공한 걸작이라고 할 수 있다.
>
> 따라서 창세기 1장에서 11장에 묘사된 기원사(起源史) 전체는 '이스라엘 민족사의 서곡(序曲)'으로 평가되어야 한다. 이 서곡 안에서는 장조(長調) 또는 단조(短調)의 여러 가지 주도악구(主導樂句)가 울리고 있는데, 이것은 이스라엘 민족의 입장을 정의하고 그 존재를 해명하기 위해서 뿐만 아니라 장래의 성취(成就)를 위해서도 근본적으로 중요하다.

6. 하나님과 인간의 새로운 관계

"아담아, 너는 지금 어디에 있느냐?, 너는 그 선악과를 왜 따 먹었느냐?"
당황한 아담은 책임을 아내 하와에게 전가했다.
"저와 함께 살도록 하신 저 여자가 주기에 먹었습니다."
하와 역시 책임을 전가했다.
"뱀이 꾀어서 따 먹었습니다."
그러나 하나님은 속지 않으셨다. 하나님은 준엄하게 심판하셨고, 아담과 하와는 그 길로 낙원에서 쫓겨났다. 에덴에서 쫓겨난 아담과 하와에게는 고달픈 삶이 시작되었다. 그 동안 한 번도 겪어 보지 못한 굶주림과 죽음에 대한 공포 속에서 무엇을 먹을까? 무엇을 입을까? 걱정하기 시작했다.

하나님의 심판은 거기서 끝나지 않았다. 그 동안 똑바로 서서 걸어 다닌 뱀도 저주를 받았다.

"너는 처음부터 일을 저질렀으니, 모든 가축과 들짐승들 보다 더 엄한 저주를 받아 죽을 때까지 배로 기어 다니면서 흙을 핥아먹어라."

뱀에게는 사람들로부터 증오의 대상이 되는 벌을 내리셨다. 그리고 본래 아담과 동등한 권리를 부여 받았던 이브에게는 이렇게 말씀하셨다.

"이브, 너는 산고의 진통을 겪으며 자식을 낳고 남편을 사모하게 될 것이며, 남편은 너를 다스릴 것이다."

> ◈ **알파벳의 발생지 페니키아**
>
> 페니키아는 오늘의 지중해 동쪽 연안과 레바논 산맥에 길게 놓여 있는 나라로 이스라엘 북쪽에 위치하고 있었다. 이 나라는 산맥이 천연적인 국경을 이루고 있었고 좁은 협곡들이 많아 대륙으로 확장하기가 어려웠다. 게다가 아람, 이스라엘, 블레셋 등의 강국들이 주변을 둘러싸고 있었기 때문에 페니키아인들은 자신들의 미래를 위해 바다로 진출할 수밖에 없었다. 그리하여 일찍부터 해상무역과 조선기술이 발달해 북아프리카 및 에스파니아에 이르기까지 교역을 펼친 무역국이었다.
>
> 당시 비블리스, 시돈, 두로 등의 항구 도시가 부흥한 것도 이러한 이유에서이다. 또한 그들은 염색, 유리공업, 금은세공에도 뛰어난 기술을 가지고 있었다. 그리고 이 지역은 대부분 삼림지역으로 목재에 쓸 수 있는 좋은 나무들을 많이 수출하였다. 그럼에도 불구하고 여러 도시들은 독립된 채 통일국가로 발전하지 못했다.
>
> 두로의 통치자 히람왕(기원전 981-947)은 다윗, 솔로몬과 협정을 맺어 이스라엘의 건축, 예술, 상업에 큰 영향을 주는 등, 페니키아의 백향목과 삼목들, 그리고 유능한 성원들과 기술공들을 이스라엘에 보내 주었다. 솔로몬이 아프리카 등지까지 교역을 펼칠 수 있었던 것도 페니키아의 도움을 받았기에 가능했다. 페니키아의 여러 도시국가들은 기원전 8세기부터 앗시리아에 의해 시돈에게 점령당한 것을 기점으로 그 기반이 기울기 시작하여 기원전 333년 그리스의 알렉산더 대왕의 점령에 이르러서는 국가로서의 위치를 상실하게 되었지만, 기원전 1세기에는 그리스 철학과 그리스 문화의 중심지가 되었다.

하나님은 이브에게 지배 당하고 순종해야 하는 벌을 내리셨다. 그리고 아내의 꾐에 넘어간 아담에게는 흙을 통한 노동의 대가로 살 수 있도록 하셨다.

"너는 아내의 말에 넘어가 따 먹지 말라고 미리 일러둔 나무 열매를 따 먹었으니, 너도 저주를 받으리라. 너는 이제부터 죽도록 고생해야만 먹고 살 수 있다. 너는 들에서 나는 곡식을 먹고 살 수 있는데, 땅은 가시덤불과 엉겅퀴가 무성하리라. 그리고 아담 너는 흙에서 난 몸이니 흙으로 돌아가기까지 이마에 땀을 흘려야 낟알을 얻어먹을 수 있다. 너는 본래 먼지였으니 다시 먼지로 돌아가리라."

그러나 하나님은 처음부터 아담과 이브를 극진히 사랑하셨기에 그들을 아주 내치시지는 않았다. 비록 낙원에서 쫓아내셨지만 그들로 하여금 당신이 창조한 모든 생명체 중에 가장 존귀한 으뜸의 위치를 차지할 수 있는 자리만은 그대로 배려하셨다. 그리하여 아담과 이브는 비록 에덴에서 추방당했지만 여전히 하나님을 경배할 수 있는 권리와 모든 만물에 대한 선택의 자유를 누릴 수 있는 특권을 부여하셨다(창 3:13-24).

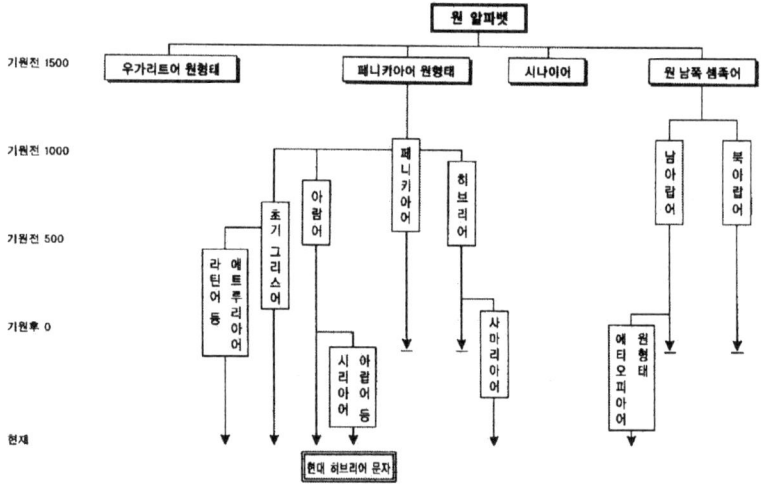

● 알파벳 계보

제2장 가인이 아벨을 죽이고 고향을 떠나다

1. 성격이 다른 가인과 아벨

낙원에서 추방당한 아담과 하와가 첫 아들을 낳았는데 그가 바로 가인(Cain)이었고, 두 번째 아들이 아벨(Abel)이었다. 가인과 아벨은 한 모태에서 태어난 형제 사이였지만 태어날 때부터 성품이 서로 달랐다. 가인은 태어날 때부터 체질이 강인하고 고집이 세고 무슨 일이나 한 번 마음먹으면 끝까지 해내고야 마는 성격이었다. 그러나 동생 아벨은 욕심이 없을 뿐만 아니라 매사에 사색적이었다. 이들 형제의 성격 차이는 성장하면서 더욱 두드러지게 드러났다. 그리하여 살아가는 삶의 방법도 서로 달랐다. 가인은 해가 뜨면 들에 나가 땅을 일궈 씨를 뿌리고 싹을 가꿔 이삭을 거두는 농부가 되었고, 아벨은 동물을 사랑하고 생명을 소중히 여기는 양치기 목자가 되었다.

그런데 어느 날 가인과 아벨은 가을걷이 추수기를 맞이하여 하나님께 제물을 바쳤다. 가인은 자기 농장에서 거둬들인 농산물 중에서 제일 잘 익은 것만 골라 보라는 듯이 푸짐하게 바쳤다. 그러나 아벨은 자기가 돌보는 양떼 중에서 처음 탄생한 새끼 양 한 마리를 바쳤다. 가인은 자기의 제물이 아벨의 제물과는 상대가 되지 않는다고 생각했다. 그러므로 하나님은 당연히 자신의 제물을 칭찬해 주실 것이라고 자신만만했다. 그런데 웬일인지 하나님은 푸짐한 자신의 제물보다 아벨의 단순한 제물을 더 칭찬하시는 것이었다. 가인은 도저히 그런 하나님을 이해할 수 없었다.

그러나 이들 형제는 하나님을 경외하는 점에서 다르지 않았지만 제물을 바치는 동기에 차이가 있었다. 왜냐하면, 제물을 바치는 가인의 자세에 문제가 있었다. 그 사실을 깨닫지 못한 가인은 울화가 치밀어 불평을 토했다.

"도대체 공의로우신 하나님은 왜, 내 제물이 아벨의 제물보다 좋은 것을 모르실까?"

아벨이 바친 새끼양은 그가 직접 기른 것도 아닐 뿐더러 스스로 자란 것이었다. 그것도 여러 마리 중에서 단 한 마리 고른 것에 불과했다. 이에 비하면 가인은 자기가 바친 농산물은 질적으로나 양적으로나 아벨의 제물과는 상대가 되지 않는다고 생각했다. 그것은 처음부터 자신이 땅을 일궈 씨를 뿌리고 싹을 가꾸어 열매를 거둬들인 노력의 대가로서 칭찬을 받아야 마땅한데 그 성의와 노력을 몰라보시는 하나님이 공평하지 못하다고 생각하고 불평을 토했다. 그러자 하나님께서 꾸짖으셨다.

"가인아, 무엇 때문에 시샘하느냐? 만약 네가 열심히 노력했다면 그것을 굳이 말할 필요가 없지 않으냐? 네가 그렇게 했다면 나는 너를 인정한다. 악한 생각은 언제나 자만심에서 일어난다. 너는 그 자만심을 버려야 한다"(창 4:1-7).

2. 인류 최초의 살인자와 순교자

그러나 가인은 하나님의 충고를 받아들이지 않았다. 불만에 찬 가인은 자기 집에 돌아온 후에도 여전히 분이 풀리지 않았다. 시기와 질투에 사로잡힌 가인은 하나님의 칭찬을 받은 동생 아벨이 미웠다. 만일 아벨의 제물이 없었다면 하나님께서 자신의 제물을 칭찬했을 것이라고 생각하며 가인은 밤새도록 분을 삭이지 못했다. 다음 날 아침 가인은 양떼의 우리 옆으로 걸어가고 있는 아벨에게 말을 걸었다.

"아벨, 나와 잠시 들로 나가지 않겠나, 내가 보여줄 것이 있는데…"

"그래…"

아벨은 순순히 가인을 따라나섰다. 가인은 아벨을 데리고 넓은 밀밭을 가로질러 풀잎이 무성한 벌판으로 갔다. 수풀이 우거진 들녘에 이르렀을 때 가인이 걸음을 멈추고 한 지점을 가리켰다.

"저기를 좀 봐라."

"나는 아무 것도 보이지 않는데.."

아벨이 뒤돌아보는 순간 커다란 나무 몽둥이가 허공에서 내리 덮쳤다. 아벨이 본능적으로 두 팔을 들어 내려치는 몽둥이를 막으려 했지만 역부족이었다. 가인의 묵직한 몽둥이가 아벨의 머리를 내리치는 순간 그대로 땅에 털썩 고꾸라졌다. 아벨을 단숨에 죽인 가인은 땅에 구덩이를 파고 아벨의 시신을 옮겨다 흙과 솔잎으로 대충 묻었다. 바로 그때 갑자기 먹구름이 태양을 가리고 사방이 어두워지면서 강한 바람에 실린 잡초가 가인의 종아리를 후려쳤다. 겁먹은 가인이 우왕좌왕 할 때 격노한 하나님의 음성이 들렸다.

"가인아, 지금 너의 동생 아벨은 어디에 있느냐?"

"저는 모릅니다. 제가 동생을 지키는 사람입니까?"

가인이 잡아떼는 순간 억센 회오리바람이 휘몰아쳤다. 가인이 겁을 먹고 땅에 무릎을 꿇은 채 부들부들 떨었다. 그때 다시 하나님의 음성이 들렸다.

"가인아, 네가 지금 무슨 짓을 했느냐? 지금 네 동생의 억울한 피가 땅 속에서 호소하고 있다. 잘 들어라. 너는 이제 아벨의 피로 물든 이 땅에서 더 이상 경작할 수가 없다. 너는 아무리 정성을 다해 씨를 뿌리고 가꿔도 식물이 자라지 않을 것이다. 너는 당장 이곳을 떠나라. 다른 광야로 가서 먹을 것을 찾아 떠도는 방랑자가 될 것이다."

지엄한 명령을 받고 겁먹은 가인이 하늘을 우러러 용서를 빌었다.

"오! 주님, 그것은 너무 가혹하십니다. 제가 더 이상 이 땅에서 식물을 보살피지 못하다니요. 저의 고향과 집을 떠나 광야의 방랑자가 된다면 저는 위험합니다. 어디서 누구든지 저를 본 사람은 동생을 죽인 살인자라고 쳐 죽일 것입니다"(창

4:8-14).

3. 방랑하는 가인의 후손들

가인이 참담한 심정으로 울부짖을 때 다시 하나님의 음성이 들렸다.

"가인아, 그 점은 염려하지 마라. 나는 너를 아무나 해치도록 내버려두지 않겠다."

가인을 안심시킨 하나님께서 다시 말씀하셨다.

"이 사람을 죽이는 자는 일곱 곱절로 벌을 받을 것이다."

그리고는 가인을 함부로 죽이지 못하도록 그의 머리에 인을 쳐 주셨다. 가인은 그 길로 짐을 챙겨 동쪽을 향해 집을 떠났다. 정처 없이 길을 나선 가인은 에덴의 동쪽 놋(Nod)에 이르러 짐을 풀었다. 얼마동안 놋 지방에 머물러 살면서 아내를 맞아 가정을 꾸리고 아들을 낳았는데 그가 바로 에녹(Enoch)이었다.

그 후 에녹이 장성하여 이랏(Irad)을 낳았고, 이랏은 므후야엘(Mehujael)을 낳았고, 므후야엘은 므드사엘(Methushael)을 낳았고, 므드사엘은 라멕(Lamech)을 낳았다. 그리고 라멕에게는 아다(Adah)와 씰라(Zillah)두 아내가 있었는데, 아다는 야발(Jabal)을 낳았다. 아다는 이때부터 천막에 살면서 가축을 기르는 유목민의 조상이 되었고, 그의 동생 유발(Jubal)은 수금과 피리를 만들어 부는 최초의 음악가가 되었다. 그리고 씰라는 두발-가인(Tubal-Cain)을 낳았는데, 그는 장성하여 구리와 철로 각종 기구를 만드는 장인이 되었다(창 4:15-22).

4. 아담에게 다시 아들, 셋이 태어나다

가인이 동생을 죽이고 집을 떠난 후 아담과 이브는 한동안 시름에 잠겼다. 그러다가 아담이 130세 되던 해에 하나님께서 또 다른 아들을 낳도록 축복하셨다. 아담이 자신을 닮은 아들을 얻고 이름을 셋(Seth)이라 지었다. 그것은 '하나님께서 가인이 죽인 아벨 대신 나에게 다른 아들을 주셨다'는 뜻이었다. 셋이 태어남으로써 아담과 하와는 비로소 가인이 동생을 죽이고 집을 떠난 슬픔을 달랠 수 있었다. 그리고 셋이 장성하여 낳은 아들을 에노스라고 이름을 지었다. 바로 에노스가 처음으로 하나님의 이름을 부르기 시작했다.

한편 아담은 셋을 낳은 후 800년을 더 살다가 930세에 죽었다(창 4:25-26).

5. 아담의 아들 셋으로부터 노아의 홍수 이전의 족장들

그 후 세월이 흘러 셋이 105세 되던 해에 첫 아들을 낳았는데 그가 바로 에노스였다. 셋은 에노스를 낳은 후에도 807년을 더 살다가 930세에 죽었고, 에노스가 장성하여 90세에 게난(Kenan)을 낳은 후 815년을 더 살다가 905세에 죽었다. 그리고 게난이 장성하여 70세에 마하랄렐을 낳았고, 그 후 840년을 더 살다가 910세에 죽었다. 마하랄렐이 장성하여 65세에 야렛(Jared)을 낳은 후 830년을 더 살다가 895세에 죽었다. 그리고 야렛이 장성하여 162세에 에녹을 낳은 후 800년을 더 살다가 962세에 죽었다. 에녹은 65세에 므두셀라를 낳은 후 300년을 더 살다가 365세에 죽었고, 므두셀라는 187세에 라멕을 낳은 후 782년을 더 살다가 969세에 죽었다. 그리고 므두셀라가 182세 되던 해에 아들 라멕을 낳고, 라멕이 장성하여 182세에 아들을 낳았는데, 그가 바로 노아(Noah)였다. 노아는 인류 역사상 최초로 하나님께 인정을 받은 의인이었다.

"저주한 땅에서 수고하며 고되게 일하는 우리에게 이 아들이 위안을 줄 것이나."

노아가 태어났을 때 하나님께서 말씀하신 말씀이었다. 라멕은 노아를 낳은 후 595년을 더 살다가 777세에 죽었다.

노아의 시대는 이미 세상에 많은 사람들이 불어나 온갖 불미스러운 사건들이 쉴 사이 없이 일어나고 있었다. 노아는 500세가 지난 후 셈(Shem)과 함(Ham)과 야벳(Japheth)을 낳았다. 노아가 아들 3형제를 낳았을 때 이미 세상에는 사람들이 계속 불어나 여러 가지 형태로 살고 있었다. 하지만 하나님의 심판을 받고 고향을 떠난 가인의 후손들은 여전히 한 곳에 정착하지 못하고 이곳저곳 옮겨 다니는 유목민이 되었다(창 4:26-5:1-32).

● 아담의 족보

아담 - 셋 - 에노스 - 게난 - 마할랄렐 - 야렛 - 에녹 - 므두셀라 - 라멕 - 노아 - 함, 셈, 야벳

제3장 하나님의 심판, 노아와 홍수

1. 인간이 불어난 만큼 죄악이 불어난 세상

가인이 아벨을 죽이고 고향을 떠난 후 많은 세월이 흘렀다. 아담의 후손들은 장수하면서 많은 자손을 낳았다. 그리하여 이 세상에는 아담의 후손들이 계속 태어나 그 수효를 헤아릴 수 없을 정도였다. 그러나 세상에 많은 사람들이 불어나도 그들의 조상은 여전히 아담이었다. 그 중 하나는 동생을 죽이고 고향을 등진 가인의 후손들이었고, 다른 한 자손은 가인이 집을 떠난 후 새로 태어난 셋의 후손들

로서 모두 아담의 후손이기도 했다. 그들은 하나님을 의지하지 않고 주로 물질에 의존하면서 쾌락과 영화를 추구하였다. 그 중에 가인의 자손을 흔히 '사람의 자손'이라고 불렀다. 그러나 셋의 후손들은 하나님을 의존하는 정신문화를 추구했는데 '하나님의 자손'이라는 이름을 얻었다.

세월이 흐를수록 세상에는 가인과 셋의 후손들이 계속 불어나면서 그들 사이에 많은 문제가 발생했다. 특히 하나님을 저버린 가인의 후손들이 불어나 세상은 점점 사악해졌다. 하나님을 모르는 가인의 후손들은 하나님 보다 자신들의 능력을 의지했기 때문에 문제가 많았다. 서로 헐뜯고, 시기하고, 질투하고, 남의 것을 훔치고, 서로 죽이고, 억압하고, 때로는 집단 패싸움까지 서슴지 않았다. 하나님을 저버린 저들의 세상은 마침내 스스로 정화할 수 없는 지경에 이르렀다. 하나님께서 끝없이 죄악이 창궐하는 세상을 지켜보시다가 마침내 중대한 결단을 내리셨다.

"내가 창조한 사람을 지상에서 싹 쓸어버리겠다. 사람으로부터 짐승과 땅에 기어 다니는 생물과 공중의 새들까지 모조리 쓸어버리겠다. 내가 이것들을 왜 만들었는지 정말 후회스럽다."

급기야 하나님은 인간을 창조한 것 자체를 후회하셨다. 그러나 세상의 모든 사람들이 다 사악한 가운데서도 셋의 자손 중에 단 한 사람 에녹의 증손자 노아만은 하나님이 보시기에 흠 없이 하나님의 뜻에 따라 의롭게 살았다. 하나님은 마음씨 착한 노아와 그의 가족만은 살려 두기로 하셨다(창 6:1-8).

2. 하나님의 지엄한 분부

노아가 600세 되던 해의 어느 날이었다. 무더운 여름날 숲이 우거진 정원을 산책하고 있던 노아에게 지엄하신 하나님의 음성이 들렸다.

"노아야, 내가 죄악으로 가득 찬 이 세상의 모든 생명체를 멸망시키기로 결정하였다."

겁을 먹은 노아가 땅에 무릎을 꿇고 부들부들 떨고 있을 때 다시 하나님의 음성이 들렸다.

"노아야 너는 잣나무로 방주(方舟)를 만들어라.2) 길이 135미터에 너비 22.5미터, 높이 13.5미터의 방주를 만들되 지붕에서 밑으로 45센티미터 아래에 사방으로 창문을 내도록 하라. 그 옆에는 문을 내 바람이 통할 수 있게 하는데 방주 안에는 여러 개의 칸막이를 만든 다음 그 안에 네 아내를 비롯해 가족을 모두 태워라. 그런 다음 땅 위에서 숨 쉬는 생명체는 하나도 빠짐없이 모두 한 쌍씩 태워라. 그리고 40일간 먹고 살 수 있는 식량을 실어라. 내가 이 세상을 홍수로 싹 쓸어버릴 것이다. 그러나 너와 너의 가족과 방주 안에 살아남은 생명체는 홍수가 지난 후 새로운 세상에서 새 삶을 시작하게 될 것이다. 어서 서둘러 3층짜리 방주를 만들 거라."

하나님의 분부를 들은 노아는 그 길로 아들 3형제(셈·함·야벳)와 함께 배를 건조하기 시작했다. 자재를 들여와 자로 재고 톱으로 잘라 하나님께서 지시한 설계대로 큰 방주를 열심히 만들었다. 서로 싸울 염려가 있는 동물들은 따로 갈라 넣기 위해 칸막이도 층층이 만들었다. 노아는 하나님의 메시지를 직접 받았지만 평소 그런 경험을 한 적이 없었다. 그렇다고 세상에서 부귀영화를 누린 사람도 아니었다. 그저 평범한 사람으로 다만 하나님을 경외하고 의롭게 살아왔을 뿐이었다(창 6:9-22).

3. 불볕 아래 배를 만드는 노아

노아가 청명한 하늘 아래 비지땀을 흘리며 거대한 방주를 만들기 시작하자 사람들마다 보고 비웃었다. 하지만 노아는 개의치 않았다. 다만 하나님의 명령을 명

---

2) 노아의 방주는 교회를 의미한다. 노아의 배 안에 들어 있던 사람과 생명체만 홍수의 심판에서 죽지 않고, 살아남은 것처럼 하나님의 말씀에 순종하는 사람들은 구원을 받을 수 있다.

심하고 열심히 작업에 몰두했다.

  노아의 이웃 사람들은 계속 손가락질하며 비웃었다. 차츰 배의 웅장한 모습이 드러나자 멀리서 지켜보는 사람들까지 허리를 잡고 비웃었다. 마음이 착한 노아는 비웃는 사람들에게 방주를 만드는 이유를 설명했다. 그의 말을 들은 사람들은 아무도 이해하지 못했다. 그러나 하나님의 분부를 잊지 않은 노아는 배를 만드는 사실 자체가 세상 사람들에게 심판의 경고가 될 날이 올 것이라고 생각했다. 사람들은 노아의 경고를 무시한 채 여전히 먹고 마시며 잔치와 쾌락을 즐길 뿐이었다. 노아는 완성된 방주에 물이 새어 들지 못하도록 안팎으로 역청(꿀)을 바르고, 40일간 먹을 수 있는 식량도 실었다. 비상용 먹을거리로 큰 항아리에는 올리브 기름을 가득 채웠다. 그런 다음 지상의 모든 생명체를 하나도 빼놓지 않고 차례로 배안에 실었다. 한 쌍의 거대한 코끼리를 필두로 하늘을 나는 날짐승에서 미세한 곤충에 이르기까지 각종 생명체를 모두 실은 다음 7일째 되는 마지막 날에는 아들 3명과 아내와 며느리들과 함께 배안으로 들어갔다. 그리고는 배의 빗장을 걸었다.

  노아가 600세 되던 해 둘째 달 17일이었다. 오른쪽 지평선에서 바위 구름이 솟아오르면서 굵은 빗방울이 쏟아지기 시작했다. 처음에는 부슬부슬 내리던 비가 곧 후드득 큰 소리를 내며 굵은 장대비로 변했다. 하루 종일 내린 비는 다음날에도 계속 쏟아졌다. 퍼붓는 빗줄기에 시야가 가려 이웃집도 보이지 않았다. 농부들은 곡식을 살펴보기 위해 농장으로 뛰쳐나갔고, 여인들은 집안에 넘치는 빗물을 퍼내기 시작했다. 그러나 4일째가 지나 5일째 비는 계속 퍼부었다. 물이 무릎까지 차오르자 사람들은 당장 먹을거리와 값진 소지품을 챙겨 높은 곳으로 올라갔다. 그러나 비는 6일, 7일, 8일째 날도 멈추지 않았다. 처음에 하늘에서 퍼붓던 물이 나중에는 땅속에서도 솟구쳐 올랐다(창 6:13-22).

4. 세상이 물바다가 되다

평지가 모두 물속에 잠기면서 높은 언덕으로 올라간 사람들은 다시 더 높은 곳을 찾아 올라가야 했다. 그러나 높은 곳도 소용없었다. 물이 방주의 문턱까지 차올랐다. 물은 빠르게 불어나 거대한 방주를 떠받치기 시작했다. 뱃머리에 몰려온 사람들이 살려 달라고 울부짖었지만 방주의 문이 안쪽에 걸려서 밖에서 열 수가 없었다. 온 세상이 몽땅 물속에 가라앉고, 육중한 방주는 물위에 둥둥 떠서 어디론가 밀려갔다. 높은 산 정상 외에는 모든 육지가 물속에 잠겼다. 그래도 비는 계속 퍼부었다. 어쩌다 살아남은 사람들은 비로소 하나님께서 세상을 물로 심판하신다는 사실을 깨달았지만 이미 때는 늦었다. 노아는 방주 안에서 배의 천장을 사정없이 두들기는 빗물 소리를 지겹도록 들어야 했다. 매일 배의 지붕을 두들기던 빗소리는 40일이 지나서야 겨우 멈추었다. 지상에서 살아 움직이던 생명체는 모두 죽었고, 살아남은 생명체는 오직 방주 안에 있는 생물과 노아의 가족뿐이었다. 그러나 노아의 거대한 방주는 망망대해를 떠밀려 다녔다.

홍수가 시작된지 150일이 지난 후에야 망망대해에 정처 없이 떠밀리던 방주의 밑바닥이 암초에 부딪치면서 갑자기 방주가 한쪽으로 기울어 좌초되었다.3) 배가 좌초되자 노아가 소리쳤다.

"셈, 어서 비둘기 한 마리 가져 오너라."

노아는 방주의 창문을 열었다. 구름 한 점 없이 맑은 하늘에 태양이 눈부시게 빛났다. 노아는 비둘기를 맑은 하늘로 날려 보냈다. 비둘기는 넓은 바다를 가로질러 어디론가 날아갔다. 그러나 한 시간 후 내려앉을 땅을 찾지 못하고 방주로 되돌아왔다.

그로부터 7일 후 노아는 다시 비둘기 한 마리를 날려 보냈는데 이번에는 7~8시간 후에 연한 올리브 나무 잎사귀를 부리에 물고 돌아왔다. 그것은 어딘가에 육지가 드러났다는 증거였다(창 7:17-24).

---

3) 아라랏(Ararat)산의 정상.

5. 새로운 세상이 시작되다

죄악이 가득한 세상을 홍수로 심판하신 하나님은 모든 생명체들이 물속에 잠겨 전멸된 후 수위를 차츰 낮추기 시작하셨다. 다시 일주일 후 노아가 세 번째 날려 보낸 비둘기는 영영 돌아오지 않았다. 어딘가 새로 드러난 뭍을 찾았다는 신호였다. 노아는 너무 기뻐 하나님께 감사했다.

며칠 후 노아가 방주의 문을 열었을 때 비로소 높은 지대가 하나둘씩 물위로 드러나기 시작했다. 물이 빠지고 드러난 땅 위에는 식물의 새싹이 돋아나고 있었다. 노아가 새 땅의 아름다운 지평선을 바라보는 동안 하나님의 음성이 들렸다.

"노아야, 네 가족들을 데리고 배 안에서 나오너라. 배 안에 있는 모든 새와 짐승과 땅에 기어 다니는 모든 생물을 이끌어 내어 알을 까고 새끼를 낳아 땅에 우글거리도록 번식시켜라."

노아가 방주의 빗장을 풀고 아내를 비롯한 가족을 이끌고 새 땅을 밟았다. 그러나 노아의 가족이 밟은 새 땅이 어디 쯤인지 알지 못했다. 다만 방주의 밑이 높은 산꼭대기에 얹혀 있음을 알 수 있었다(창 8:15-19).

6. 노아의 제사와 하나님의 다짐

노아는 새 땅을 밟는 즉시 서둘러 그곳에 제단을 쌓고 하나님의 은덕에 감사기도를 했다. 그러자 하나님께서 노아에게 다시 말씀하셨다.

"이제 내가 너희와 너희 후손과 그리고 너희와 함께 방주에서 나온 모든 짐승과 땅의 모든 생물체에게 약속한다. 생육하고 번성하여 새 땅에 충만하여라. 땅에 사는 짐승과, 공중에 나는 새와 땅 위에 기어 다니는 것들과 바다에 사는 물고기가 다 너희를 두려워할 것이다. 내가 생명체들을 너희에게 맡긴다. 남자와 여자들은 너무 약하다. 죄악으로부터 너희를 보호해야 한다. 그러나 그것은 쉽지 않다는 것을 알아야 한다. 나는 타락한 세상을 벌하기 위해 홍수로 심판했지만 앞으로 다시는 이런 식으로 심판하지 않겠다. 나는 영원토록 시간이 흘러 너희들이 늙어 죽을 때까지 지금과 똑같이 그대로 두겠다. 심고 씨 뿌리면 추수 때가 올 것이며, 추위와 더위, 여름과 겨울, 낮과 밤이 그치지 않을 것이다"(창 8:20-22).

7. 노아와 계약을 맺으시고 무지개를 증표로 삼으시다

하나님은 노아에게 새 땅에서 새 삶을 살도록 분부하셨다. 그리고 새로 시작하는 이 세상에는 악의 근원이 되는 살상을 일체 하지 말도록 강조하셨다.

"이 세상은 앞으로 너의 자손들로 가득 차도록 모든 동물들이 순하게 길들여질 것이다. 너희들은 그들과 더불어 살아가게 될 것이므로 동물이 다른 동물을 죽이는 것처럼 사람을 함부로 죽이지 말라. 사람은 나의 형상대로 지음 받았으므로 사람을 죽인 자는 바로 나를 죽인 것이니, 반드시 죽임을 당할 것이다. 만일 그런 사람이 있다면 나는 그를 반드시 벌할 것이다. 이제 나는 너희들과, 또 앞으로 이 땅에 살아가게 될 너희의 자손들과 영원히 함께 하겠다. 세상을 거대한 홍수로 벌을 내린 것처럼 다시는 세상을 멸망시키지 않겠다. 그러나 너희들은 비가 올 때마다 두려워할 것이다. 그래서 너희들에게 나의 약속을 기억할 수 있도록 증표를 보여 주겠다. 너희는 그 증표를 볼 때마다 비를 두려워하지 않을 것이다. 나의 사랑하는 사람들아 고개를 들어 나의 증표를 똑똑히 보아라."

하나님의 약속을 듣고 난 노아의 가족이 하늘을 쳐다보았다. 하늘에 오색찬란한 무지개가 영롱하게 빛나고 있었다. 노아가 경이로움에 사로잡혀 있을 때 하나님의 음성이 다시 들렸다.

"내가 하늘을 바구름으로 가득 채우거나 또는 홍수가 나도 더 이상 세상의 생물을 멸망시키지 않겠다는 약속을 보여 주기 위해 이 무지개를 드리웠다. 이것은 약속의 증표이다."

노아의 가족이 감격에 찬 함성을 지르자 찬란한 무지개는 사라지고 없었다. 대신 엷은 수증기 위에 곱게 피어오른 뭉게구름이 어디론가 흘러가며 따뜻한 태양이 넓은 대지를 정겹게 비추었다. 이 땅에는 다시 인간의 새 삶이 시작되었다(창 9:1-17).

> ◈ **고대 근동의 홍수 이야기들**
>
> 노아의 홍수 이야기는 어느 나라에서나 흔하게 찾아볼 수 있는 설화이다. 그 이야기의 줄거리 역시 대개 비슷하게 전개되었다. 즉, 신들이 세상을 벌하고자 홍수를 일으키고, 그 중 의로운 사람에게 미리 그 사실을 알려 살아남게 하고, 그 후 세상이 계속해서 번창해 나간다는 내용이다. 고대 근동 설화 중 대표적인 홍수 이야기로는 아트라하시스 서사시와 길가메쉬 서사시를 꼽을 수 있다.
>
> 아트라하시스 서사시는 기원전 2000년대 초기 작품으로서, 인간들의 수가 늘어나자 그에 따른 소음을 없애려고 최후의 수단으로 홍수를 일으켜 세상을 멸하려는 계획을 세운다는 이야기이다. 이때 에아 신이 한 충실한 사람에게 배를 짓게 하여 그와 그의 가족들을 살려내지만, 7일 밤낮으로 내린 폭우로 모든 인간은 자취를 감추게 된다. 홍수가 끝난 후, 에아 신의 돌봄으로 살아난 가족은 배에서 나와 신들에게 희생제물을 바치고 신들 또한 이를 기쁘게 받아들였다는 이야기이다.
>
> 길가메쉬 서사시는 기원전 2000년대 후반에 오늘날의 형태로 구성된 작품으로, 아마도 아트라하시스 서사시 등 이미 전해졌던 자료들을 참고했을 가능성이 크다. 특히 이 길가메쉬 서사시는 성서에 나오는 홍수 이야기와 많은 부분에서 일치한다. 즉, 배 건조와 관련한 구체적인 묘사, 배에 탄 인간들 외에는 모든 인간이 멸한 상황, 홍수가 그치고 높은 산봉우리에서 방주의 문을 열고 나와 제사를 바친 상황들이 그것이다. 대홍수 때 신들의 선택으로 살아남은 인물들을 정리해보면, 성서에서는 '노아' 수메르에서는 '이우쑤드리(Zusuda)'. 아카디에서는 '아트라하시스(Aytrahasis)' 또는 '우트나피쉬팀(UTNAPISHTIM)'이라 한다.

8. 셈과 함과 야벳

배에서 나온 노아에게는 셈과 함과 야벳 3명의 아들이 있었는데 함은 훗날 가나안의 조상이 되었다. 그리고 노아의 세 아들들을 통해서 온 세상에 사람들이 퍼지게 되었다.

◆ 인종의 기원(起源)

창세기는 처음부터 사건의 연속이었다. 그 많은 사건들 중에 노아의 대홍수가 가장 중요한 사건이었다. 노아가 600세 되던 해에 하나님께서 타락한 인간을 홍수로 전멸시켰다. 그리하여 가인의 후손들은 이 땅에서 영원히 사라지고 노아의 아들 3형제만이 홍수 사건 후 다시 번성하여 여러 민족이 형성되었다. 인류는 노아를 뿌리로 하는 3명의 아들로부터 비롯된 것이다. 이때부터 인류의 역사는 노아의 셈, 함, 야벳 세 명의 아들로부터 다시 시작되었다. 그러므로 노아의 후손들에 대한 기록이 곧 인류의 기원, 즉 인종의 족적(足跡)이 되었고, 또한 그들이 옮겨 다닌 곳이 바로 인류의 분포 상태로, 그것을 밝히는 것이 창세기가 성서 중에 가장 귀중한 자료가 되었다. 물론 창세기에 얽힌 사건들은 모세보다도 훨씬 오래 전의 일로 그 사실은 구전을 통해 전승되었다. 최근 창세기의 사실들이 설형(楔形)문헌에 의해 여러 가지로 뒷받침되고 있다. 뿐만 아니라 이집트와 앗시리아에서 발굴된 문헌들에 의하여 창세기에 기록된 사실들이 여러 가지 형태로 증명되었다.

사실상 창세기를 기록한 목적은 하나님의 뜻을 밝히는데 있지 과학적 사실에 대한 고찰은 아니다. 첫째 인류는 하나님의 형상대로 지음 받은 인간으로 구성된 하나님의 자손으로, 하나님의 뜻대로, 하나의 커다란 가족을 형성하는데 있었다. 인간은 본래 한 형제로 그 기원은 한 뿌리라는 사실을 밝히려는데 있었다. 물론 창세기가 지구상의 모든 인종의 족적을 하나도 빼놓지 않고 다 열거한 것은 아니다. 다만 백인종 중에 히브리인들이 반드시 알아야 할 그들의 역사적 사실을 기준으로 기록한 것이다.

창세기에 나타난 인간들이 거주한 곳을 지역적으로 대별해 보면 북으로 흑해(黑海)와 아르메니아 산맥에 국한되었다. 그리고 동쪽으로는 티그리스 강반(江畔)을 멀리 넘지 않았으며, 남쪽으로는 페르시아 만과 아라비아, 홍해(紅海), 이집트, 아비시니아를 포함하였고, 서쪽으로는 지중해 동해안에 있는 도서(島嶼)들에 이른다. 대체로 야벳의 후손은 서부 아시아의 북부와 동부 및 소아시아의 지중해 연안에 거주하였고, 함족은 주로 아프리카에 살았으며, 셈족은 시날(Shinar)부근에 살았던 것으로 기록되었다.

노아는 농사를 시작하여 포도나무를 심었다. 하루는 노아가 포도주를 마시고 취하여 자기 천막 안에서 벌거벗은 채 누워 있었다. 그러자 함이 아버지의 나체를 보고 밖으로 나와서 그 사실을 두 형제에게 말했다. 셈과 야벳은 옷을 어깨에 메고 뒷걸음으로 들어가 아버지의 나체를 덮었다. 그들은 얼굴을 돌린 채 아버지의 나체를 보지 않으려고 애썼다.

노아는 술이 깬 후 그 사실을 알고 세 아들들에게 말했다.

"가나안은 저주를 받아 자기 형제들에게 가장 천한 종이 되리라. 셈의 하나님을 찬양하라. 가나안은 셈의 종이 되기를 바라며 하나님이 야벳을 번성하게 하셔서 셈의 축복을 함께 누리게 하고 가나안은 야벳의 종이 되기를 원하노라."

노아는 대홍수 후에도 350년을 더 살다가 950세에 죽었다. 대홍수가 일어나기 전에는 인간의 평균 수명이 900세였으나 그 후에는 점차 감소하여 120세로 단축되었다(창 9: 1-17).

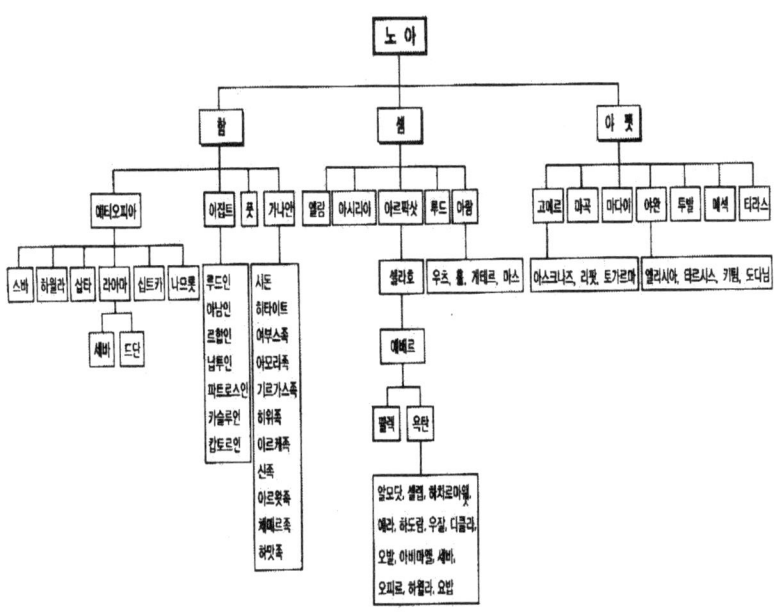

● 노아의 족보

노아의 세 아들 셈과 함과 야벳이 대 홍수 후에 계속 자손들이 불어나 여러 나라의 민족으로 나뉘어졌다(창 10:1-32).

제4장 바벨탑 이야기

1. 노아의 자손과 집 짓는 기술

노아의 가족은 방주가 떠내려가다 멎은 아라랏산의 정상을 중심으로 수천 년간 살았다. 그러나 세월이 흐르면서 점점 늘어난 노아의 자손들이 언제부터인가 처음 정착한 아라랏산에서 내려와 넓은 바빌로니아의 동쪽 평원으로 옮겨가기 시작했다.

주로 살기 좋은 유프라테스강 건너 시날(Shinar)평원에서 살았다. 시날평야로 옮겨 간 후 사람들의 생활환경이 변하면서 노아의 후손들은 보다 더 빠른 속도로 늘어났다.

그러나 사람들이 늘어나도 모두 한 뿌리의 자손들로 오직 하나의 언어만을 사용했기 때문에 의사소통을 하는데 아무런 불편이 없었다. 의사가 잘 소통되니까 사람들의 의지가 통일되면서 물질적인 삶의 조건이 개선되었다. 사람들은 하나님의 은총보다 자신들의 능력에 더 의존하는 교만에 빠지기 시작했다.

마침 유프라테스강 유역에는 주거환경을 개선하는데 필요한 특산물이 많았다. 특히 바벨론 평야에 사는 사람들은 모래가 섞이지 않는 유프라테스강 유역의 점토(진흙)를 반죽해서 뜨거운 태양열에 말리면 돌처럼 단단히 굳어진다는 사실을 알게 되었다. 그들은 거기서 한 걸음 더 나아가 점토에다 접착용액(Tar)을 섞어 불에 굽은 도자기 만드는 기술을 발전시켰다. 이 기술로 만든 벽돌로 한층 발전된 규모의 집을 짓기 시작한 사람들은 마침내 대형 건물을 세워 큰 도시를 이룩했는데, 그 도시가 바로 니느웨(Nineveh)와 다마섹(Damascus)이었다.

그러나 사람들은 도시를 건설하는데 만족하지 않았다. 그들은 보다 더 거대한 구조물을 만들어 자신들의 능력을 길이 과시하고자 했다.

"자, 우리가 큰 성읍을 세우고, 꼭대기가 하늘에 닿는 탑을 쌓아 이름을 떨치자. 그렇게 해서 우리가 온 땅으로 흩어지지 말자."

사람들은 세상을 한 눈으로 내려다 볼 수 있는 거대한 탑을 세우고, 그 탑을 중심으로 단결하여 자신들의 뜻대로 온 세상을 지배하려고 했다. 사람들은 거대한 탑을 세우기 시작했다. 어린이들은 강변에서 파낸 점토를 나르고, 여자들은 점토를 반죽해 벽돌을 빚고, 나이 든 노인들은 빚은 벽돌을 화덕 불에 구워 돌처럼 단단한 벽돌을 생산했다. 그리고 건강한 남자들은 벽돌을 공사 현장으로 운반해서 탑을 쌓았다(창 11:1-5).

2. 웅장한 녹색의 산

많은 사람들의 능력을 집약시켜 벽돌과 벽돌 사이에 접착 용액을 발라 서로 엉켜 붙이는 방법으로 쌓은 탑은 하늘을 향해 끝없이 올라갔다. 탑이 한 층 한 층 쌓일 때마다 옆으로 사람의 키보다 높은 면적이 벌어졌다. 거대한 탑이 하늘을 향해 높이 치솟았을 때는 탑의 계단마다 바람에 날려온 각종 풀씨가 먼지 속에 묻혀 있다가 비를 맞아 움이 트고 싹이 돋아 잎이 무성하게 자랐다. 그리하여 하늘 높이 올라간 탑을 멀리서 보면 마치 녹색의 거대한 산처럼 우뚝 솟아 마치 구름산 같았다. 웅장한 탑의 모습이 사방에 드러나자 사람들은 불가능한 일이 없다고 생각하기에 이르렀다. 한 민족으로 하나의 언어를 사용하였기 때문에 의사소통이 원활했던 사람들은 마음만 먹으면 앞으로 해내지 못할 것이 없다고 자만하게 되었다. 그러자 하나님께서 사람들이 세운 성읍과 탑을 보시고 말씀하셨다.

"보라. 저들은 한 겨레이고 모두 같은 말을 쓰고 있다. 이것은 그들이 하려는 일의 시작일 뿐 이제 그들은 마음만 먹으면 무엇이든 못할 일이 없을 것이다. 자, 우리가 내려가서 그들의 말을 뒤섞어 놓아, 서로 남의 말을 알아듣지 못하게 만들어 버리자."

인간들의 소행을 지켜보신 하나님께서 서로의 말을 알아들을 수 없도록 언어를 여러 개로 나누셨다. 인간들로 하여금 서로 의사소통을 못하도록 하여 자신들의 한계를 깨닫게 하기 위해서였다.

어느 날 탑을 쌓던 사람들의 말이 달라 서로 의사가 전달되지 않았다. 사람들은 공사를 중단했다. 말이 통하는 사람들을 찾았으나 허사였다. 심지어 가족 간에도 말이 통하지 않았다. 사람들은 말이 통하지 않는 이유를 모른 채 저마다 자기를 이해해 줄 수 있는 사람을 찾아 사방으로 흩어졌다. 마침내 하나님의 능력을 넘보던 인간의 야망은 좌절되었고, 사람들은 사방으로 흩어지면서 열심히 쌓던 탑은 영원히 미완성된 상태로 버려졌다.

훗날 인간의 지혜로 시도된 탑은 미수에 그친 채 그 도시의 상징물로 남았는데 사람들은 그 탑을 가리켜 '혼란'이란 의미로 바벨(Babel)이라 부르게 되었다. 그때 미완성된 탑의 흔적은 아직도 미완성인 채 그대로 남아 하나님의 권능을 넘보는 사람들을 깨우치는 교훈의 상징물이 되었고, 원래 하나였던 언어는 여러 갈래로 나뉘어져 오늘에 이르렀다(창 11:5-11).

> ◈ **바벨탑의 교훈**
>
> 인간이 지나간 자리에는 늘 탑을 쌓았던 흔적이 남아 있다. 무엇을 기리거나 소원을 담아낸다는 명목이라지만 그 이면에는 자신의 존재를 영원히 남기고자 하는 인간의 욕구가 숨어 있다. 인간은 유한한 존재이기에 늘 무한을 동경하는 것이다.
>
> 바벨탑 이야기는 이런 인간의 욕망과 그 욕망의 결말이 어떤 것인지를 잘 보여준다. "자, 성읍을 세우고 꼭대기가 하늘까지 닿는 탑을 세워 이름을 날리자"(창 11:4). 그들이 바벨탑을 쌓는 이유가 바로 여기 있었다. 하나님께서는 위로 오르고 올라 하늘에 닿고 싶다는 욕망, 하늘과 같아지고자 하는 교만, 그래서 세세대대에 자신의 이익과 안락만을 추구하는 불의와 부조리의 세계로 통해 있음을, 그리고 그 안에서 인간은 하나의 탑을 쌓는 도구로 전락하고 만다는 것을 훤히 알고 계신다.
>
> 하나님은 노아의 홍수 때와는 달리 인간의 내부를 붕괴시킴으로써 탑을 무너뜨리신다. 이것은 하나님께서 인간의 역사에 개입하시는 방법이었다. 우리는 바벨탑 이야기에서 하나님이 인간의 잘못을 어떻게 교정하시는지, 마침내 어떻게 구원의 길로 이끄시는지 그 놀라운 역사적 교훈을 배우게 된다.

제 2 부 족장시대

● 아브라함의 족보

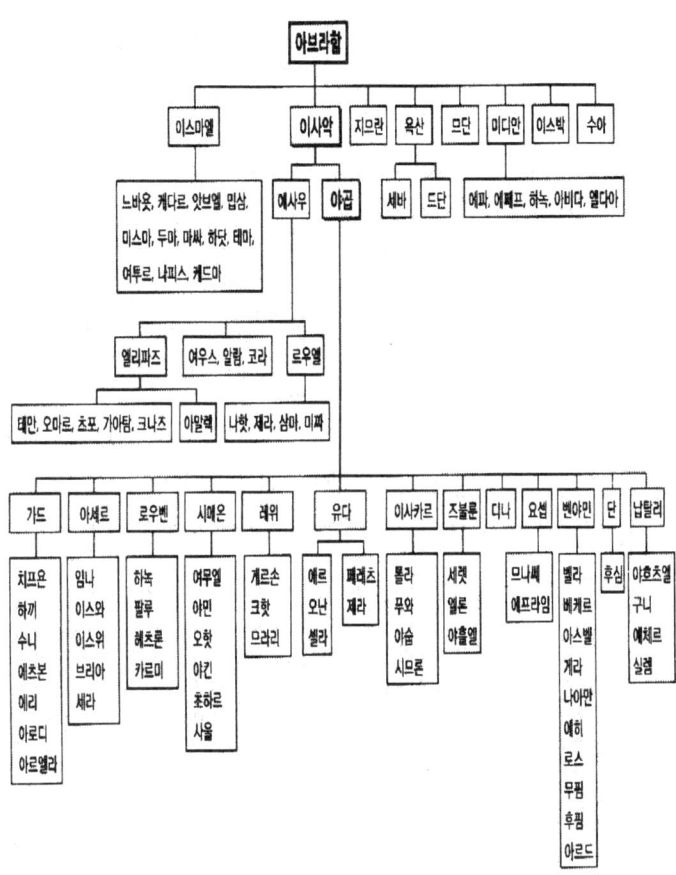

제1장 히브리 민족의 조상 아브라함

1. 아브라함의 자손 데라의 세보(世譜)

노아의 홍수 후 무수한 세월이 흘렀다. 그의 세 아들 (셈·함·야벳) 가운데 셈의 자손이 구약성서의 주인공으로 히브리 민족의 조상이 된다. 셈은 홍수가 지난 후 아르박삿(Arpachshad)을 낳았고, 아르박삿은 셸라(Shelah)를 낳았고, 셸라는 에벨(Eber)을 낳았고, 에벨은 벨렉(Peleg)을 낳았고, 벨렉은 르우(Reu)를 낳았다. 그리고 르우는 스룩(Serug)을 낳았고, 스룩은 나홀(Nahor)을 낳았고, 나홀은 데라(Terah)를 낳았다. 그런데 데라는 아브람(Abram)과 나홀과 하란(Haran), 세 명의 아들을 낳았는데 구약성서는 이들 3형제 중에 아브람으로부터 비롯되었다. 데라의 아들 아브람은 갈데아(Chaldea)의 우르(Ur)[4]에서 태어났다. 갈대아를 구약성서에서 말할 때는 가스딤(Kasdim)이고, 설형(楔形)문헌에서는 가슈두(Kashdu) 또는 가르두(Kardu)라고 했는데, 현재 위치는 유프라테스강과 티그리스강 유역의 분지이다. 지리적으로 북쪽은 바벨론이고 남쪽은 페르시아 만에 이르는 곳이다(창 11:10-26).

---

4) 유프라 서쪽의 하구와 바벨론 중간에 위치한 무게이르(Mugheir)라는 옛 도시의 폐허에서 '우르'라는 글자가 새겨진 벽돌과 진흙 조각이 발견됨으로써 그곳이 우르지방임이 확인되었다. 기원전 2500-2400년까지 우르의 역대 왕들이 바벨론의 전 영토를 통치하면서 우르 왕조를 이루었다. 당시 우르에 사는 사람들은 달을 숭배하는 신앙을 가졌는데 그것을 나나루(Nannaru) 또는 신(Sin)이라고 했다.

> ◆비옥한 반달지역과 반 유목민의 삶
>
> 비옥한 반달지역이라 불리는 메소포타미아에서 이집트에 이르는 넓은 지역은 농업과 목축업뿐 아니라 상업에도 유리해 자연히 인구가 집중됐다. 아브라함은 양과 염소 떼를 몰고 가나안 중심부 야산지대를 지나 남쪽으로 내려와 목초지와 물을 찾아다니며 살았는데, 가나안에는 늘 한발과 기근이 있었기 때문에 항상 물이 마르지 않는 나일강 유역의 이집트로 옮겨 가곤 했다. 당시 가나안의 대부분은 이집트의 통제 아래 있었기 때문에 이집트로 이동하기는 그리 어렵지 않았다.
>
> 아브라함은 생애 대부분을 떠돌며 지냈으며, 하나님께서 자신에게 해 주신 약속들을 믿으며 살았다. 이 약속들은 결코 그의 생전에 실현 불가능한 것들이었으나, 하나하나가 이루어졌다.
>
> 유랑생활은 아브라함의 후손들 대에 이르러서도 계속되었다. 야곱과 그의 자손들은 이집트로 가게 되었는데, 역시 한발과 기근 때문이었다. 그들은 이집트에서 여러 세기 동안 정착하였다.
>
> 성조 아브라함과 이삭과 야곱은 하나님께 대한, 시대에 앞선 믿음을 보여준다. 그들은 하나님의 약속을 믿으면서 살았는데, 그들이 믿는 하나님은 '선조들의 하나님', 즉 자기 가족들과 늘 함께 하시는 '가족 신'이었다. 그렇기 때문에 이 성조들이 가나안 족의 사당을 이용했던 사실은 그의 놀랄 일이 아니었다.
>
> 성조들은 당시 사람들이 하나님께 붙인 이름 엘(El) '엘-엘용(El-Elyon)', '엘 샷다이(El shaddai)' 등을 그대로 사용하였다. 사실 '엘'은 가나안의 만신산에서 최상의 신을 가리키는 이름으로 사용되었으나, 본래 엘은 셈족 말에서 신성의 의미를 담고 있는 말이다. '엘용'은 '엘' 수식어가 붙은 것으로 '지극히 높으신 하나님'이라는 의미를 지니며, '엘 샷다이' 역시 '엘'에 수식어가 붙어 '전능하신 하나님'이라는 뜻을 담고 있다.
>
> 여기에서 우리는 성조들이 당대의 문화 속에서 올바르고 의롭게 여겨지는 바를 실천하며 살았다는 사실도 아울러 기억해야 한다. 그리고 아브라함이 십계명을 부여받은 바도 아니고 산상 설교를 들은 바도 없었음을 기억할 필요가 있다.

2. 구약성서의 시대적 지리적 배경(갈대아 우르에서 헤브론까지)

바벨론 지역에는 아브람의 아버지 테라가 하란으로 옮겨가기 훨씬 전부터 여러 종족들이 모여 살았다. 특히 유프라테스강과 티그리스강 유역의 메소-포타미아 평원과 나일강 유역에 이르는 지역에서는 기원전 수천 년 전부터 여러 부족들이 모여 살면서 나름대로 문명을 발전시켰다. 나일강 유역의 이집트인들은 기원전 3000년 경부터 그림 모양의 상형(象形)문자를 사용했다. 그러다가 기원전 2600년 경에는 웅장한 피라미드와 스핑스크 같은 석조 문명의 꽃을 피웠다.

그리고 바벨론 지방에서는 기원전 3400년 경부터 수메르인들(Sumerians)이 설형(楔形)문자를 사용했다. 기원전 2123년 경에는 바빌로니아의 하무라비(Hammurabi)왕조가 세계 최초의 법전(法典)을 사용할 만큼 문명이 크게 발달했다. 그리고 지금의 페니키아 지방에서는 기원전 1500년 경에 노아의 큰 아들 셈족에 의해 알파벳(Alphabet) 문자를 개발했는데, 그것을 사용한 대표적인 사례가 바로 구약성서이다. 최초로 알파벳 문자에 실린 구약성서가 훗날 팔레스타인에서 그리스를 거쳐 유럽과 중동 등에서 널리 읽혀졌다. 바로 오늘날 서양의 알파벳이 그때부터 사용되기 시작한 것이다.

이처럼 세상에 알파벳 문자가 개발되면서부터 인류의 발자취가 기록을 통해 후세에 전달되었다. 조상의 발자취를 기록해 후세에 전하면서 인류의 문명은 더욱 급속도로 발전하였다. 따라서 오늘의 구약성서는 아브람을 신앙의 조상으로 하는 셈족의 후손들인 히브리인들이 유프라테스강과 티그리스강 사이의 메소포타미아에서 지금의 레바논과 팔레스타인과 이집트의 나일강 유역으로 이어진 중동의 비옥한 '초생달' 지역을 중심으로 살아온 히브리인들의 종교사적 역사 이야기이다(창 11:31-13:18).

3. 하나님의 분부에 순종한 아브람

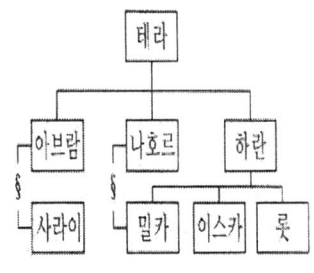
● 데라의 족보

어느 날 메소포타미아(하란)로부터 상당히 부유해 보이는 일단의 유목민이 어디론가 부지런히 옮겨가고 있었는데 이들의 이동 행렬을 선두에서 이끄는 사람이 바로 데라(Tera)의 아들 아브람이었다.5) 아브람은 노아의 10대 후손으로 그의 아버지 데라는 본래 바벨론의 남쪽 우르지방에서 살다가 기원전 1800년 경에 하란(메소포타미아)으로 이주했다. 그런데 하란 사람들은 일찍이 해, 달, 별, 나무, 돌 등 잡신을 섬겼다. 종교적으로 그곳 사람들과 뜻이 맞지 않은 아브람은 그들과 동화되지 않으려고 늘 외롭게 살았다.

아브람이 가족을 이끌고 낯선 곳으로 이동하는 것은 새삼스러운 일이 아니었다. 조상 대대로 유목민으로 살아온 아브람은 한 곳에 오래 정착하지 않고, 늘 새로운 초지(草地)를 찾아 옮겨 다니며 살았다. 그러나 이번에 이동하는 목적은 단순히 초지를 찾아가기 위한 것이 아니었다. 갑자기 하란을 떠나라는 하나님의 분부에 따라 무조건 고향을 등지고 정처 없이 길을 나선 것이다. 따라서 아브람 자신도 어디로 가는지 행선지를 알지 못했다. 다만 하나님의 분부에 따라 무작정 하란을 떠난 아브람은 길을 가면서 혼자 말로 중얼거렸다.

"내가 하란에 온 지도 벌써 75년이 되었는데 또 낯선 곳으로 또 떠나다니, 그러나 어떤 목소리가 떠나라고 분부하시니 어쩔 수 없지."

무작정 길을 나선 아브람이 얼마 쯤 갔을 때 다시 지엄한 하나님의 음성이 들

---

5) 바벨론의 하무라비(Hammurabi)왕의 선왕인 신-무발릿(Sin-muballit) 14년에 우르지방의 많은 주민들이 학살 당하는 사건이 일어났는데, 그때 데라(Tera)가 아들 아브람과 며느리 사래(Sarai)와 나홀과 아브람의 조카 롯(Lot)을 데리고 우르지방을 빠져 나와 하란에 정착한 것으로 사료된다.

렸다.

"아브람아, 네 고향과 친척과 아버지의 집을 떠나, 내가 너에게 보여줄 땅으로 가거라. 나는 너를 큰 민족이 되게 하고 너에게 복을 내리며 너의 이름을 떨치게 하겠다. 너에게 축복하는 이들에게는 내가 복을 내리고, 너를 저주하는 자에게는 내가 저주를 내리겠다. 세상의 모든 종족들이 너를 통하여 복을 받을 것이다"(창 12:1-3).

하나님의 음성을 들은 아브람은 감격했다. 그 음성은 분명히 우르 지방 사람들이 섬기는 잡신의 소리가 아니라 위대한 신(神), 하나님(엘로힘)의 음성이었다. 그러나 아브람은 하나님의 말씀을 실감할 수 없었다. 왜냐하면, 이미 75세의 노인으로 자손이 한 명도 없는데, 어떻게 위대한 민족의 아버지가 된다는 것인지? 누구의 후손들이 하나님의 축복을 받는다는 말인지? 누구의 이름이 온 세상에 빛난다는 말인지? 더욱이 자신처럼 하잘 것 없는 유목민이 어떻게 천하의 모든 백성들에게 축복을 베풀 능력을 누린다는 말인지? 도무지 하나님의 분부를 이해할 수 없었다 아브람은. 불가사의한 하나님 말씀이었지만 무조건 순종했다(창 11:31-12:9).

> ◆ 성조시대(聖祖時代, 기원전 1900-1700년)
>
> 창세기 12장부터 성서를 통해 역사적 사실을 파악할 수 있는 최초의 인물은 갈대아의 우르(Ur) 출신 아브라함이 등장하면서 부터이다. 동방역사에 대한 권위 있는 학자 사이러스 H. 고오든(Cyrus H. Gordon)은 다음과 같이 결론을 내렸다.
>
> "히브리 민족의 실제적 역사시대는 아브라함의 모습과 더불어 시작된다. 성조 사기(史記) 사적(史的) 핵심은 일리아스에서의 트로이 전쟁에 관한 서술의 사적 핵심보다는 믿을 수 있다. 역사적 사건을 서사시적(敍事詩的)으로 다루는 수법은 그 당시의 결코 예외적인 특별한 일은 아니었다."
>
> 아브라함의 조상들이 살아온 지방은 유프라테스강의 하류, 티그리스강과 현재의 합류 지점에서 멀지 않은 곳에 있었다. 즉 우르, 라가쉬, 우루 지역에 대한 발굴에서 증명하는 바와 같이 당시 이 지방에서는 풍족한 문화생활이 이뤄지고 있었다. 높은 학문적 교양과 예술적 공예적 사업과 더불어 상상할 수 없는 사치스러운 생활이 가능했다. 이러한 호화세계에서 아브라함은 그 풍요롭고 안락하고 안전한 고향을 등지고 낯선 고장으로 이주하라는 하나님의 부르심을 듣게 된다. 아브라함이 이 부르심에 따랐기 때문에 성서 역사의 무대는 가나안으로 옮겨지고, 이 곳은 그 후 유서(由緖) 깊은 성지(聖地)가 되었다.

4. 아내를 누이동생으로 속이다

하란을 떠난 아브람은 긴 여행 끝에 가나안의 중앙부 세켐(Shechem)땅에 이르렀다. 세켐에서 다시 남쪽으로 내려가 벧엘(Bethel)과 하이(Hai) 중간지점에 이르러 제단을 쌓고 하나님께 제사를 드렸다. 그런 다음 다시 남으로 내려가 가나안의 최남단 네겝(Ne-gheb)에 이르렀다. 그러나 네겝 지방은 마침 큰 기근이 들어 머물 수가 없었다. 본래 네겝 지방은 땅이 걸어 농작물이 풍부한 지방이었으나 아브람이 찾아갔을 때는 극심한 한발(旱魃)로 큰 흉년이 들었다. 그러나 가나안의 남쪽 이집트의 고센 지방은 기후와 관계없이 해마다 농사가 잘되는 곡창지대였다. 그래서 일찍이 팔레스타인 사람들은 기근을 당할 때마다 이집트의 고센 지방에 들어가서 먹을거리를 구해 오곤 했다. 아브람도 팔레스타인의 난민으로 가족을 이끌고 이집트의 고센 땅에 들어갔다. 그런데 아브람의 아내 사래는 비록 나이가 들었지만 보기 드물게 아름다운 미인이었다. 아브람에게는 그것이 걱정스러웠다. 만일 이집트 사람들이 사래의 미모에 반하게 되면 아내를 빼앗으려고 자신을 죽일지도 모른다는 생각 때문이었다.

아브람은 궁리 끝에 아내를 누이동생이라고 위장하고 이집트 땅에 들어갔다. 이집트 사람들은 아시아의 이주민들을 환대했다. 그런데 걱정하던 일이 벌어졌다. 사래의 아름다움에 반한 이집트인들이 야단법석을 떨었다. 특히 이집트 왕실의 신하들이 왕을 찾아가 '절세의 아름다운 여인이 나타났다'고 아뢰었다. 그러자 이집트 왕은 즉시 사래를 왕궁으로 불러들였다. 왕은 사래를 보는 순간 아름다움에 반해 즉시 후궁으로 삼았다. 그리고 '오빠(아브람)'에게는 양과 소와 나귀와 낙타를 주는 등 후한 선물로 보답했다.

그러나 그 날 밤 이집트의 왕은 사래와 잠자리에 들기 전에 온 가족들과 함께 큰 재앙을 당했다. 재앙의 원인이 아브람의 아내를 취했기 때문이라는 사실을 깨닫게 된 왕은 아브람을 불러 들여 심하게 꾸짖었다.

"네가 어찌하여 나에게 이런 짓을 저질렀느냐? 그 여인이 네 아내이면서 왜 나에게 바로 말하지 않아 그녀를 내 아내로 삼게 했느냐? 당장 자네 아내를 데리고 여기서 떠나거라."

이집트 왕은 많은 식량과 재산을 주고 아브람과 사래를 국경 밖으로 추방했다 (창 12:10-20).

5. 하나님께서 아브람을 인도하다

이집트에서 추방당한 아브람은 다시 가나안을 향해 긴 여행을 시작했다. 아브람은 가나안 땅에 이르기까지 뒤처지는 롯(Lot)을 두루 보살폈다. 롯은 아브람의 형 하란(Haran)의 아들이었다. 아브람은 하란을 떠나기 훨씬 전 우르에 살 적에 형이 죽었기 때문에 혼자 남은 조카 롯을 항상 데리고 다녔다. 그러므로 아브람에게는 롯이 유일한 혈족이었다.
 "여전히 뒤떨어지는 것은 롯이로군."
 아브람은 길을 가면서도 롯에 대한 눈길을 잠시도 멈추지 않았다. 아브람은 유목민이었지만 재산이 불어나 부자가 되었다. 남자 하인 300명에 여자 하인도 300명이나 되었다. 거기다 하인들은 가족을 데리고 다녔기 때문에 아브람 일행이 이동할 때는 마치 한 마을이 옮겨가는 듯한 광경을 연출했다. 아브람 일행을 앞장서서 이끄는 사람은 하인장 엘리에셀(Eliezer)이었다. 이집트의 고센 땅에서 국경 밖으로 쫓겨난 아브람은 다시 서북쪽을 향해 계속 이동했다. 얼마 쯤 갔을 때 맑은 물이 흐르는 요단강 유역의 넓은 평원에 이르러 짐을 풀었다. 요단강 유역에서 한동안 휴식을 취한 다음 다시 요단강을 건너 가나안의 내륙으로 이동했다. 요단강을 건너 가나안 땅에 들어간 아브람은 벧엘과 아이 사이에 이르러 돌로 제단을 쌓고 하나님께 경배했다. 그러자 하나님은 비로소 하란을 떠나라고 지시하신 당신의 뜻을 밝히셨다.
 "아브람아, 잘 보아라. 바로 이 가나안 땅이 내가 너의 자손에게 길이 물려줄 땅이다."
 하나님의 음성을 듣고 난 아브람은 새삼 가나안을 눈여겨 보았다. 다시 바라본 가나안은 참으로 감격스러운 땅이었다. 그러나 자손이 한 명도 없는 아브람은 가나안의 넓은 땅을 누구에게 물려주신다는 말씀인지 하나님의 분부를 납득할 수 없었다(창 13:1-12).

6. 아브람이 롯과 헤어지다

 아브람은 하나님의 분부에 따라 가나안의 네겝에 도착한 후에도 새로 집을 짓지 않았다. 그때 롯에게도 소와 양과 종들이 많이 있었다. 그런데다 요단강 유역은 기후가 건조할 뿐만 아니라 롯과 함께 목축을 하기에는 땅이 비좁은데다 하나님께서 언제 다시 떠나라고 하실지 모르는 일이었다.

그러던 어느 날 목동이 아브람에게 찾아와 뜻밖의 상황을 보고했다.

"주인님, 저는 주인님의 가축을 오랫동안 돌보았습니다. 주인님께서 저를 신임하시기 때문에 솔직히 말씀드리겠습니다. 주인님의 조카 롯은 가축도 많지만 좋은 초지는 자기 혼자 모두 독차지하고 우리를 위한 초지(草地)는 조금도 양보하지 않습니다."

하인이 보고하길, 목동들 간에 초지 싸움이 잦다고 하자 아브람은 당장 롯을 불러 들였다. 아브람은 롯을 친아들처럼 생각했기 때문에 웬만한 일에는 좀처럼 화를 내지 않았다. 그러나 이번에는 분명히 결판내야겠다고 생각한 아브람은 천막에 들어서는 롯을 밖으로 데리고 나왔다. 마침 해가 서쪽으로 지고 있었다. 아브람이 저녁 황혼을 등지고 동쪽으로 뻗은 요단강 유역의 계곡을 가리키며 말했다.

"롯! 잘 들어라, 너와 나는 숙질간이다. 어떤 일이 있어도 우리는 서로 다투어서는 안 된다. 이 가나안은 하나님께서 나에게 베풀어 주신 약속의 땅이다. 이 가나안에는 초지가 얼마든지 있다. 그러니 우선 네 마음에 드는 지역을 먼저 선택하라."

아브람이 롯에게 땅을 마음대로 차지하라고 하자 욕심 많은 롯은 높은 언덕에 올라가 넓은 들녘을 자세히 둘러본 다음, 물이 많고 땅이 기름진 요단강 유역의 숲이 우거진 소알 평원을 차지하겠다고 했다. 아브람은 롯의 요구를 쾌히 받아들였다. 다음 날 송별연을 베푼 다음 롯으로 하여금 요단강 유역에 정착하도록 독립시켰다. 마침내 아브람의 슬하를 떠난 롯은 요단강 유역의 소돔성 근처에서 가나안 사람들과 브리스(Priz) 사람들이 사는 마을에 따로 떨어져 정착했다(창 13:1-13).

7. 약속의 땅 가나안에 이르다

아브람이 롯을 떠나보내자 다시 하나님의 음성이 들렸다.

"아브람아 네가 지금 서 있는 곳에서 눈을 크게 뜨고 동서남북으로 멀리 뻗어 나간 산과 넓은 대지와 그 외에 멀리 떨어져 있는 산골짜기를 잘 보아라. 네가 여기서 눈으로 볼 수 있는 땅은 모두 너와 너의 자손들에게 영원히 물려줄 것이다. 앞으로 너의 자손이 세상의 먼지만큼 불어날 것이다. 어서 일어나 어디든지 네가 가고 싶은 대로 가거라. 이 넓은 가나안이 모두 네 땅이다."

아브람은 하나님의 분부대로 끝없이 펼쳐진 지평선을 바라보았다. 이집트의 나일강에서 유프라테스강에 이르기까지 시야에 펼쳐진 대지를 모두 주시겠다는 말씀에 감격한 아브람은 롯과 헤어지기를 잘한 일이라고 생각하고 그 길로 짐을 챙겨 다시 길을 떠났다. 얼마 쯤 갔을 때 헤브론(Hebron)부근 마므레(Mamre)에 이르러 다시 제단을 쌓고 하나님께 기도한 다음 떡갈나무 숲이 무성한 계곡에 짐을 풀었다(창 13:14-18).

◆ **아브라함 시대의 가나안 땅**

'가나안(Canaan)'이란 이름은 함(Ham)의 아들이며 노아의 손자의 이름이다(창 9:18; 22; 10: 6). 그는 일찍이 오늘의 팔레스타인 지방으로 옮겨왔고, 여기서 그의 자손인 가나안의 여러 부족이 두루 퍼져 이루어졌다. 물론 엄밀하게 말하면, 팔레스타인의 요르단강 서부 지역만을 '가나안'이라고 부른다. 그래서 민수기 33장 51절에는 명확하게 다음과 같이 기록되어 있다.

"너는 이스라엘 후손들에게 이렇게 지시를 하여라; 너희가 가나안 땅을 향하여 요르단을 건널 때에는…"

그런가 하면 여호수아서 22장 11절에서는, 루벤의 자손들과 가드(Gad)의 자손들과 므낫세 지파의 절반이 주님의 계약의 백성에 속한다는 표징으로서 '가나안 땅 쪽 요르단의 다른 편 기슭에 세운 바 있는 제단에 관해 이야기하고 있다.

---

8. 아브람이 롯을 구출하다

아브람이 헤브론 부근의 마므레 계곡에 짐을 풀었을 때 요단강 유역에 연한 평야에는 소돔(Sodom)과 고모라(Comorra) 외에도 아다마(Adama), 세보임(Seboim), 바라(Bara=후일 세코트)라는 5개의 왕국이 자리잡고 있었다. 그들 왕국은 멀리 떨어진 갈대아 동쪽에 있는 엘람의 왕 코돌라호모르(Cohdorlahomor)에 굴복하여 12년간 해마다 조공을 바쳐 왔다. 그러다가 13년째 되던 해에 조공 바치기를 거부한 채 엘람왕 코돌라호모르 왕을 상대로 싸움을 걸었다.

코돌라호모르는 시날의 암라펠(Amraphel)왕과 엘라사르(Elasar=티그리스강 동족)의 왕 아리옥(Arioch)과 고임(Goim)의 왕 타달(Thadal)의 병력과 연합하였다. 그들은 요단강 동쪽을 공략하여 라파임(Raphaim)족, 주짐(Zouzim)족, 에임(Emim)족, 호레(Horrhe)족을 정복한 다음 아카바(Akabat)만의 아일라(Aila)항구까지 쳐내려 왔다. 그들의 정벌 목적은 유프라테스 강변과 홍해 사이에 통상로를 개척하려는데 있었다. 그들은 아카바 만에 이른 다음 다시 북상하여 팔레스타인(가나안)의 남부 엔가디(Engaddi)에 이르러 진을 쳤다.

그러자 요단강 유역 평야에 5개로 나누어 자리잡고 있던 도시 왕국들이 연합하여 병사들을 이끌고 나가 시딤(Siddim) 골짜기에서 그들을 맞아 결사적으로 싸웠다. 결국 그들에게 참패당했다. 시딤 골짜기에서 참패한 소돔과 고모라의 왕이 도주하다 함정에 빠져 죽었고, 살아남은 사람들은 산 속으로 도망쳤다. 승리를 거둔 코돌라호모르의 연합군은 소돔과 고모라에 쳐들어가 닥치는 대로 약탈하였다. 그때 롯도 연합군에 포로가 되어 끌려갔다. 마침 롯과 함께 끌려갔다가 도망쳐 나온 사람이 히브리인 아브람에게 찾아왔다. 아브람은 롯이 위기를 낭한 이야기를 전해 들을 수 있었다. 그때 아브람은 아모리 사람 마므레의 상수리나무 숲 근처에 살고 있었는데, 마므레와 에골(Eshcol)은 형제간이었다. 아넬(Aner)도 형제간이었는데 그들은 아브람과 마침 동맹을 맺은 사이였다. 아브람은 조카가 붙잡혀 갔다는 말을 듣고 자기 집에서 태어나 잘 훈련된 종 318명을 거느리고 단(Dan)까지 추격해 병력을 여러 패로 나누어 야음을 틈타 4명의 왕을 공격했다. 다마스커스 북쪽 호바(Hobah)까지 추격해서 약탈해간 재물을 되찾고, 조카 롯을 비롯하여 함께 붙잡혀 간 사람들을 데리고 왔다(창 14:1-16).

9. 멜기세덱의 환영과 아브람의 답례

아브람이 동방 왕들의 동맹군을 단칼에 무찌르고 롯을 구출한 것이다. 거기서 자신감을 얻은 아브람은 막강한 군사들을 거느린 개선장군으로서 광대한 전쟁터를 거침없이 누볐다. 아브람이 엘람 왕의 연합군을 무찌르고 돌아오자, 소돔의 세 왕들이 예루살렘 근처 '사웨' 골짜기로 마중 나갔다. 살렘의 왕으로서 지극히 높으신 하나님을 섬기는 제사장인 멜기세덱[6]은 빵과 포도주를 가지고 나가 아브람을 환영했다.

멜기세덱은 살렘의 왕인 동시에 살렘의 주민들이 경배하는 '엘 엘리온(지극히 높으신 하나님)'의 제사장이었다. 한 인물이 왕과 제사장을 겸하는 제정일치(祭政一致)의 체제는 고대 근동아시아 지역에서 흔한 일이었다. 멜기세덱은 아브람을 위해 우선 제사장으로서 하나님께 빵과 포도주로 감사의 제사를 드렸다.[7] 그리고 아브람이 전쟁에서 승리하고 돌아오자 먼 사웨 골짜기까지 마중 나와서 아브람에게 복을 빌어 주었다.

"하늘과 땅을 만드시고 지극히 높으신 하나님이여 아브람에게 복을 내리소서. 그대의 원수를 그대의 손에 붙이신 지극히 높으신 하나님께 찬양을 드리어라"(창 14:19-20).

아브람은 멜기세덱의 축복에 대한 답례로 적으로부터 되찾아온 전리품 중에서

---

[6] 여기서 '살렘 왕 멜기세덱'이란 말이 등장하는데, 현대 고고학자들은 '살렘'이라는 곳이 오늘의 예루살렘이라고 본다. 시편 저자도 시편 76:2-3절에 "살렘에 초막을 치시고 시온에 처소를 마련하셨으니, 불화살, 방패, 칼과 같은 무기를 거기에서 그가 꺾으셨다. 셀라"라고 했다.

[7] 멜기세덱이 바친 제사는 가장 높은 제사장이신 예수님께서 당신 자신을 바치신 제사를 연상시킨다. 멜기세덱이 가져온 떡과 포도주는 오늘 날 우리가 바치는 헌신(산 제사)을 연상시킨다.

10분의 1을 사례 겸 예물로 주었다. 본래 농경사회에서는 매년 추수감사절에 하나님께 감사하는 뜻으로 수확한 농산물 중에 10분의 1을 예물로 봉헌했다. 그것이 바로 십일조의 기원이다. 아브람은 멜기세덱을 살렘의 왕이며 또한 하나님의 제사장으로 인정함과 동시에 그가 베풀어 준 축복을 고맙게 받아 들였다. 아브람이 멜기세덱에게 십일조를 바친 것이 계기가 되어 십일조의 의미가 일반화되었다(창 14:17-24).

10. 아브람을 영접한 멜기세덱

아브람이 드롤라오멜과 동맹한 왕들을 쳐부수고 돌아올 때 소돔 왕이 사웨(Shave) 골짜기에 마중을 나와 그를 영접했다. 살렘(Salem)왕 멜기세덱(Melchizedek)도 빵과 포도주를 가지고 나왔다. 그는 지극히 높으신 하나님의 제사장이었다. 그는 아브람을 이렇게 축복했다.

"하늘과 땅을 지으신 분
지극히 높으신 하나님께
아브람은 복을 받으리라.
적들은 그대 손에 넘겨주신 분
지극히 높으신 하나님께서는 찬미 받으시옵소서."

아브람은 되찾아 온 재물의 10분의 1을 멜기세덱에게 주었다. 그러자 소돔 왕이 아브람에게 말했다.

"사람들은 나에게 보내고 물품은 당신이 가지시오."

이에 아브람이 소돔 왕에게 분명하게 입장을 밝히며 대답했다.

"하늘과 땅을 지으신 분이시며 지극히 높으신 하나님이신 주님께 내 손을 들어 맹세하오. 실오라기 하나라도 신발 끈 하나라도 그대의 것은 아무것도 가지지 않겠소. 그러니 그대는 '내가 아브람을 부자로 만들었다.'고 말할 수 없을 것이오. 나는 아무것도 필요 없소. 다만 젊은이들이 먹은 것을 빼고, 나와 함께 갔던 사람들, 곧 아넬과 에골과 마므레 만은 저희의 몫을 가지게 해 주시오"(창 14:17-21).

11. 하나님과의 첫 약속

기름진 땅 마므레 계곡에 정착한 아브람의 목축업은 날로 번성하여 소와 양떼가 수를 헤아릴 수 없이 불어났다. 하란을 떠날 때보다 하인들도 훨씬 더 많이 거느리는 큰 부자가 되었다. 하지만 그것을 상속할 자손이 없어 아브람은 어느 날 고민 끝에 하나님에게 호소했다.

"주여, 저는 자식이 없으니 이제 저의 재산을 다메섹 사람 엘리에셀 하인장을 저의 상속자로 삼으려고 합니다. 그가 과연 나의 상속자가 될 수 있습니까? 롯마저 저의 곁에서 떠났으니 이제 저의 재산을 엘리에셀 하인장에게 넘겨 줄 수밖에 없습니다."

아브람이 진지하게 호소하자 하나님의 음성이 들렸다.

"엘리에셀이 아니라 네 몸에서 태어난 너의 아들이 상속자가 될 것이다. 아브람아, 저 하늘을 우러러 보아라. 저 많은 별을 다 헤아릴 수 있느냐? 만일 그것이 가능하다면, 너는 별처럼 많은 네 자손도 셀 수 있을 것이다. 장차 네 자손이 저 하늘의 별과 같을 것이다. 나는 이 땅을 너에게 주려고 하란에서 이끌어 낸 주 하나님이다."

하나님은 보다 확실하게 아브람의 아들이 재산 상속자가 될 것이라고 하셨다.

"주님, 저는 아들이 없는데 어떻게 이 땅을 내 자손에게 물려준단 말입니까?"

아브람이 반문하자 하나님은 큰 소리로 일렀다.

"너는 암소와 3년생 수양 한 마리씩 나에게 가져오고 또 산비둘기 새끼 한 마리를 가져오너라."

아브람이 암염소와 수양을 잡아 반으로 쪼개 서로 마주 보게 제단에 차려 놓았다. 그러나 새는 몸을 가르지 않은 상태로 얹어 놓은 다음 솔개들이 그 위에 내려 앉지 못하도록 지켜보았다. 이따금 하늘을 날아다니는 새들이 쪼아 먹으려고 했으나 아브람이 쫓아냈다.8) 해가 저물어 어두워지자 아브람은 제단 앞에서 잠이 들었다. 아브람은 암흑 속으로 깊이 빨려 들어가는 꿈을 꾸었다. 얼마 쯤 시간이 지나 시장기를 느끼는 순간 하나님의 음성이 들렸다.

"아브람아, 똑똑히 알아야 한다. 앞으로 네 자손이 나그네가 되어 이웃 나라에 가서 400년 동안 노예로 학대 받을 것이다. 그러나 네 자손들이 섬기는 그 민족을 내가 벌할 것이다. 그러다가 네 후손들이 그 나라에서 많은 재물을 가지고 탈출할 것이다. 그리고 4대만에 스스로 위대한 민족이 되어 다시 이 가나안을 차지할 것이다."

잠에서 깨어난 아브람은 어리둥절했다. 분명히 하나님께서 장차 다가올 운명을 예고하셨는데 그 말씀이 무슨 뜻인지 도무지 이해할 수 없었다.

"나는 자손이 한 명도 없는데 누가 이웃 나라에 가서 노예로 학대를 당하고, 누가 노예살이를 하다가 재물을 가지고 그 나라에서 나와 위대한 민족이 된단 말인가? 가나안을 비롯해 이집트의 나일강에서 큰 강 유프라테스까지 이르는 넓은 땅을 차지할 자손이 내게 있어야 하는데…"

아브람은 아무리 생각해도 하나님의 분부를 이해할 수 없었다. 마침 제물을 올려놓은 제단에서 찬란한 불길이 솟아올랐다. 그것은 분명히 하나님과의 약속이 체결되었다는 증표였다. 아브람은 그제야 이해할 수 없었던 하나님의 말씀이 실현되

---

8) 짐승을 잡아 제물을 바치는 것은 사람이 하나님과 계약의 한 관행이었다. 어떤 계약을 맺을 때 서로 맹세한 내용을 변함없이 지킨다는 약속의 증거로 희생물을 하나님께 바친 다음 그것을 두 몫으로 갈라 사이를 조금 떼어놓고 그 사이를 양편의 계약자가 번갈아 지나갔다. 그것은 계약을 체결한 당사자들이 만일 그 계약을 준수하지 않을 경우 자신들의 운명이 그 희생제물처럼 반으로 갈라지게 될 것이라는 의미였다.

리는 것을 확신했다(창 15:1-21).

12. 하나님께서 이스마일을 주시다

한편 아브람의 아내 사래는 결혼 후 한 번도 아기를 낳지 못해 남편을 생각할 때마다 면목이 없었다. 아브람은 아내를 충분히 이해했지만 사래의 입장은 달랐다. 히브리인 아내는 전통적으로 남편에게 반드시 아들을 낳아 주어야 했다. 남편의 입장을 배려한 사래는 고심 끝에 비상한 결단을 내렸다. 그리고는 남편에게 이렇게 말했다.

"하나님께서 나에게 자식을 주시지 않으시니 당신은 내 여종과 함께 잠자리에 드세요. 그녀를 통해서 자식을 얻을 수 있을 거예요."

사래는 자신의 여종 하갈(Hagar)을 염두에 둔 채 남편에게 젊은 여종을 취하라고 권하였다. 하갈은 이집트 왕이 사래에게 딸려 보낸 이집트 여인으로 마음씨 착한 몸종이었다. 어느 날 사래의 제의를 받은 하갈은 내심 흐뭇했다. 평소 사래의 시종이 된 것을 못마땅하게 생각했기 때문에 사래의 제의를 받는 순간 귀가 번쩍 뜨였다. 어쩌면 이번 기회에 아브람의 자식을 낳게 되면 안주인이 될 수도 있다는 야심에 사로잡혔다.

며칠 후 하갈은 마음속으로 미소를 지으며 사래의 부탁대로 아브람과 잠자리를 하게 되었다. 하갈은 아브람을 지아비로 맞은 후 임신했다. 그러자 하갈의 생각이 변했다. 만일 아이를 낳으면 사래가 아기를 빼앗아 자기의 아들로 삼으려는 속셈을 눈치 채고 작은 일에도 불평했고, 사래를 함부로 무시하고 투정하기 시작했다.

"내가 왜 사래를 큰 어머니로 모셔야 하지? 이미 사래는 아기도 못 낳는 늙은이 인데…"

사래에 대한 감정이 좋지 않은 하갈은 아브람에게도 불평하기 시작했다. 그러나 가족들 간에 다툼을 못마땅하게 생각한 아브람은 어떤 일이든 사래의 의견에 따랐다. 그러던 어느 날 사래가 아브람에게 대들었다.

"내가 이렇게 부당한 일을 겪는 것은 당신 책임이에요. 내가 내 여종을 당신 품 안에 안겨 주었더니 이 여종이 자기가 임신한 것을 알고서 나를 업신여긴 답니다. 주님께서 나와 당신 사이의 시비를 가려 주셨으면…"

그러자 아브람이 사래에게 말했다.

"여보 하갈은 당신의 여종이니 당신 손에 달려 있지 않소? 당신 좋을 대로 하구려."

그 말을 듣고 사래는 하갈을 당장 집 밖으로 내쫓았다. 졸지에 사래의 시샘으로 아브람의 집에서 쫓겨난 하갈이 울면서 넓은 언덕을 향해 무작정 걸었다. 얼마 쯤 걷다가 낯선 우물가에 앉아 서러운 처지를 한탄할 때 천사가 찾아와 사연을 물었다.

"하갈아 너는 어디서 와서 어디로 가는 길이냐?"

"예, 저는 안주인 사래의 구박을 견디다 못해 도망쳐 나왔습니다."

"하갈아, 너는 얼른 아브람에게 다시 돌아가 사래에게 복종해라. 너는 이미 임신한 몸이다. 아브람의 아들을 낳을 터이니 그 아기의 이름을 이스마엘(Ishmael)이라고 불러라. 그 이름은 '네가 부르짖는 소리를 하나님께서 들으신다.'는 뜻이다. 너는 장차 그 아이를 통해 많은 자손을 갖게 될 것이다. 그 수가 너무 많아 헤아릴 수조차 없이 불어날 것이며 너의 자손은 항상 광야에서 들나귀와 더불어 살 것이다."

천사가 타이르자 하갈은 맨발로 모래밭 길을 걸어 다시 아브람의 집으로 돌아갔다. 천사의 말처럼 하갈은 아브람이 86세 되던 해에 바라던 아들을 낳았다. 아브람이 하란을 떠난 지 꼭 10년 만에 맞이한 경사였다. 아브람은 하갈이 아들을 낳자 주님께서 약속한 축복으로 여기고 하나님의 은총에 감사했다. 아브람은 이스마엘이 비록 사래의 몸에서 낳은 아들은 아니지만 흡족했다(창 16:1-18).

13. 할례를 징표로 아브람을 아브라함으로

이스마엘이 태어난지 어느 덧 13년이 지나 아브람이 99세가 되었다. 아브람은 이스마엘을 하나님의 축복으로 생각했기 때문에 자식에 대한 미련은 사라졌다. 그런데 어느 날 갑자기 하나님의 음성이 들렸다.

"나는 전능한 하나님이다. 너는 나에게 순종하며 내 앞에 흠 없이 살아야 한다. 내가 너와 계약을 맺어 너를 크게 번성케 하겠다."

하나님의 말씀에 감격한 아브람이 얼굴을 땅에 대고 엎드리자 다시 하나님께서 말씀하셨다.

"나를 보아라. 이것이 내가 너와 맺은 계약이다. 너는 많은 민족의 조상이 될 것이며, 이제부터 네 이름은 아브람이 아니라 아브라함(만 백성의 아버지)이 될 것이다. 나는 너를 많은 민족의 조상으로 세웠다. 내가 너에게 많은 나라를 이룰 후손을 주겠다. 네 후손 가운데 많은 왕들이 나올 것이다. 내가 너와 네 후손에게 내 약속을 영원한 계약으로 지키겠고, 너와 네 후손의 하나님이 되겠다. 네가 지금 나그네 생활을 하고 있는 이 땅을 내가 너와 네 후손에게 줄 것이다. 가나안 땅 전체가 네 후손들의 영원한 소유가 될 것이며, 나는 그들의 하나님이 될 것이다. 그러므로 너와 네 후손은 내 계약을 대대로 지키라. 너와 네 후손이 지켜야 할 내 계약은 너희 가운데 모든 남자는 다 할례를 받는 것이다. 그것이 나와 너희 사이에 계약의 증표가 될 것이다."

이어서 하나님은 덧붙여 말씀하셨다.

"이제부터 너는 네 아내를 '사래(Sarai)'라고 부르지 말고 '사라(Sarah)'라고 불러라. 내가 그녀에게 복을 빌어 주어 모든 나라의 어머니가 되게 할 것이다. 그녀의 후손 가운데서 많은 왕들이 나올 것이다."

얼굴을 땅에 엎드리고 있던 아브람은 너무 어이가 없어 속으로 너털웃음을 터뜨렸다.

"주님, 사래와 저는 너무 늙었어요. 내 나이 이미 100살인데 아이를 또 낳을 수 있다니, 아흔 살이나 되는 아내가 아이를 낳는다는 말씀인가요? 저는 이미 훌륭한 아들이 있습니다. 주님께서는 왜, 이스마엘에게는 사랑을 베풀 수 없단 말입니까?"

하고 자신의 처지를 밝히자 하나님의 음성이 다시 들렸다.

"아브람아, 그것은 안 된다. 나의 약속은 이스마엘이 아니라 너와 사래 사이에서 태어날 이삭(Isaac)이다. 나는 이미 너의 아들 이삭과 계약을 체결했다. 그러나 이스마엘에 대한 너의 정성도 알고 있다. 나는 이스마엘도 나름대로 축복할 것이다."

아브람은 이미 나이가 99세, 그의 아내는 90세, 그의 아들 이스마엘은 13세였기 때문에 하나님이 거듭 말씀하셔도 곧이곧대로 들리지 않았다. 한편 하나님의 분부가 있던 날 이스마엘을 비롯해 아브라함 집안의 모든 남자들이 할례9)를 받았다(창 17:1-24).

14. 천사가 이삭이 태어날 것을 예언하다

어느 날 오후였다. 아브라함이 상수리나무 그늘에서 쉬고 있을 때 낯선 세 명의 젊은이가 다가왔다. 아브라함은 손님을 집안으로 안내한 다음 아내에게 당부했다.

"제일 좋은 밀가루로 얼른 빵을 만드시오."

사라는 빵을 굽고, 아브라함은 우유로 요리를 만들어 손님을 집대했다. 그런데 낯선 손님이 느닷없이 사라의 이름을 들먹이며 찾았다.

---

9) '할례'는 아들을 낳은 지 여드레 되는 날 몸의 일부를 베어내 피를 흘리는 것인데, 이 예절은 하나님과의 약속을 맺은 하나님의 백성이라는 증표이다. 예수님을 구세주로 믿는 그리스도교 신자들은 예수님의 피로 구원되었기 때문에 굳이 이런 예절을 하지 않고 대신 세례를 받음으로써 우리는 하나님의 자녀가 되고, 우리의 영혼은 구원을 받게 되는 것이다. 하지만 예수님을 구세주로 믿지 않는 유대교인들은 지금도 이 할례를 철저히 준행한다.

"주인님의 아내 사라는 어디 있습니까?"

깜짝 놀란 아브라함이 퉁명스럽게 대답했다.

"저기 천막 안에 있소"

"내년 이맘 때 사라가 낳은 아들을 보기 위해 다시 들리겠습니다."

아브라함은 낯선 손님의 말이 하나님의 말씀과 일치하는데 놀랐다. 그가 보통사람이 아니라는 것을 눈치챈 아브라함이 손님의 거동을 주시했다. 역시 낯선 손님은 보통 과객이 아니었다.

한편 아브라함이 손님들과 대화를 나누고 있을 때 옆방에서 밀가루 반죽을 빚던 사라가 손님들의 말이 황당무계하게 들려 코웃음 쳤다.

"내가 아들을 낳다니, 그럴 리가 있나! 나는 이미 늙었는데 무슨 그런 말씀을…"

사라의 코웃음에 손님들이 크게 화를 냈다.

"하나님에게도 불가능이 있습니까? 왜 사라 부인이 함부로 웃지요?"

아브라함은 화를 낸 손님들에게 아내 대신 정중히 사과했다. 그런데 손님들이 다녀간 후 사라의 몸에 불가사의한 기적이 일어났다. 갑자기 사라의 몸에 태기가 생기더니 일정한 시일이 지나 아들을 낳게 되었다. 감격에 겨운 아브라함은 아기의 이름을 하나님의 사자가 계시한 대로 '하나님께서 나를 웃기셨다.'라는 의미로 이삭이라고 지었다. 그리고 하나님의 분부대로 태어난 지 8일 만에 할례를 시술했다(창 18:1-15).

15. 하갈과 이스마엘 모자가 떠나다

이삭이 태어났을 때 아브라함은 꼭 100세였다. 사라는 이삭을 낳으면서 하나님에 대한 생각이 완전히 바뀌었다.

"하나님께서 나를 웃기셨으니 이 사실을 듣는 사람들마다 나와 함께 웃을 것이다. 이 늙은 사라가 자식을 낳아 기를 것이라고 누가 꿈엔들 생각했겠는가? 그러나 하나님은 나에게 아들을 주셨다."

아브라함과 사라는 이삭을 낳은 후 세상생활에 보다 자신감이 넘쳤다. 어느 덧 세월이 흘러 이삭이 세 살이 되어 젖을 뗄 때가 되었고, 이스마엘은 열일곱 살이 되었다. 이삭이 자라면서 아브라함의 신변에 많은 변화가 있었다. 이삭이 자랄수록 이스마엘에 대한 아브라함의 관심이 점점 식어갔다. 그런가 하면 이스마엘은 나이가 들수록 이삭을 짓궂게 조롱하는 등 이복동생을 자주 괴롭혔다.

그러던 어느 날 이삭의 생일을 맞아 축하연을 베풀었다. 초대받은 사람들이 모인 자리에서 사라가 아브라함에게 결단을 촉구했다.

"하나님께서 나의 아들 이삭이 큰 민족의 뿌리가 된다고 약속하셨습니다. 그러니 이제는 하갈과 그가 낳은 이스마엘을 내 곁에서 멀리 떠나 보내십시오. 장차 이삭이 이어받아야 할 유산을 이스마엘과 똑같이 나눌 수는 없습니다."

사라가 아브라함의 재산을 이스마엘과 분배하는 것을 반대하자 하갈이 먼저 결단을 내렸다.

"사라, 당신은 내가 또 아들을 낳는 것이 못마땅하겠지요. 저도 더 이상 이곳에서 함께 살고 싶지 않습니다. 이제 저희들을 떠나도록 허락해 주세요."

하갈이 자청해서 떠나겠다고 나서자 아브라함은 괴로웠다. 이스마엘도 자기가 사랑하는 아들이었기 때문에 재산도 나눠주지 않은 채 떠나보내고 싶지 않았다. 그러나 사라의 몸에서 이삭이 태어난 후 하나님께서 하갈을 보내라고 하시니 아브라함은 어쩔 수 없었다. 아브라함은 이삭이 장차 위대한 민족의 기초가 된다는 하나님의 분부에 순응하기 위해 살을 찢는 아픔을 머금고 하갈과 이스마엘을 떠나보내기로 했다. 하갈과 이스마엘에게 식량과 노자를 충분히 주어 그녀의 고향으로 돌아가게 했다.

하갈은 이스마엘을 데리고 물 한 방울 없는 브엘세바의 사막을 거쳐 이집트를 향해 끝없이 걸었다. 두 모자는 얼마 쯤 가다가 바란(Pharan) 광야에 이르러 짐을 풀었다. 거친 바란 땅에 집을 짓고 새 삶을 시작한 모자는 척박한 땅에서 열심히 살았다. 이스마엘은 자랄수록 활을 잘 쏘고 운동을 즐기는 등 매우 활동적인 남자로 성장했다. 열악한 환경에서 장성한 이스마엘은 이집트의 여인을 아내로 맞아 12명의 건강한 아들을 낳아 큰 가족을 이루었다. 훗날 12명의 이스마엘 자손들은 아랍 민족의 조상이 되었는데, 주로 하윌라(Havilah)에서부터 술(Shur)까지 앗시리아로 향하는 이집트 동쪽 지방에 흩어져 살았다. 이들은 장차 아브라함의 다른 자손들, 즉 이삭의 후손들과는 항상 적대하는 세력이 되었다(창 21:8-20).

◆ **창세기의 두 기류와 부족동맹 시대, 민족형성 이전 시대**

성서가 제시하는 초기 이스라엘의 역사는 여러 '부족들'이 하나의 '민족'을 형성하는 과정에서부터 시작되었다. 구약성서에서 제일 먼저 등장하는 오경의 내용을 쉽게 정리하면 '두 기류의 창조 이야기'로 나눠 볼 수 있다. 하나는 '세상의 창조'(창 1장-11장), 다른 하나는 '이스라엘 민족의 창조'(창 12장-50장)로 이루어졌다. 그런데 창세기 1장과 2장에 두 번에 걸쳐 기록된 내용은 서로 아무런 연관도 없는 내용이 합쳐져 있다. 제1장에서는 하나님을 엘로힘(Elohim)이라고 부르고, 제2장에서는 야훼(Jahve)라고 부fms다.

특히 민족공동체가 형성되는 이야기를 한 부분에서 모세라는 중재자를 통해 '이스라엘'이라는 민족으로 성장해 가는 과정을 묘사하고 있다. 기원전 2000년 경 정확한 이유는 알 수 없지만 중동지역의 여러 유목민들이 살기 좋고 물이 풍부한 서쪽으로 점차 이동했고 그 부족들 가운데는 창세기가 소개하는 성조사(창 12장-50장)의 모델이 된 부족들이 속해 있었을 것으로 추정된다. 이 유목민들은 티그리스강과 유프라테스강 지역에 정착하여 거대한 메소포타미아 문명에 동화되거나 더 서쪽으로 나아가 나일강 유역인 이집트의 비옥한 곡창지대에 정착하여 살았는데, 이들과 관련하여 생성된 여러 구전들이 오늘의 오경을 이룬 핵심 소재이다.

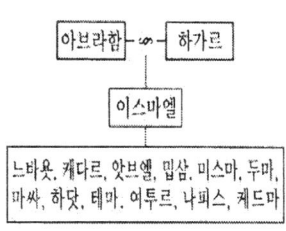

● 이스마엘의 세보

이스마엘은 느바욧, 케다르, 앗브엘, 밉삼, 미스마, 두마, 맛사, 하닷, 데마, 여두르, 나비스, 케드마 12명의 아들을 두었다. 이들 12명의 아들이 훗날 아랍 민족의 열두 부족으로, 그들의 거주한 지역의 이름이 아랍족의 이름이 되었다. 그들은 하윌라에서 수르에 이르는 아라비아 반도에서 살았다. 북부 아라비아에 살던 아랍 종족도 이스라엘의 12지파처럼 아랍의 12지파를 이루었다(창 25:12-16).

제2장 저주의 도성 소돔과 고모라

1. 멸망 직전의 소돔과 고모라

현대에 와서는 죄악이 창궐했던 소돔과 고모라의 도성이 어디 쯤이었는지? 그 지점을 정확히 아는 사람은 아무도 없다. 다만 사해(死海)의 남쪽 끝이었다고 막연히 추측할 뿐이다. 그러나 한 가지 분명한 사실은 당시 소돔과 고모라 두 도성은 사악한 짓을 서슴없이 자행할 만큼 죄악이 창궐한 도성이었다는 사실이다.

심지어 소돔성의 베라(Bera)왕과 고모라의 바르사(Birsha)왕은 양심이나 도덕 따위는 논의의 대상도 되지 않을 만큼 사악했다. 그곳 사람들은 자기보다 약한 사람을 약탈하는 것을 당연하게 생각했다. 심지어 재물을 빼앗고 살해하거나 노예로 팔아먹는 일이 다반사였다. 악마의 소굴로 전락한 소돔 성에서 억울한 사람들의 울부짖는 소리가 하늘에 사무치자 하나님께서 결단을 내리셨다.

"소돔과 고모라에서 들려오는 울부짖는 소리를 더 이상 듣고 있을 수 없다. 내 귀에 들려오는 저 비명 소리가 사실이라면 멸망시키겠다."

한편 소돔성에 대한 심판의 날이 다가오자 아브라함은 롯을 생각해서 가능한 소돔 사람들에게 회개할 기회를 달라고 하나님께 빌었다.

"주께서 정말 의로운 사람을 악한 사람과 함께 멸망시키시겠습니까?"

아브라함이 간절히 기원하자 하나님은 소돔성에 의인이 단 10명만 있어도 멸망시키지 않겠다고 하셨다. 그러나 소돔성에는 단 10명의 의인도 없었다. 소돔성에 대한 심판을 결정한 하나님은 2명의 천사를 보내 죄악의 실상을 파악하도록 하셨다(창 19:1-29).

2. 마음씨 착한 롯

어느 날 부잣집의 젊은이로 변장한 2명의 천사가 소돔성으로 다가갔다. 소돔성 부근에 이르렀을 때 마침 해가 저물어 어두워졌다. 하룻밤 묵을 숙소를 찾아 성문 근처의 조그만 집에 이르렀을 때 마침 점잖은 중년 남자가 성문 앞에 나와 시원한 저녁 공기를 쏘이고 있었다. 그 사람이 바로 아브라함의 조카 롯이었다. 롯은 낯선 두 젊은이가 찾아가자 땅에 엎드려 정중히 맞았다.

"내 주여 종의 집에 드셨다가 내일 아침 일찍 길을 떠나십시오."

롯은 기꺼이 두 젊은 나그네를 집으로 초대하려고 했으나 그들은 극구 사양했다.

"아닙니다. 우리는 거리에서 밤을 보내겠습니다."

그러나 고모라 도성의 실정을 잘 아는 롯이 자신의 집에 머무를 것을 계속 당부했다. 그제서야 두 젊은이는 고맙다며 그를 따라갔다. 롯이 보기에 그들은 기품을 갖춘 예의 바른 젊은이들이었다. 만일 그들이 소돔성에 들어가면 불길한 사태가 일어날 것이 뻔했다. 롯은 젊은이들에게 소돔성의 실태를 말해주고 거기 가지 말라고 권유했다.

"만일 손님께서 더 필요하다면 저의 집에 얼마든지 계셔도 좋습니다."

롯의 말에 하나님의 중대한 임무를 부여받은 젊은이들은 사양했다.
"괜찮습니다. 우리는 내일 도성에 들어가겠습니다."
그 말을 들은 롯이 간곡하게 만류했다.
"안됩니다. 소돔성은 위험한 곳입니다. 그 도성에 들어가면 어떤 일이 닥칠지 모릅니다. 누추하지만 우리 집에 더 머무시는 것이 안전합니다."
그 순간 소돔성의 사람들이 먼 발치에서 낯선 손님들을 유심히 바라보고 있었다. 아니나 다를까. 그 날 밤 롯이 잠자리에 들었을 때 누군가 문밖에서 주먹으로 대문을 마구 두드렸다. 롯이 대문을 열자 소돔성에서 한 패의 부랑자들이 몰려와 험상궂은 얼굴로 협박했다.
"이봐 늙은 양반, 이방 사람들이 네 놈의 집에 머문다는 것을 알고 왔다. 그 놈들을 당장 내보내라. 우리도 인사 좀 해야겠다."
소돔 사람들은 손님이 가지고 있는 돈을 몽땅 내놓으면 통과시켜 줄 수 있다고 강도의 본색을 드러냈다. 하지만 롯은 고분고분 하지 않았다. 그러자 힘이 억세 보이는 자가 대들었다.
"안 돼, 그럴 수는 없지. 오늘 내 당나귀가 나한테 맞아 죽었는데, 마침 잘 됐어. 이 집에 온 두 놈을 잡아다가 내 마차를 끌게 할 거다."
동료의 말을 들은 일당들이 역겹게 웃었다. 그러나 롯은 손님들을 보호하려고 애원했다.
"친구들이여, 그들은 우리 집 손님이오. 제발 그냥 우리 집에서 조용히 묵어갈 수 있도록 내버려두시오. 그 대신 나에겐 아직 시집가지 않은 두 딸이 있으니 차라리 내 딸을 데려가 좋을 대로 하시고, 우리 집에 오신 손님은 해치지 마십시오. 그들은 당신들에게 아무 짓도 하지 않았습니다."
롯이 손님을 싸고 돌자 또 다른 사나이가 윽박질렀다.
"잘 들어라, 이 낙타 등의 벼룩 같은 놈아. 네 놈도 나그네살이 하는 주제에 이제는 우리에게 재판관 행세까지 하려는 거냐? 당장 우리 앞에 내보내지 않으면 그 놈들 대신 네 놈을 족치겠다"(창 19:1-11).

3. 젊은 두 손님의 정체

롯이 협박을 당하고 있을 때 등 뒤에서 갑자기 방문이 열리면서 두 손님이 앞으로 뛰쳐나왔다. 그들은 롯을 방으로 밀어 넣은 다음 대문 앞에 몰려온 패거리들에게 번개같이 달려들었다. 젊은 손님들은 상상할 수 없이 억센 주먹을 마구 휘둘러 달려드는 소돔의 무뢰한들을 모두 두들겨 팼다. 결국 그들을 장님으로 만들고 말았다.

"아니 이게 뭐야? 아무 것도 보이지 않아! 난 장님이 되었어!"

비명 소리가 합창을 하듯 했다. 자기들끼리 중구난방으로 욕설을 퍼붓고 서로 쥐어박는 사태가 벌어졌다. 롯이 용맹스러운 젊은이들을 지켜보았다. 그 중 한 젊은이가 롯에게 귀띔했다.

"주인님, 이곳에 다른 식구들도 계십니까? 당장 모든 가족을 데리고 이곳을 떠나십시오. 우리는 하나님의 분부로 소돔성의 죄악을 확인하러 온 천사입니다. 이 도성의 죄악이 하늘에 사무쳤습니다. 그래서 하나님께서 멸망시키려고 우리를 이곳에 보내셨습니다. 얼른 식구들을 데리고 이 도성을 멀리 떠나십시오."

평범한 젊은이들이라고 생각했던 롯이 하나님의 천사라는 말에 부들부들 떨었다. 마침 롯의 집에는 두 딸과 약혼한 젊은이들이 와 있었다. 롯은 그들이 묵고 있는 방을 향해 외쳤다.

"어서 일어나라, 주님께서 소돔을 멸망시키려고 하신다."

롯이 소리쳤지만 젊은이들은 미동도 하지 않았다.

"농담이시겠지요?"

"아니다. 정말이다. 당장 떠나야 한다."

"아니, 꿈을 꾸고 계시군요. 아버님은 긴장하셨습니다. 아무 일 없을테니 어서 주무세요."

롯은 더 이상 지체할 수 없었다. 뒤돌아 나올 때 등 뒤에서 비웃는 소리가 들렸다.

"미쳤군. 바보 같은 늙은이, 그 따위 거짓말을 다 하다니…"

롯이 두 눈을 부릅뜨고 젊은이들을 뒤돌아보았다. 그러나 더 지체할 시간이 없었다. 롯이 아내와 두 딸을 깨울 때 또 다른 천사가 다그쳤다.

"이제부터 빨리 이곳을 떠나야 합니다. 꾸물거리다간 모두 죽습니다. 안전한 언덕으로 빨리 올라가십시오. 그리고 어떤 경우에도 뒤를 돌아보지 마십시오."

"저의 가족을 깨우쳐 주신 은혜에 감사합니다. 그러나 저와 아내는 몸이 늙어 빨리 달릴 수가 없습니다. 저 마을까지만 가면 안전할까요?"

"저 마을도 화가 미칠 것입니다. 그 보다 더 멀리 떠나십시오. 그리고 다시 말씀드리지만 어떤 일이 있어도 절대로 뒤를 돌아보지 마십시오. 뒤돌아보면 멸망당합니다."

거듭 주의를 환기시키자 롯은 아내와 딸을 데리고 천사가 가리키는 방향을 향해 사력을 다해 달렸다. 얼마 쯤 정신없이 달렸을 때 동녘 하늘이 밝아 왔다. 아침 햇살이 온 누리에 비칠 때 땅이 흔들리기 시작했다(창 19:12-15).

4. 지진과 유황불에 뒤덮인 소돔성

한편 깊은 잠에 곯아떨어진 소돔 사람들은 갑자기 땅이 흔들리는 충격에 놀라 집 밖으로 뛰쳐나왔다. 그때 이미 하나님의 심판이 시작되고 있었다. 우르르 쿵쾅…; 천지가 연신 진동하면서 땅 위의 물체들이 퍽퍽 엎어지기 시작했다.

"아니 이게 웬일이냐!"

집밖으로 몰려나온 소돔성의 사람들이 전전긍긍할 때 하늘에서 고막을 찢는 폭음과 동시에 유황불이 소나기처럼 퍼부었다. 도성에 불길이 치솟으면서 대지를 뒤흔드는 진동이 격해지고 땅이 엿가락처럼 뒤틀렸다. 집안에 있던 사람들이 밖으로 튕겨 나와 땅바닥에 나뒹굴고, 높은 곳의 사람들은 낮은 곳으로 굴러 떨어지고, 굳건한 건물들이 털썩털썩 주저앉았다. 마구 흔들리던 땅이 갈라져 마치 괴물처럼 하늘을 향해 입을 벌렸고, 하늘에서는 유황불이 우박처럼 쏟아져 벌어진 땅 속으로 들어가 다시 폭발했다. 화염에 휘말린 소돔성은 순식간에 아비규환의 도가니로 변했다. 소돔성의 넓은 광장이 굶주린 악마의 입처럼 갈라지고, 도성의 도로는 비비 꼬이며, 마지막까지 지탱하던 성벽이 우르르 무너지면서 모든 길이 지그재그로 뒤틀렸다(창 19:16-21).

> ◈ **사랑의 하나님**
>
> 사랑의 하나님께서는 죄악이 창궐하는 소돔과 고모라 도성을 멸망시키기로 결심하셨지만 아브라함의 간곡한 청원을 뿌리치지 않으셨다. 그래서 마음 착한 의인 열 명만 있어도 심판할 계획을 재고하시겠다고 하셨다. 이처럼 하나님께서는 믿음이 깊고 착한 사람들의 기도를 못 들은 채 외면하지 않으신다. 우리가 다른 사람을 위하여 바치는 기도도 아브라함처럼 그렇게 유익한 기도가 될 수 있음을 약속하셨다.

5. 어떤 경우에도 뒤돌아보지 마시오

롯은 등 뒤에서 들려오는 벼락 치는 소리에 쫓겨 정신없이 달렸다. 천사가 가리키는 마을을 향해 사력을 다해 달리면서 두 딸에게 연신 주의를 환기시켰다.

"어떤 일이 있어도 되돌아보지 말아라."

그러나 롯보다 몇 발 앞서가던 아내는 벼락 소리에 가려 남편의 경고를 듣지 못했다. 아내는 정들었던 이웃과 버리고 떠난 재물에 대한 미련을 잊지 못하고 불타는 소돔성을 뒤돌아보았다.

"안 돼, 뒤돌아보지 마!"

뒤따르던 롯이 목이 터져라 소리쳤지만 남편의 고함을 듣지 못한 아내는 소돔성을 계속 바라보았다. 그때 아내의 얼굴이 다른 물체로 변했다. 잠시 후 아내가 서 있던 자리에는 덩치가 큰 소금 덩어리가 우뚝 서 있을 뿐이었다. 아내의 모습은 사라지고 없었다. 롯은 불쌍한 아내를 뒤로 한 채 부지런히 달렸다. 높은 산등성이에 올라서야 그곳이 소알(Zoar)임을 알았다. 롯이 소알에 이르렀을 때 비로소 하늘에서 퍼붓던 불길이 멎고, 어지럽게 흔들리던 대지가 몇 번 더 진동한 다음 죽은 듯이 가라앉았다.

아침 일찍 일어난 아브라함이 하나님의 심판을 받아 불길에 휩싸여 타고 있는 소돔성을 바라보았다. 조용하던 소돔성에서 벌겋게 달아오른 두 개의 거대한 불길 속에 잿더미가 우뚝 솟아 있고, 그 위에 두꺼운 검은 연기가 하늘을 향해 뭉게뭉게 피어오르고 있었다. 마침내 죄악이 창궐한 소돔과 고모라는 흔적도 없이 시야에서 사라졌다(창 19:22-29).

6. 롯과 그의 딸들과 모압과 암몬

한편 집에서 알몸으로 허겁지겁 빠져 나온 롯에게는 사랑하는 아내도, 양도, 소도 없었다. 빈 손으로 소알에 도착한 롯은 어쩔 수 없이 두 딸과 깊은 산 속에 들어가 동굴에서 외롭게 살았다. 그 지방에는 롯의 딸과 결혼할 남자도 없었다.

그런데 어느 날 롯이 술에 취해 정신을 잃었을 때 그의 두 딸이 가족의 혈통을 이어가기 위해 아버지와 근친상간을 범했다. 이렇게 두 딸이 번갈아 아버지를 통해 임신하게 되었다. 큰 딸은 아들을 낳았는데, 그가 후일 모압(Moab)족의 조상이 되었고, 작은 딸이 낳은 아들의 이름이 벤암미(Benammi)로 그가 훗날 암몬족의 조상이 되었다. 이들 두 부족은 요단강 동쪽 지방에서 살았다. 그러나 훗날 아모리족에게 쫓긴 모압족은 아르논의 남쪽 사해의 동쪽 지방으로 옮겨가서 살았고 암몬족은 다시 동쪽에 있는 황야로 몰려가서 살았다(창 19:30-38).

제3장 이삭을 봉헌한 아브라함의 믿음

1. 순종하는 믿음과 하나님의 약속

아브라함은 어떤 경우에도 하나님 뜻에 순종할 만큼 믿음이 좋았다. 그래서 하나님은 무조건 순종하는 아브라함을 각별히 총애하셨다. 나이 99세가 된 아브라함에게 아들을 낳게 하셨는가 하면, 장차 큰 민족의 어버이가 될 것이며, 광활한 가나안 땅을 차지할 것과 모든 민족의 으뜸이 될 것이라고 약속하실 만큼 아브라함을 각별히 사랑하셨다. 하나님과 아브라함의 관계는 처음부터 섭리와 순종으로 일관된 지순한 관계였다. 아브라함이 가나안에 이주한 후 그의 삶은 모두 하나님과의 약속을 기반으로 이루어졌다. 평소 집안의 생활방식을 비롯해서 양떼를 사육하는 것, 목초지를 찾아 길을 떠나는 것, 정착지를 정하는 것 등 아브라함의 삶은 모두 하나님의 뜻에 절대로 부합할 만큼 어떤 경우에도 하나님의 뜻에 순종했다

이삭은 하나님의 특별한 섭리로 태어난 아들이었다. 그런데 아브라함은 이삭이 태어난 후에 하나님에 대한 충성심이 전과 같지 않았다. 때로는 하나님보다 이삭에게 애정을 더 쏟을 정도였다. 물론 아브라함은 이삭에게 하나님에 대한 교육을 열심히 가르쳤다. 하나님은 누구이며, 철저히 경배해야 하고, 나쁜 일을 멀리하며, 잘못을 저질렀을 때는 용서를 구하고, 하나님의 분부는 어떤 경우에도 복종해야 한다는 것 등 하나님을 섬기는 법도를 철저히 가르쳤다. 아들을 사랑하는 것만큼 하나님에 대한 교육도 철저히 시켰다. 그러나 아브라함 자신은 신앙의 연단을 쌓을 기회가 전과 같이 많지 않았다. 이삭이 태어난 후에는 아들 사랑에 몰두한 나머지 하나님에 대한 경외심을 소홀히 하는 경우가 잦았다. 그러던 어느 날 밤 아

> ◈ 아브라함의 믿음, '야훼 이레'
>
> 늦은 나이에 아들을 얻은 아브라함에게 그 아이를 제물로 바치라는 하나님의 명령은 너무도 가혹한 것이었다. 아브라함은 이제 더 이상 물러설 곳이 없었다. 이삭을 바치는 순간 그의 미래는 사라질 것이요, 하나님의 명령을 거부하는 순간 그 분과의 관계는 영영 끊어져 버리기 때문이다.
>
> 하지만 아브라함은 그 분의 명령을 따르기로 하였다. 그것은 하란에서부터 줄곧 자신을 시켜 주셨고, 늘 함께 해 오셨던 하나님께 대한 굳은 신뢰 때문이었다. 아들 이삭에게 장작을 등에 지워주고 자신은 번제 때 사용할 불과 칼을 든 채 묵묵히 산을 오르는 아버지 아브라함의 모습에는 절절한 아픔이 배어 있었다. 아들 이삭을 막 제물로 바치려는 순간 하나님의 천사가 아브라함을 막으셨다. 하나님께서 아브라함의 믿음을 보시고 제물을 순수 마련해 놓으셨다는 것이었다. 그래서 '(야훼 이레(YH조 YIReh)'는 주님께서 마련해 주신다'는 의미이다. 하나님께서 진정 원하신 것은 의행 제물이 아니라 아브라함의 절대적인 신뢰와 순종이었다. 그 분은 당신을 믿고 따르는 이들에게 꼭 필요한 것을 필요한 때에 마련해 주신다. 아브라함은 이삭을 버림으로써 이삭을 온전히 얻은 것이다.

브라함이 잠들었을 때 하나님의 음성이 들렸다.

"아브라함아…"

"예, 여기 있습니다."

잠자리에서 일어나 옷깃을 여밀 때 다시 하나님의 음성이 들렸다.

"아브라함아 너의 사랑하는 아들 이삭을 데리고 모리아 땅으로 가거라. 거기에 가면 여러 개의 산이 있는데 그 중에 제일 높은 모리아 산꼭대기에 올라가 제단을 쌓아라. 그리고 내가 지켜보고 있을 테니 그 제단에서 네 아들 이삭을 번제로 바쳐라."

너무 놀란 아브라함이 되물었다.

"도대체 왜 그러십니까."

아브라함이 반문했지만 하나님은 더 이상 아무 응답이 없었다. 그 길로 잠을 이루지 못한 아브라함은 뜬 눈으로 밤을 지새웠다. 도대체 무엇 때문에 평소 제물로 사용하던 새끼 양 대신 당신께서 친히 축복해 주신 아들을 바치라는 것인지 이해할 수 없었다(창 22:1-14).

> ◆ **고대인들의 인신공양제**
>
> 신(神)에게 사람을 제물로 바치는 인신공양제(人身供犧祭)는 고대인들에게 흔히 있는 일종의 종교적 풍습이었다. 훗날 이스라엘 백성이 모세의 인도로 이집트에서 나와 가나안에 정착했을 때에도 몰렉신을 믿는 교도는 자신의 어린이를 번제로 드렸다. 그러나 인신공양제는 인도(人道)에 어긋나는 패악(悖惡)한 야만적인 풍속으로 하나님은 일찍이 인신공양제도를 금하셨다. 특히 사람을 당신의 모상으로 지으신 하나님께서는 인신제물을 근본적으로 반대하셨다. 그럼에도 왜, 아브라함에게 이삭을 번제로 바치라고 하셨을까? 그리고 아브라함은 그 패도(悖道)한 명령에 왜? 순종하였을까? 많은 생각을 하게 된다.
>
> 그러나 이 문제는 하나님의 편에서 생각해야 한다. 하나님께서 아브라함의 믿음을 확인(시험)하기 위한 목적이었지 실제로 이삭을 제물로 실행할 의도는 없었다. 물론 하나님은 모든 생명의 창조자로 사람의 생사화복을 주관하시는 절대 주권자로 아브라함에게 아들을 바치라고 능히 명령할 권능도 있었다. 그러나 인신공양은 하나님의 보편적 원칙에 어긋나는 행위로서 그것은 어디까지나 아브라함의 믿음을 시험하기 위한 수단이었을 뿐이다. 하나님은 당신의 원칙에 어긋나는 명령은 절대로 하지 않으셨다. 그럼에도 아브라함은 그 절대 불가능한 명령에 복종함으로써 하나님에 대한 자신의 믿음을 확인시켰고, '모든 믿는 자들의 위대한 신앙의 아버지'가 될 수 있었다.

2. 시험대에 선 아브라함의 믿음

하나님의 분부를 접한 아브라함은 전전긍긍했다. 만일 아내가 이 사실을 안다면 당장 까무러칠 일이었다. 그러나 아브라함은 하나님의 분부에 복종했다. 날이 밝아오자 부지런히 여행채비를 갖춘 다음 아내에게는 이삭을 데리고 모리아 산에 예배하러 간다고 감쪽같이 속였다.

한편 영문을 모르는 이삭은 아침 일찍부터 아버지와 여행을 떠난다고 마냥 좋아했다. 아브라함은 준비물을 하나하나 챙겨 당나귀에 실은 다음 하인을 앞세우고 길을 나섰다. 집을 나선지 사흘 만에 모리아 산을 멀리서 바라볼 수 있었다. 산 밑에 도착한 아브라함은 당나귀와 짐 보따리를 하인에게 맡기고 이삭과 단 둘이 정상을 향했다. 정상이 가까워질수록 아브라함은 하나님의 분부를 어떻게 실행할지 가슴이 두근거렸다. 서로 침묵 속에 발길을 옮기는 동안 이삭이 말을 먼저 꺼내기도 했다. 아브라함은 아들이 묻는 말에 "그래, 아니" 하면서 말꼬리를 흐렸다. 정상이 가까워지자 이삭이 다그쳐 물었다.

"아버지, 불 지필 나무는 있는데 제물은 어디에 있습니까?"

"제물은 하나님께서 마련해 주실 거다."

아브라함은 퉁명스럽게 대답하고 입을 굳게 다물었다. 이윽고 정상에 오른 아브라함은 사방에 흩어진 돌을 모아 윗 부분이 평퍼짐하도록 제단을 쌓고, 그 위에 나무토막을 가지런히 배열한 후 불길이 통하도록 통풍구도 만들었다. 모든 준비가 끝났는데도 제물이 보이지 않자 이삭은 천연덕스럽게 새끼 양이 어디에 있느냐고 물었다. 아브라함이 목이 메어 어물어물했다. 그때 마침 한 떼의 새들이 하늘을 가르며 날아갔다. 이삭이 새떼를 바라보고 좋아했다.

그런데 이게 웬일인가!

바로 그 순간 아브라함이 잽싸게 달려들어 이삭의 사지를 꽁꽁 얽어맸다. 이삭은 아버지가 자기와 장난하는 것으로 생각하고 반항하지 않았다. 그러나 밧줄에 얽힌 몸이 제단 위에 올려지는 순간 비로소 자기가 제물이라는 것을 알고 기절했다. 아브라함은 가쁜 숨을 몰아쉬며 이삭을 향해 칼을 높이 치켜들었다. 그때였다.

"아브라함아, 그 칼을 멈추어라."

갑자기 벼락이 치는 듯한 소리가 들려 아브라함은 돌처럼 굳어진 채 꼼짝하지 못했다. 아브라함이 멍하니 서 있을 때 다시 그의 이름을 부르는 지엄한 소리가 들렸다.

"아브라함아!"

"예, 제가 여기 있습니다."

아브라함이 머리를 조아리자 하나님의 음성이 다시 들렸다.

"아브라함아, 네 손을 거두어라. 네 믿음을 확인하였다."

그 순간 아브라함의 굳어졌던 몸에 다시 화기가 돌고 손이 자유롭게 풀렸다. 아브라함은 그제야 하나님께서 자신의 신앙을 확인하기 위해서였음을 깨닫고 땅에 엎드려 감사한 다음 이삭을 제단에서 내려놓았다. 그때 마침 새끼 양의 뿔이 가시 덩굴에 걸려 소리 지르고 있었다. 아브라함이 새끼 양을 밧줄로 묶어 제단에 올려놓고 불을 지폈다.

번제를 마치고 산을 내려올 때 다시 하나님의 음성이 들렸다.

"아브라함아, 너는 사랑하는 아들까지 나에게 바쳐 충성을 다하였으니, 나는 너에게 큰 축복을 베풀겠다. 장차 네 자손이 하늘의 별처럼 바닷가의 모래알 같이 불어나 너는 여러 민족의 조상이 될 것이다. 그리고 네 믿음에 대한 보상으로 이 대지가 너의 자손들을 위해 축복할 것이다."

하나님의 뜻을 확인한 아브라함은 이삭과 하인을 데리고 브엘세바의 집으로 돌아왔다(창 22:11-19).

> ◈ **일부다처(一夫多妻)제**
>
> 일부일처제가 하나님이 애초에 정하신 혼인제도이다. 그러나 가인의 6대손 라멕이 두 명의 여인을 아내로 삼으면서 일부다처가 성행하기 시작했다. 노아의 홍수 후에도 성 윤리의 문란과 일부다처의 폐습이 널리 성행하였고, 하나님도 굳이 그 문제를 탓하지 않았기 때문에 아브라함을 비롯한 야곱과 같이 하나님의 사랑을 받은 족장들까지도 아내를 여러 명씩 거느렸다. 일부다처제는 족장시대에 자식을 많이 낳을수록 그만큼 세력이 확장되었기 때문에 더욱 성행했다. 재산이 많은 부호나 권력을 잡은 사람들일수록 아내나 소실을 많이 거느렸는데, 자식도 많이 낳을 수 있고, 일종의 권위와 능력의 상징이 되기도 했다.
>
> 역사적으로 기드온 다윗, 솔로몬, 르호보암 같은 인물들이 후궁들을 많이 거느렸다. 그러나 이런 폐습은 비단 유대민족만의 일은 아니었다. 고대사회의 보편적인 현상이었다. 중국이나 한국의 백제 같은 나라에서도 후궁이 3천이었다느니 3천 궁녀라는 말이 전해질 만큼 영화를 누리는 귀족일수록 여성을 얼마나 많이 거느리느냐를 가지고 세력을 과시했다.
>
> 그러나 예수 그리스도께서 혼인의 신성을 강조하면서부터 일부일처제가 정착되기 시작하였다. 그리하여 서구라파의 기독교 국가에서 일찍이 일부일처제가 자리잡았다. 기독교가 세계화되면서 기독교를 믿지 않는 나라들에도 큰 영향을 미쳤다. 이제는 일부다처를 죄악시하거나 수치로 여길 만큼 기독교의 미풍이 세계화되었다. 그래서 문명국이라면 법률상 축첩제도는 인정하지 않는 것이 오늘의 추세다.

제4장 이삭과 리브가의 혼인

1. 사라의 죽음과 아브라함의 며느리

아브라함이 브엘세바에 정착한 후 어느 덧 많은 세월이 흘렀다. 아브라함의 신변에는 예기치 못한 변화가 많이 일어났다. 아브라함이 99세에 얻은 이삭이 장성하여 어른이 되었고, 사라는 127세가 되던 해에 헤브론에서 세상을 떠났다. 사라의 시신은 아브라함이 미리 구입해 둔 막벨라 밭에 딸린 동굴에 안장되었다. 사라는 아브라함의 가족 중 하나님의 분부로 하란을 떠난 후 가나안 땅에 최초로 묻혔다. 사라가 죽은 후에도 아브라함은 엘리에셀 하인장과 무술을 연마하는 등 노익장을 과시했다.

그러던 어느 날 아브라함이 심각한 표정으로 하인장에게 말했다.
"여보게, 나는 요즈음 큰 걱정이 있네."
"주인님의 걱정은 이삭의 어머니께서 돌아가셨기 때문이지요."
"아니야, 아내가 죽은 것 그 이상이야. 비록 나는 늙었지만, 아직 해야 할 일이 많이 남아 있네. 우선 이삭을 결혼시켜야 하는데 언제 그 혼사가 성사될는지 기약이 없네. 만일 이삭을 결혼시키지 못한다면 내가 어떻게 하나님의 분부대로 장차 큰 민족의 아버지가 될 수 있겠는가? 자손이 끊기는데…"

하인장은 이삭의 혼인을 걱정하는 아브라함의 마음을 읽고 말했다.
"이삭의 결혼은 어렵지 않습니다. 여기 가나안에도 좋은 처녀들이 얼마든지 있습니다."
"아니야, 자네는 내 뜻을 전혀 이해하지 못하는군. 이삭의 아내는 절대로 가나안의 여인을 맞아서는 안 되네. 내 며느리는 내 부족 중에서 젊은 처녀를 맞아야 하네. 그래야 순수한 내 혈족이 하늘의 별처럼 불어날 걸세. 그것은 이미 하나님과의 약속인 만큼 이삭의 배필은 반드시 이방 여인이 아니라, 내 문중의 딸과 결혼해야 하네."

아브라함은 하인장에게 하나님께서 약속하신 이집트에서 유프라테스강에 이르는 이 땅을 후손에게 주시겠다고 약속했다는 사실을 상기시켰다. 가나안에는 이미 겐족(Kenites), 그니스족(Kenizzetes), 갓몬족(Kadmonites), 헷족(Hittes), 브리스족(Perizzites), 르바족(Rephaites), 아모리족(Amorites) 가나안족(Canaanties), 기르가스족(Girgashites), 여부스족(Jebusites)이 살고 있었지만 그 땅을 아브라함 후손에게 물려주시겠다고 약속한 사실도 알려주었다.

"현명하신 말씀입니다. 그래야지요."

아브라함은 동북쪽에 있는 고향 땅 하란 쪽을 바라보면서 말했다.

"엘리에셀, 자네가 나를 대신해 수고를 해주어야겠네. 자네가 알다시피 나는 이제 너무 늙어서 다른 지방에 가서 며느릿감 데려올 처지가 아닐세. 그러니 자네가 나를 대신해 주게. 내일 당장 내가 살던 하란으로 가서 내 며느릿감을 찾아보게. 기왕이면 건조기가 오기 전에 서둘러 다녀오게. 건조기에는 비 한 방울 내리지 않아 땅 위의 풀잎이 모조리 말라죽기 때문에 앞으로 아홉 달 동안은 여행하기가 매우 힘드니 그 전에 서둘러 다녀오게."

엘리에셀은 여행 채비를 서둘렀다. 건장한 하인 10명과 함께 하란에 다녀오기로 했다. 여행 중에 먹을 음식과 신부와 신부 부모에게 줄 값진 예물까지 충분히 꾸린 다음 10마리의 낙타를 앞세우고 장도에 올랐다. 아브라함은 길을 나선 하인장에게 신신당부했다.

"엘리에셀! 나를 실망시키지 말고 반드시 이삭의 아내감을 꼭 데리고 와야 하네"(창 23:1-66).

2. 처가살이를 미리 방지한 아브라함

엘리에셀은 길을 떠나기 전 아브라함에게 만일의 경우를 말했다.

"최선을 다하겠습니다. 그러나 만일 며느님 될 규수가 저를 따라오지 않겠다고 하면 어떻게 합니까? 그럴 경우 제가 아드님을 데리고 다시 가야 합니까?"

"그건 안 되네. 내 아들을 데리고 가서는 절대로 안 되네. 이미 오래 전에 하나님께서 나에게 말씀하시길 나의 아버지의 집, 내가 살던 하란 땅에서 떠나라고 하셨네. 그리고 내게 이르시기를 '이 땅을 너의 자손에게 주겠다.'고 분명히 말씀하셨네. 그러니 내 며느리는 반드시 내 고향에서 데려와야 하니 자네가 수고를 해주게."

아브라함은 이삭이 가나안을 한 발짝도 떠날 수 없게 했다. 이삭을 데려가지 못하게 미리 못 박은 데는 그럴 만한 이유가 있었다. 왜냐하면, 아브라함은 하나님께서 주신 가나안을 버리고 떠나면 안 되기 때문이었다. 당시에는 남자가 결혼을 하면 일정한 기간 처가살이를 하는 것이 통례였기에 아브라함은 이삭이 처가살이를 못하도록 미리 조건을 달았던 것이다(창 24: 6-10).

3. 하인장의 충성

엘리에셀은 아브라함이 하란을 떠날 때부터 인연을 맺고 있었다. 그는 단련된 체력에다 여행 경륜이 풍부한 사람으로 아브라함의 신망이 두터운 하인이었다. 그는 남자다운 풍모에다 영롱한 눈빛이 그의 명석한 두뇌를 말해 주듯 빛났다. 능력과 신망을 겸비한 하인으로 매사 신중하면서도 책임감이 강해 어떤 일을 맡겨도 충실히 해내는 유능한 인물이었다.

길을 나선 하인장 일행은 하란을 향해 바위투성이의 험한 길을 따라 열심히 나아갔다. 브엘세바에서 하란까지는 상당히 먼 거리(약 8,000킬로미터)였다. 마침 일 년 중에 기후가 변덕스러운 계절이라 밤에는 기온이 떨어져 몸이 얼 정도로 춥고, 낮에는 피부가 탈 정도로 뜨거운 불볕이 내리쬐었다. 하인장 일행은 태양열을 차단하기 위해 머리를 천으로 여러 겹 덮어 써야 했고, 밤에는 두꺼운 옷을 겹겹이 껴입어도 벌벌 떨어야 했다.

어렵사리 하란에 도착한 엘리에셀은 우선 아브라함의 형제들이 모여 사는 마을을 찾았다. 그러나 어느 집이 아브라함의 형제(나홀=Nahor)가 사는지 알 수 없었다. 하인장 일행이 어느 마을 어귀에 이르렀을 때 큰 샘이 눈에 들어왔다. 일행은 샘 주변에 짐을 풀고 지친 몸을 일단 쉬기로 했다. 온 몸을 뒤덮은 먼지를 털고 낙타를 끌어다 샘 주위에 무릎을 꿇렸다. 목적지 하란에 당도했지만 어떻게 해야 할지 막연한 하인장은 땅에 무릎을 꿇고 하나님께 간절히 기도했다.

"내 주인 아브라함의 하나님이시여! 제가 목적지에 무사히 도착했습니다. 그러나 저는 아무것도 아는 것이 없습니다. 저의 주인 아브라함에게 은총을 베풀어 주십시오. 이 마을의 딸들이 물을 길러 샘 곁에 몰려오면 제 눈에 띄는 처녀들 중에 누구를 이삭의 아내감으로 선택해야 할지 알려 주십시오. 가능하면 제게 물을 주고 낙타에게도 물을 먹여 주는 친절한 여인이 나타나게 해 주십시오."

하인장이 간절히 기도하고 있을 때 마침 항아리를 어깨에 멘 젊은 여인이 우물가로 다가오고 있었다. 언뜻 보아도 봄날처럼 순수하면서도 맑은 햇살처럼 맑은 피부에 환하게 밝은 미모의 여인이었다. 첫눈에 어질어 보이는 자태의 여인은 항아리에 물을 채운 다음 다시 오던 길로 돌아가려고 했다. 그때 하인장이 성큼 다가가 말을 걸었다.

"저에게 물을 좀 주시겠습니까. 먼 길을 여행하느라고 목이 탑니다."

"예, 그러세요. 드시고 낙타에게도 먹이세요."

여인은 낯선 사람의 말에 선뜻 응했다. 친절한 여인을 대하는 순간 하인장은 속으로 말했다. '이 여인이 바로 아브라함의 며느리, 이삭의 아내감이로구나.' 하고 얼른 가지고 온 짐을 풀어 금반지와 팔찌 두 개를 골라 넙죽 내놓고 말했다.

"이것을 받아 주십시오. 저희들에게 베푼 친절에 대한 저의 작은 성의를 표시한 것입니다."

불쑥 예물을 내민 하인장이 겸연쩍은 표정으로 말을 이었다.

"실례지만 댁은 어느 집의 누구신지, 제게 말해 주시겠습니까? 가능하면 저희 일행이 하룻밤 신세를 질까 합니다."

"예, 저는 리브가(Rebecca)입니다. 브두엘(Bethuel)의 딸이고 나홀이 저의 할아버지이십니다. 물론 저희 집에 드시는 것을 환영합니다. 저희 집에는 여행객을 위한 음식과 주무실 방도 있습니다. 낙타 먹일 겨와 여물도 넉넉합니다. 어서 저를 따라오세요."

여인은 하인장 일행을 데리고 앞장섰다. 하인장은 감격했다. 여인은 아브라함과 아주 가까운 인척이었다. 일행은 처음 보는 여인을 따라가며 하나님께 감사했다.

'저의 주인 아브라함을 보살펴 주시는 하나님, 주님을 찬양합니다. 주님께서 저의 길을 인도하여 주셔서 저의 주인의 동생 나홀의 집에 무사히 도착하게 해 주셨습니다.'

하인장은 속으로 기도하면서 여인의 뒤를 따랐다(창 24:11-27).

4. 하나님이 정한 배필

하인장 일행이 리브가를 따라 브두엘의 집으로 갔다. 그의 일행은 아브라함의 친척집에 간다는 말에 발길이 가벼웠다. 그들이 집안에 들어서자 리브가의 오빠 라반(Laban)이 반갑게 맞이했다.

"어서 안으로 드십시오. 여러분을 위한 음식이 준비되었습니다."

라반은 멀리서 찾아온 하인장 일행이 들어서자 낙타에게 여물을 주고 손발을 씻을 물도 내주었다. 손발을 씻은 다음 식탁에 둘러앉았을 때 그 중 하인장이 하란에 온 사연을 말했다.

"제가 이곳에 온 용건을 말하기 전에는 음식을 들지 않겠습니다."

하인장은 정중하게 말하기 시작했다.

"저는 댁의 할아버지 나홀의 형제이신 아브라함의 종 엘리에셀입니다. 저의 주인 아브라함은 이곳 하란을 떠난 후 많은 축복을 받았습니다. 현재 그 분께서는 가나안에 사시는데, 많은 하인을 거느리고 목축업을 하십니다. 그런데 이번에 저를 이곳에 보낸 것은 주인이신 아브라함의 며느리.., 그러니까 이삭의 아내감을 친척 중에서 데려오라는 당부를 받고 왔습니다. 그래서 저는 이곳에 도착하기 전부터 어떤 규수를 택할지 걱정했습니다. 그런데 오늘 우물가에서 처음 만난 댁의 따님 리브가가 저희들에게 친절을 베풀었습니다. 그것은 우연이 아니라 저를 이 댁에 인도하신 하나님의 계획이었다고 생각합니다. 댁의 따님 리브가를 아브라함의 며느님이 되도록 허락해 주십시오."

엘리에셀 하인장이 뜻밖의 혼사 문제를 제기하자 라반은 당황했다. 일단 오래 전에 롯을 데리고 고향을 떠난 아브라함의 소식을 전해 온 하인장에게 감사했다. 그리고 화기애애한 가운데 서로의 소식을 주고받은 다음 라반이 혼사문제를 위해 가족회의를 열었다.

한참 후 라반이 가족회의 결과를 말했다.

"우리는 오늘의 일이 하나님의 섭리라고 믿습니다. 리브가를 이삭의 아내로 삼는데 동의합니다."

라반의 입에서 청혼을 승낙한다는 말이 떨어지자 하인장 일행은 땅에 엎드려 하나님께 감사했다. 그리고 챙겨 온 패물(佩物)과 아름다운 천을 예물로 답례했다. 그 날 밤 실컷 먹고 마신 다음 분위기가 고조되었을 때 하인장이 리브가의 가족들에게 말했다.

"내일 아침 당장 리브가를 데리고 떠나도록 허락해 주십시오. 저의 주인께서 연로하신 데다 며느리 맞는 일로 매일 걱정하고 계십니다. 제가 임무를 무난히 마쳤다는 소식을 하루라도 빨리 알려 드리고 싶습니다."

"우리가 그 애를 불러 본인의 의사를 들어본 다음 대답하겠소."

라반은 본인이 결정할 일이라며 리브가를 불러들였다.

"리브가야! 이 분의 요구대로 내일 함께 가겠느냐?"

오빠의 물음에 리브가는 가족의 얼굴을 번갈아 쳐다본 다음 대답했다.

"엘리에셀은 하나님의 뜻을 지키는 사람인데, 기왕에 갈 바에야 내일 당장 따라 가겠습니다."

리브가가 선뜻 따라 가겠다고 결정하자 온 가족이 축하했다. 리브가는 다음날 아침 일찍 하녀를 데리고 하인장을 따라 길을 나섰다.

"리브가야, 너는 아들딸을 많이 낳아라. 나에게도 손자 손녀를 많이 낳아 주고 네가 수천만의 어머니가 되길 바란다. 그리고 네 후손들이 너의 모든 적을 물리쳐 주길 바란다."

리브가의 부모는 멀리 떠나는 딸에게 말하고 석별의 정을 나누었다. 리브가는 가족들의 축복을 받으며 하인장을 따라 정든 고향을 떠났다(창 24: 28-60).

5. 가나안에 도착한 리브가

엘리에셀 하인장은 가능한 빨리 돌아가기 위해 쉬지 않고 가나안으로 향했다. 여러 날에 걸쳐 강행군 끝에 무사히 브엘-세바에 도착했다. 하인장 일행은 아브라함이 사는 마을 가까이 이르렀을 때 곧장 집으로 가지 않았다. 하루 더 머물렀다가 가기 위해 마을 부근에서 짐을 풀었다.

한편 리브가는 아브라함의 집이 가까워질수록 한 번도 본 적이 없는 지아비를 맞을 채비에 마음이 불안했다. 리브가는 초조한 나머지 하녀에게 물었다.

"나는 곧 남편이 될 사람을 만날 터인데, 과연 그 사내가 어떤 사람인지 궁금하구나. 네 생각에는 신랑감이 어떤 사내라고 생각하느냐?"

"염려하지 마세요. 그 분은 아씨의 할아버지 형제 아브라함의 아들이잖아요. 아씨도 하나님을 섬기고, 그 분 역시 하나님을 섬기실 거예요. 엘리에셀 하인장을 아씨에게 이끌어 주신 분이 바로 하나님인데 뭘 염려하세요. 이제 그만 푹 쉬세요. 신랑을 맞을 때 너무 지쳐 있으면 안 돼요."

하녀는 리브가를 안심시켰다.

다음 날 석양의 노을이 짙을 무렵 하인장 일행이 아브라함이 사는 마을로 들어섰다. 리브가는 낙타 등에 앉은 채 낯선 가나안의 넓은 들녘을 눈 여겨 보았다. 자신의 운명이 깃들 가나안의 풍경이 한결 정겨웠다. 바로 그때 벌판 한쪽에서 건장한 남자가 바위 곁에 서 있는 모습이 눈에 들어왔다.

"저 사람이 누구죠?"

"예, 저 사람이 바로 이삭입니다."

이삭이란 말에 리브가는 얼굴에 미소를 머금고 말했다.

"잠깐 멈추세요. 제가 여기서 저 분을 직접 만나고 싶어요."

일행이 가던 길을 멈추자 멀리서 지켜보던 이삭이 다가왔다.

"서로 인사 나누시오. 바로 이 청년이 저의 주인님의 아드님입니다."

리브가는 하인장이 소개하는 이삭을 자세히 보았다. 두 사람의 눈길이 마주치는 순간 이삭이 덥석 손을 내밀었다. 이삭의 손을 잡은 리브가는 곧바로 아브라함의 천막 안으로 들어갔다. 이때 그의 나이 40세였다.

엘리에셀 하인장은 이삭과 리브가의 행복한 결혼을 지켜보면서 혼잣말로 속삭였다.

"저들의 자손과 자손의 자손들이 하늘을 가득 메운 별 만큼 대지를 가득 채울 거야. 그것이 하나님과 아브라함간의 약속이었으니까…"

하인장은 하나님이 아브라함에게 약속한 축복이 이루어지기를 바랐다(창 24: 61-66). 이삭은 그의 어머니 사라가 살던 브엘-세바에 자리 잡은 천막에서 행복한 신혼생활을 시작했다.

제5장 야곱이 에서를 속이다

1. 아브라함의 마지막 생애

한편 아브라함의 아내 사라는 이삭을 모리아 산에서 제물로 바치려 했던 사건으로 큰 충격을 받았다. 사라는 그 사건이 있은 후 얼마 쯤 더 살다가 세상을 떠

났다.10)

아브라함은 사라가 죽은 후 그두라(Keturah)를 후처로 맞아 6명의 아들을 더 낳았다. 결국 아브라함은 이삭과 이스마엘까지 모두 8명의 자손을 두었다. 그러나 8명의 아들이 모두 브엘-세바에서 함께 살지 않았다. 그두라가 낳은 6명(지므란, 욕산, 므단, 미디안, 이스박, 수아)의 아들에게는 아브라함이 미리 재산을 적당히 나누어주고, 동쪽 지방에 옮겨가 살도록 분가시켰다. 그리하여 브엘세바에서 따로 떨어져 나간 6명의 후손들에 대한 자취는 성서에 드러나지 않았다. 다만 지므란이 아랍인 계통의 조상으로 추측할 뿐이고, 성서에 등장하는 미디안이 그의 한 부족으로 드러나 있을 따름이다.

이스마엘을 포함한 7명의 아들을 모두 분가시킨 아브라함은 말년까지 이삭과 함께 남쪽 지방에 따로 떨어져 살았다. 그러다가 175세에 많은 재산을 이삭에게 물려주고 세상을 떠났다. 아브라함의 시신은 마지막 임종을 지켜본 아들 이스마엘과 이삭이 막벨라 동굴에 어머니와 함께 합장했다(창 25:1-5).

● 크투라의 세보(창 25:1-6)

2. 모태에서부터 다투는 쌍둥이

아브라함이 죽은 후 가계를 이어받은 이삭은 아버지가 물려준 가업을 이어갔다. 그는 아버지가 하던 대로 많은 하인을 거느리고 목축업을 계속했다. 그러나 40세에 리브가와 결혼한 후 20년이 지

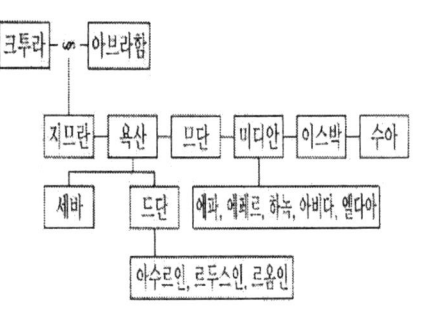

---

10) 유대교 미드라쉬에 의하면 모리아 산에서의 사건 후 이삭이 번제물이 되어 죽을 뻔한 사건을 알게 된 사라는 무려 일곱 번이나 까무러쳤었다고 한다.

나 60세가 되었지만 웬일인지 자식이 없었다. 이삭은 자손이 끊어질까 염려한 리브가로 하여금 아들을 낳게 해 달라고 간절히 기도했다. 얼마 후 고대하던 임신을 했는데 뜻밖에 쌍둥이 형제를 잉태했다. 그런데 이상하게 쌍태아는 어머니의 태속에서부터 서로 심하게 다투는 일이 잦았다. 그러자 하나님께서 괴로움을 겪는 리브가에게 이르셨다.

"너는 쌍둥이를 가졌다. 네 뱃속에서 이미 두 백성으로 나뉘어 졌다. 그런데 장차 한 백성이 다른 한 백성보다 강할 것이다. 그들 두 백성 중에 형이 아우를 섬기게 될 것이다."

하나님은 아직 태어나지도 않은 형제들의 먼 앞날을 미리 알려주셨다. 그러나 아이를 낳아 본 경험이 없는 리브가는 하나님의 말씀이 도무지 무슨 뜻인지 이해하지 못했다(창 25:6-23).

> ◆ **크투라가 낳은 6명의 자손들**(창 25:1-6)
> 사라가 죽은 후 아브라함은 다시 크투라와 재혼해서 여섯 명의 아들을 더 두었다. 그들의 이름이 **지므란, 욕산, 므단, 미디안, 이스박, 수아** 등 6명이다. 이들 여섯 명의 형제들도 훗날 많은 백성의 조상이 되었다. 그 중의 한 명이 바로 미디안족의 조상이다. 하갈이 하갈족의 여인이었던 것처럼 크투라도 크투라족의 여인이었을 뿐 여자들의 이름이 고유명사로 알려지지 않았다. 다만 부족에 속한 여인으로만 알려졌을 뿐이다. 훗날 크투라족이 자리잡은 땅이 바로 오늘의 아라비아이다. 이렇게 크투라가 낳은 6명의 아들 이름 중에 아라비아 지방과 관련된 지역의 이름으로 전해 내려오고 있다(창 25:1-4).

3. 쌍둥이 에서와 야곱

한편 이삭은 살림살이를 몽땅 꾸려 가지고 가나안을 떠나 이집트에 들어가 편안하게 살려고 했다. 왜냐하면, 자손이 끊기면 가나안에 살 필요가 없었기 때문이었다. 그런데 아내가 임신을 하자 이삭은 하나님과 아버지와의 약속을 계승하기 위해 이집트로 떠나려던 계획을 취소하고 그대로 그랄(Gerar)지방에 눌러 살기로 했다. 이삭이 60세 되던 해에 리브가가 그랄에서 쌍둥이 형제를 낳았는데 먼저 태어난 아기는 피부가 붉고 몸에 털이 많아서 아기의 이름을 '붉은 털'이란 의미로 에서(Esau)[11]라고 지었고, 두 번째 태어난 아이는 형의 발꿈치를 잡고 태어났다고 해서 야곱(Jacob)이라고 이름 지었다.

에서와 야곱은 한 날 한 시에 태어난 쌍둥이 형제였지만 생김새와 성격이 판이하게 달랐다. 형 에서는 자라면서 점점 힘이 세고 활달한 성격에다 격정적인 사내아이가 되었다. 그는 장성하면서 거친 들녘에 나가 활을 쏘고 사냥하기를 좋아하는 사냥꾼이 되었고, 동생 야곱은 매사에 침착하고, 얌전한 성품이었다. 야곱은 언제나 집 주변을 떠나지 않고 아버지의 양떼를 열심히 돌보았다. 그래서 리브가는 두 아들 중에 늘 집을 떠나 광야에서 사냥하는 에서보다 집 주위에서 가족을 돌보는 차분한 성격의 야곱과 함께 지내는 시간이 더 많았다. 성격이 다른 두 형제가 장성하면서 어머니는 장차 집안을 이끌어 갈 지도자에 대한 생각을 하게 되었다. 그런데 광야에서 야영생활을 즐기는 큰 아들(에서)보다 얌전하게 집을 돌보는 작은 아들(야곱)에게 더 관심을 가졌다. 그러나 이삭은 아내 리브가와 생각이 달랐다. 얌전한 야곱보다 남자답게 활동적인 에서를 더 좋아했다. 특히 에서가 사냥해온 사슴 고기로 만든 요리를 좋아했다(창 25:24-34).

4. 야곱의 불만과 장자권

어느 날 야곱이 어머니에게 말했다.

"아버지는 왜, 저를 형처럼 사랑하지 않습니까?"

야곱이 불만을 털어놓자 어머니는 의미 깊은 말로 대답했다.

"야곱아! 너와 네 형은 한 날 한 시에 태어났다. 아버지는 너희들 두 형제를 똑같이 축복했다. 다만 에서가 너보다 조금 먼저 태어났기 때문에 장자를 더 사랑하

---

11) 훗날 에서는 에돔이라는 별명을 얻었다.

는 것은 가문의 전통상 당연한 일이다. 장차 네 형이 우리 집안을 이끌어 갈 지도자이니까 아버지가 형을 더 사랑하는 것은 어쩔 수 없는 천륜이다. 너도 잘 알지만 우리는 조상 대대로 장자를 존중했는데 그것은 누구도 어쩔 수 없는 천부의 기본 권리이다."

리브가는 장자의 특권을 설명한 다음 뜻밖에 예외의 변수를 덧붙였다.

"그러나 내 생각에 그 점은 공정하지 않다. 왜냐하면, 우리 집안에 실질적으로 도움을 주는 아들이 가문의 지도자가 되어야 한다고 생각한다. 그런데 지금 우리 집안에 실질적으로 도움을 주는 것은 너의 형 에서가 아니라 바로 너 야곱이 아니냐? 그래서 나는 가끔 엉뚱한 생각을 한다. 어떻게 하면 항상 집밖으로 싸다니는 에서 대신 우리 가족을 실질적으로 보살피는 네가 우리 집안의 지도자가 될 수 없을까? 하고 생각하고 있다."

야곱은 깜짝 놀랐다. 어머니가 감히 그런 말을 하시다니, 정말 놀라운 일이었다.

"어머니 고맙습니다. 저는 어머니 말씀에 기분이 좋습니다. 하지만 아버지께서 저보다는 형을 더 사랑하는 것은 사실입니다. 형은 아버지가 원하는 것이라면 무엇이든 충실하지요. 형은 저보다 체력이 강할 뿐만 아니라 다른 부족의 청년들과 겨루어도 꿀리지 않을 만큼 힘이 세기 때문에 집 안에서 보다 집 밖에서 더 인기가 있지요. 그러니 아버님께서 형을 더 사랑하는 것은 당연하지요."

야곱은 차남으로 태어난 자신의 처지를 숙명으로 받아들였다. 그러나 어머니는 야곱의 입장을 바꿔야 할 이유를 충분히 알고 있었다. 그것은 언젠가 하나님께서 이르시길 "네 뱃속에 있는 쌍둥이 형제가 장차 두 백성으로 나누어진다. 한 백성이 다른 백성보다 강해 형이 동생을 섬길 것이다."라고 하신 말씀을 마음에 새기고 있었던 것이다. 하나님 말씀을 떠올린 리브가는 한 술 더 떴다.

"그것은 맞는 말이다. 에서는 야영생활을 좋아하고 사내다운 것은 사실이다. 하지만 우람한 신체와 강인한 체력만으로는 훌륭한 지도자가 될 수 없다. 비록 너는 집안의 차남이지만 잘 하면 형을 대신해 장자의 권리를 잡을 수도 있을 것이다."
리브가는 은연중에 감추고 있던 자신의 뜻을 내비쳤다(창 25:26).

5. 에서의 경망한 맹세

어느 날 야곱은 새벽부터 부지런히 하루 종일 벽돌 쌓는 작업을 했다. 아버지가 해야 할 몫까지 도맡아 처리했다. 야곱은 허리가 굽을 정도로 허기진 몸으로 부지런히 팥죽을 끓였다. 화롯불을 지필 때 사냥 갔던 에서가 먼발치에서 다가왔다. 강인한 체구에 붉은 털이 온몸을 뒤덮은 에서의 검게 탄 피부는 언제 보아도 야성미가 넘쳤다. 에서에 비해 야곱의 몸은 나약하리만큼 부드러웠다. 야곱은 자신의 고운 손발을 볼 때마다 '한 어머니 몸에서 태어난 쌍둥이 형제인데 왜 이렇게 다를까?'라고 한탄했다.

지친 기색을 한 에서가 사냥 주머니를 화로 곁에 던지고 말했다.
"야곱아, 빨리 죽 한 사발만 다오. 배가 고파 날고기라도 먹고 싶다."
허기진 에서가 서둘렀다. 에서 형은 사냥에서 잡은 고기를 내놓는 것으로 자기 몫을 다했다고 생각했다. 그는 평소에도 자기가 해야 할 기본적인 일도 다른 사람에게 미루기가 일쑤였다. 심지어 손수 만들어야 할 음식도 게을리했다. 이날 따라 에서가 서둘렀지만 야곱은 냉담했다.
"형, 그렇게 배가 고프면 일찍 왔어야 그 고기로 요리를 만들 수 있지."
"얼른 먹을 거나 내놔, 나는 지금 배가 고파 죽겠다."
에서가 서둘렀지만 야곱은 여전히 딴전을 피웠다.
"형의 요구를 들어주는 대신 조건이 있어."
주전자에서 김이 무럭무럭 솟았지만 야곱이 딴 소리로 대꾸하자 에서가 독촉했다.
"야곱아, 어떤 조건이든 다 들어주겠다. 도대체 조건이란 것이 뭐냐?"

"형의 장자권을 나에게 주면 이 죽을 팔겠어."

야곱이 말을 에서는 아무 의미 없이 받아들였다.

"이것 봐, 배가 고파 죽을 지경인데 장자권이 뭐 그리 대단하냐. 어서 먹을 거나 내놔."

에서가 죽 사발을 덥석 잡으려 하자 야곱이 끌어당기며 다짐을 받았다.

"형은 우리 집안의 장자지만 장자의 권리를 주장하지 않겠다고 맹세부터 해."

"좋아, 나는 당장 먹을거리가 더 중요해. 배가 고파 죽을 지경인데…"

성미가 급한 에서는 앞뒤 가리지 않고 야곱의 요구를 수락했다.

"그래 약속하마 우리집안의 장자 권리는 네가 해라."

에서는 매사에 단순했다. 장자권을 포기한다는 말이 얼마나 경솔한 말인지 생각하지 않았다. 에서는 팥죽 한 사발을 게걸스럽게 얼른 먹어치운 다음 자리에서 벌떡 일어나 물 한 사발을 단숨에 쭉 들이키고 말했다.

"야곱아, 고맙다. 배고플 때는 그저 먹는 것만큼 중요한 게 없다."

이렇게 말하며 에서는 사냥꾸러미를 챙겨 그의 천막으로 향했다. 야곱이 멀어져 가는 형의 뒷모습을 바라보고 말했다.

"원, 저래 가지고서야 어떻게 우리 가문의 지도자가 되겠나!"

장자의 권리를 팥죽 한 사발에 포기할 만큼 경솔한 형의 태도가 한심스럽다는 듯 중얼거렸다.

한편 에서의 행동을 전해들은 리브가는 깜짝 놀랐다. 비록 흘러 보낸 말이었지만, 말이 씨가 되는 법인데 명색이 집안의 장자가 하나님이 부여한 장자권을 그렇게 경솔하게 여기다니 새삼 실망했다(창 25: 28-34).

6. 아브라함 가문의 장자권

아브라함 집안의 계율은 장자권을 중심으로 가계의 정통성을 이어왔다. 장자권은 대내외적으로 집안을 대표하는 등 대단히 중요한 특권이었다. 아버지가 죽으면 집안의 유산을 두 배로 물려받을 수 있고, 대외적으로 집안을 대표하고, 제사장이 되는 등 여러 가지 특권이 주어졌다. 그래서 아브라함에게는 8명의 자손(이스마엘, 이삭, 외에 그두라가 낳은 6명의 아들)이 있었지만 사라가 낳은 장자, 이삭이 아버지의 가업을 물려받았다. 그러므로 족장 중심의 부족 사회에서 장자권은 하나님의 큰 축복이었다.

에서가 팥죽 한 그릇에 장자권을 포기한다고 말한 후 수년이 지났다. 어느덧 이삭은 나이가 들어 내일을 예측할 수 없을 만큼 늙었다. 이삭이 40세에 리브가와 결혼해서 20년 만에 에서와 야곱 두 쌍둥이 형제를 낳았는데 그들이 40세가 되었을 때 이삭은 100살이었다. 몸이 쇠약하고 눈이 어두운 이삭은 더 이상 가족을 이끌 수 없었다. 그 동안 이삭이 아브라함의 집안을 잘 이끌어 왔기 때문에 에서와 야곱은 장자권에 별다른 관심이 없었다. 에서가 장자권을 포기한다고 말은 했지만 그 문제는 에서의 실수였기 때문에 서로가 더 이상 말이 없었고, 에서는 야곱에게 맹세한 사실 자체도 잊고 있었다(창 27:1-7).

7. 야곱이 장자의 축복을 훔치다

그런데 어느 날 이삭이 맏아들 에서를 불러놓고 말했다.

"에서야, 이제 나는 늙어 언제 죽을지 모른다. 그러니 너는 들에 나가 활로 사냥해서 잡은 사슴으로 내가 좋아하는 별미를 만들어 오너라. 내가 죽기 전에 네가 만든 고기를 먹고 힘을 얻어 너에게 마지막으로 장자의 권리를 축복해 주겠다."

그 때 마침 남편 이삭이 하는 말을 엿들은 리브가가 에서가 사냥하러 나간 사이에 야곱을 불러 놓고 말했다.

"야곱아, 어서 나를 따라오너라."

"어머니 무슨 일이에요?"

"너의 형 에서가 언젠가 너에게 장자의 권리를 포기한다고 맹세한 사실을 다시 상기할 때가 되었다. 아버지는 이제 몸이 쇠약해서 우리 가족을 더 이상 이끌 수 없다. 오늘 네 아버지가 형 에서에게 사냥 가서 사슴을 잡아다 요리를 만들어 오라고 했다. 그러니 에서가 없는 이 기회에 네가 에서를 대신해 장자 권을 계승해야 한다. 그래야 네가 장차 우리 집안의 지도자가 된다. 너는 지금부터 내가 시키는 대로 해야 한다. 우선 아버지를 속여라. 그러면 에서 대신 너를 축복해 주실 것이다."

그러나 야곱은 손을 내저었다.

"어머니 제가 어떻게 아버지를 속이는 짓을 합니까. 아버지는 저를 잘 알고 계신데‥, 차마 그럴 수는 없습니다. 형은 몸에 털이 많은데‥, 만일 아버지께서 저를 만져 보시면 어떻게 합니까? 오히려 아버지를 속인 죄로 축복은커녕 한평생 ·저주를 받을지도 모릅니다."

"얘야, 저주는 내가 받을 테니 너는 걱정 말고 얼른 가서 염소 새끼 두 마리를 끌어오너라. 아버지는 이미 눈이 멀어 앞을 보지 못한다. 내가 시키는 대로 하면 충분히 아버지를 속일 수 있다. 당장 새끼 염소를 잡아 아버지가 좋아하는 음식을 만들어라. 에서가 사냥에서 돌아오기 전에 일을 끝내야 한다."

망설이던 야곱은 어머니가 서두르는 대로 새끼 양을 잡아다 어머니와 요리를 만들고, 에서의 옷으로 바꿔 입은 다음 손목에 염소의 털가죽을 감았다.

"좋아, 그렇게 위장하면 에서로 착각하실 거다. 어서 아버지에게 가서 내가 시킨 대로 해라."

야곱이 아버지의 천막 안에 들어가 누워 있는 아버지 곁에 다가가 낮은 목소리로 말했다.

"아버님께서 청하신 사슴 고기를 가져왔습니다. 어서 드십시오."

"에서냐?"

"예…"
"어째 목소리가 꼭 야곱 같구나. 가까이 오너라. 한번 만져 보자."
아버지는 야곱의 옷깃을 더듬었다.
"목소리는 야곱인데 손은 에서구나. 네가 정말 내 아들 에서냐?"
야곱은 부들부들 떨었다. 야곱의 손목을 더듬더듬 살핀 아버지는 뺨을 옷에 대고 냄새를 맡았다.
"그래, 네 옷에서 사냥 냄새가 풍기는 걸 보니 에서가 틀림없구나. 에서야 잘 들어라. 나는 이제 몸이 병약하다. 죽을 날이 가까웠으니 네게 축복을 베풀겠다."
이삭은 조상의 전례에 따라 하늘을 우러러 가문의 장자권을 서약했다.
"아, 내 아들로부터 풍기는 이 냄새, 하나님으로부터 받은 향기로구나! 하나님이 하늘에서 이슬을 내려 땅을 기름지게 하여 오곡이 풍성하고, 잔마다 술이 넘치리라. 하나님께서 하늘의 이슬과 비옥한 땅으로부터 곡식을 풍성하게 축복해 주실 것이다. 온 겨레가 네 앞에 무릎을 꿇으리라. 너는 네 형제들의 지배자가 되고, 누구든지 너를 저주하는 자는 저주를 받으리라."
이삭은 야곱의 머리에 기름을 붓고 하나님의 권능으로 장자의 계승을 축복했다.
야곱은 마침내 형이 죽 한 사발을 먹기 위해 실없이 맹세한 말을 빌미로 아버지를 속이고 장자의 상속권을 가로챘다. 비록 야곱의 수단은 떳떳하지 못했지만 일단 하나님의 이름으로 축복을 빈 이상 어떤 경우에도 변경할 수 없었다(창 27:8-29).

8. 한 번밖에 못하는 축복

엄청난 사건이 끝났을 때 사냥 갔던 에서가 질풍처럼 들녘을 가로질러 집으로 돌아왔다.
에서는 도착 즉시 사냥해온 사슴고기로 부지런히 요리를 만들어 아버지 침소로 들어갔다. 야곱은 천막 밖에서 동정을 엿보았다. 아니나 다를까, 에서의 굵은 목소리가 밖으로 들려왔다.

"아버지, 제가 아버님을 위해 사슴 요리를 만들어 왔습니다. 어서 드십시오"

"뭐라고‥, 넌 대체 누구냐?"

"예, 제가 아버지의 맏이 에서입니다."

"뭐 네가 에서라고?"

아버지는 부들부들 떨면서 말을 더듬었다.

"에서야, 이를 어쩌면 좋으냐? 이미 네 동생 야곱에게 모든 것이 다 끝났다. 네가 사냥간 사이에 네 동생 야곱에게 장자권을 이미 계승시켜 주었다."

비감한 아버지의 목소리가 흘러나오더니 곧이어 에서의 화가 폭발했다.

"아버지, 그놈이 아버지를 속였군요. 제가 장자 아닙니까? 저에게는 무엇이 남았습니까?"

"에서야, 나는 이미 야곱에게 축복을 다 베풀었다. 하나님의 이름으로 한 번 내린 축복은 취소할 수도 바꿀 수도 없다. 내가 하나님을 대신해 야곱을 우리 집안의 지도자로 축복을 빈 이상 어쩔 도리가 없다. 이제 너는 야곱을 주인으로 받들어야 한다. 어쩌자고 내가 너를 야곱의 종으로 만들었는지 모르겠다. 에서야, 이제 남은 것은 네가 야곱에게 복종하는 것 외에 별 도리가 없다."

"아버지, 아무 것도 남지 않았다고요?. 내가 그 놈에게 복종하라니요? 그 놈이 나를 두 번 속였습니다. 지난 번에는 팥죽 한 사발로 맏아들의 권리를 빼앗더니, 이번에는 장자의 축복까지 빼앗아 갔습니다. 그런데 아버지께서 빌어 줄 축복이 그것밖에 없습니까? 아버지, 저에게도 축복해 주십시오."

에서가 울부짖었지만 아버지는 일단 결정한 사실을 번복할 수 없음을 밝히고 장자권을 물려받은 야곱을 받들어 섬겨야 할 도리만을 설명했다.

"에서야, 너는 앞으로 너의 노력으로 살아야 한다. 그리고 네 동생을 상전으로 모셔야 한다. 너는 이슬 한 방울 내리지 않는 광야에서 칼을 수단으로 살아야 한다. 너는 땀과 칼로 동생을 섬기며 살아야 한다. 그것은 어쩔 수 없는 일이다."

아버지는 땅이 꺼져라 한숨짓고, 담요 속에 드러누웠다. 부자는 무거운 침묵에 잠겼다(창 27:30-40).

9. 자신의 의무를 깨닫지 못하는 에서

에서는 너무 기가 막혀 좀처럼 입이 떨어지지 않았다. 얼마간 자리에 앉아 부르르 떨던 에서가 팔을 걷어붙이고 일어섰다. 증오의 불길이 에서의 가슴을 마른 나무숲에 불꽃처럼 폭발시켰다. 분을 삭이지 못한 에서가 천막을 북북 찢고 밖으로 뛰쳐나와 언덕을 향해 미친 듯이 달렸다. 마을 사람들이 진정시키려 했지만 감히 근접하지 못했다. 에서는 비통한 심정을 하늘을 향해 퍼부었다.

"아버지가 돌아가시면 야곱을 꼭 죽여 버리겠다."

동네가 떠나도록 고래고래 소리쳤다. 에서의 고함 소리가 멀리 떨어진 그의 어머니 리브가의 귓전에도 들렸다. 리브가는 일이 이렇게 될 줄을 미리 알고 있었기 때문에 조금도 놀라지 않았다. 오히려 자신의 잘못을 깨닫지 못하는 에서 자신이 문제의 원인이라고 사건을 합리화했다. 사실상 에서는 자기에게 주어진 장자권을 당연하게 생각했지 장자로서의 의무는 생각하지 않은 에서 문제가 있었다. 에서가 자기의 입장을 바로 세우기에는 이미 너무 늦었다고 생각한 어머니 리브가는 사건을 수습하기 위해 야곱에게 일단 집을 멀리 떠나라고 했다.

"야곱아, 어서 이곳을 떠나 하란(메소포타미아)에 있는 나의 친정 오빠 라반을 찾아가거라. 네 형이 너를 죽이려 하니 내가 일러주는 하란으로 가 있어라. 네가 그곳에 가 있으면 언젠가 에서의 분노가 수그러들 것이다. 그러면 내가 너를 다시 데려오마. 만일 네가 이곳에 있다가 에서가 너를 죽이기라도 한다면, 또 에서를 반대하는 사람이 그를 죽이게 된다. 그렇게 되면 나는 너희들 두 형제를 모두 잃는다. 그러니 너는 이곳을 당장 떠나라."

야곱은 어머니의 말을 듣고 정든 고향을 떠나기로 했다(창 27:41-66).

10. 도망자 야곱의 꿈

한편 장자권을 잃은 에서는 아버지의 뜻을 어기고 가나안의 여인을 아내로 맞아들였다. 에서는 아버지를 크게 실망시켰다. 에서가 가나안의 여인을 아내로 맞아들이자 리브가가 남편 이삭에게 말했다.

"헷 여자들을 보기 싫어하는 당신이 먼저 죽겠습니다. 만일 야곱도 이 땅에 사는 저 헷 여자를 아내로 맞는다면 우리가 무슨 보람으로 살겠습니까?"

에서의 결혼을 못마땅하게 생각하던 차에 아내의 말을 들은 이삭은 아내가 야곱을 하란으로 떠나보내겠다고 하자 그 즉시 야곱을 다시 불러들여 축복한 다음 단단히 일렀다.

"너는 가나안의 여자와 결혼해서는 안 된다. 하란에 있는 너의 외할아버지 브두엘의 집으로 가서 외삼촌 라반의 딸과 결혼해라. 전능하신 하나님이 너를 축복하여 네 자손을 번성하게 하고 너를 여러 민족의 조상이 되게 하시기를 바라며 아브라함에게 약속하신 복을 너와 네 자손에게 주어, 네가 살고 있는 땅, 곧 하나님이 아브라함에게 주신 이 땅을 네가 소유할 수 있기를 바란다."

마침내 이삭도 야곱이 떠나는데 동의했다. 야곱은 경황없이 집을 떠났다. 언젠가 어머니가 아버지와 결혼하기 위해 밟은 길을 역으로 무작정 걸었다. 무작정 길을 나선 야곱은 하나님과의 관계를 다시 상기했다. 언젠가 하나님께서 아브라함에게 축복을 베풀었고, 그 다음엔 이삭에게 베풀었는데 이번에는 자신에게도 축복을 베풀었다는 사실을 확인할 날이 올 것이라고 믿고 하란을 향해 힘차게 걸었다(창 28: 1-9).

11. 야곱이 떠난 후 에서의 행적

한편 에서는 야곱이 하란으로 떠난 사실을 시간이 한참 흐른 후에야 알았다. 아버지가 야곱을 축복한 다음 메소포타미아로 보낸 사실도 알았다. 그리고 야곱으로 하여금 가나안 여자와 결혼하지 말라고 당부한 사실과, 야곱이 부모의 말에 순종하여 낯선 메소포타미아로 떠난 사실도 알았다.

에서는 아버지가 가나안 여자를 좋아하지 않는다는 사실을 알게 된 후 또 다른 여인을 아내로 맞아 들였다. 그 여인은 할아버지 아브라함의 첫 아들(하갈이 낳은 이스마엘)이며 큰아버지 이스마엘의 딸 느바욧(Nebaioth)의 누이동생 마할랏(Mahalath)이었다. 에서는 마할랏을 소실로 맞아 들였다(창 28:7-8).

제6장 야곱의 망명과 하늘에 닿은 사다리

1. 도망자와 함께 하신 하나님

브엘세바를 떠난 야곱은 동북쪽을 향해 정신없이 달렸다. 얼마 쯤인가 분간할 수 없는 지점에 이르렀을 때 해가 저물어 지친 몸으로 큰 바위 곁에 다가갔다.[12]
"오늘밤은 여기서 자야겠다."

넓적한 바위 위에 짐을 푼 다음 둥근 돌을 베개 삼아 잠을 청했다. 하란까지는 아직도 수천 킬로미터가 남았는데 벌써 몸에 힘이 빠져 다리가 후들후들 떨렸다. 낮에는 뜨거운 모래바람과 맞서 터벅터벅 걸어야 하고, 밤에는 춥고 황량한 벌판에서 공포의 긴 밤을 지새워야 하는 힘겨운 여행이었다.

야곱은 밤이 깊어서야 곯아떨어졌다. 얼마쯤 자다가 옆으로 돌아눕자 돌에 눌린

---

[12] 현재 예루살렘 북쪽 20킬로미터 쯤 떨어진 루즈

귀(耳)가 저렸다. 반대로 돌아누우니까 이번에는 목이 아팠다. 얼마 후 허리를 펴자 이번엔 배가 뒤틀렸다. 입에서 긴 한숨이 저절로 나왔다. 한 번도 부모님의 품을 벗어나 본 적이 없는 야곱은 고독과 두려움에 사로잡혀 온 몸이 부들부들 떨렸다. 어쩌다 아버지를 속이고 집을 뛰쳐나온 자신의 처지가 처량했다.

황량한 광야의 밤이 깊어 가면서 기온이 점점 떨어졌다. 차가운 냉기가 허기에 지친 뼛속으로 스며들었다. 밤이 깊어 가면서 멀리서 들려오는 짐승의 울음소리에 야곱은 통 잠을 이룰 수 없었다. 이리저리 뒤척이다가 자리에서 일어나 어둠에 잠긴 주변을 한 바퀴 둘러본 다음 다시 돌을 베고 잠을 청했다. 어렵사리 잠이 든 야곱은 꿈을 꾸었다. 어디선가 이상한 소리가 들리면서 처음 보는 장면들이 끝없이 펼쳐졌다. 찬란한 빛으로 어우러진 환상이 서로 맞물려 빙빙 돌더니 큰 탑(塔)을 이루었다. 그러더니 빛나는 환상의 탑이 하늘을 향해 황금 사다리로 어우러졌다.

하늘을 향한 사다리의 밑 부분은 야곱이 서 있는 바위가 받쳐 있고, 그 긴 사다리의 꼭대기는 구름에 쌓인 하늘에 맞닿았다. 그리고 맨 꼭대기 정점에는 황금빛 천사들이 사다리를 타고 차례로 내려왔다가 다시 위로 올라갔다. 일단 꼭대기에 다다른 천사들은 다시 밑으로 내려오고 밑에서 다시 오르기를 동시에 반복했다. 그런데 자세히 보니까 밑으로 내려온 천사들의 발이 계단에 겨우 닿을 듯 말듯 했다. 야곱이 땅에서 바라본 천사들의 날개는 이 세상에서 본 그 어떤 빛깔보다 더 눈이 부셨다.

야곱은 자리에 누운 채로 사다리를 타고 오르내리는 천사들을 계속 지켜보았다. 얼마쯤 사다리를 오르내리던 천사들이 갑자기 조용해지면서 사다리 꼭대기에서 굉장한 광채가 나타났다. 그것은 지금까지 이 세상에서 본 그 어떤 아름다움과 비교할 수 없이 찬란한 광채였다. 마치 번개의 섬광처럼 눈부시고, 산속의 계곡을 흐르는 물결처럼 맑고 깨끗했다. 멀리 드리운 광채의 빛은 마치 요르단 강변에서 평화스럽게 풀을 뜯는 양떼를 어루만지는 손길처럼 어질고 아름다웠다. 어쩌면 이 세상 모든 광채가 하나로 어우러져 아름다움의 극치를 이루었다(창 28:10-15).

2. 하나님의 품

야곱이 황홀경에 빠졌을 때 하나님의 장엄한 음성이 들렸다.

"야곱아, 나는 너의 할아버지 아브라함의 하나님, 너의 아버지 이삭의 하나님이다. 나는 너와 네 자손에게 지금 네가 누워 있는 바로 이 땅을 너와 네 후손에게 주겠다. 그리고 너의 자손은 대지의 먼지처럼 불어나 동서남북으로 끝없이 퍼져 나아갈 것이며 세상의 모든 민족이 너와 너의 후손을 통해 복을 받을 것이다."

하나님의 계시를 듣고 잠에서 깨어난 야곱은 갑자기 큰 변화를 맞이했다. 온 몸이 뭉클하게 달아오르면서 외롭고 불안하던 마음이 가시고, 온 세상을 한 아름에 안은 듯 자신감이 넘쳤다. 그렇게 멀다고 생각한 수 천 킬로미터의 하란이 한 걸음에 닿을 것만 같았다. 야곱은 하나님의 계시를 받는 순간 비로소 자신이 누구인가를 생각했다. 어쩌다 가족을 버리고 멀리 떠났을까? 야곱은 비로소 어디에 가서 누구와 어떻게 살든 자신은 하나님의 섭리에 따라 이 땅에 태어난 하나님의 자손이라는 소속감이 들었다. 살아 계신 하나님의 실체를 체험한 야곱은 그 동안 적막하던 광야가 마치 어머니의 품처럼 포근하고 온 세상이 평화스러웠다. 감격에 겨운 야곱이 하늘을 쳐다 보고 있을 때 다시 하나님의 음성이 들렸다.

"야곱아, 나는 너와 함께 할 것이다. 네가 어디를 가든지 안전하게 지켜 줄 것이다. 그리고 너는 이 가나안 땅에 다시 돌아올 것이다. 내가 너에게 약속한 것이 다 이루어 질 때까지 나는 너를 떠나지 않을 것이다."

야곱은 감격했다. 비록 아버지를 속이고 형에게 쫓겨 도망치는 처지였지만 하나님이 함께 하신다는 말씀에 감격하다 못해 황홀했다.

한편 야곱이 하나님의 계시를 받을 때 사다리를 타고 줄지어 아래위로 오르내리던 천사들은 영롱한 빛과 함께 조용히 사라졌다. 황홀한 꿈에서 깨어난 야곱은 자리에서 벌떡 일어나 주위를 한 바퀴 살펴보았다. 높은 언덕에 올라가서 멀리 펼쳐진 대지를 바라보았다. 대지는 여전히 무거운 침묵에 쌓인 채 적막이 감돌았다. 외로움이 사라진 야곱은 기쁨에 겨워 하늘을 우러러 소리쳤다.

"주님께서 나와 함께 하신다. 나는 지금까지 그걸 모르고 나를 숨겨 줄 계곡도 의지할 나무도 없는 불모의 바위투성이라고 이곳을 원망했다. 지겹도록 외롭고 공허하던 이 땅이 이렇게 따뜻한 하나님의 품이요, 하나님 나라로 들어가는 문이로구나."

야곱은 벅찬 가슴을 활짝 펴고 우렁찬 소리로 하나님을 마음껏 찬미했다. 하나님은 집을 뛰쳐나온 야곱으로 하여금 외롭고 무서운 광야의 경험을 통해 당신의 존재를 스스로 깨닫도록 이끄셨다. 시련을 통해 하나님의 존재를 확인한 야곱은 비로소 '내가 어떻게 해야 하나님의 은혜를 보답할 수 있을까?' 하고 하나님에 대한 충성을 다짐했다(창 28:13-17).

3. 하나님의 집 벧엘

아침 일찍 잠에서 깬 야곱은 베개로 삼았던 돌을 들어다 안전한 곳에 옮겨 놓고, 돌 표면에 엉겨 붙은 이끼를 깨끗이 씻은 다음 양지 바른 언덕에 약간의 기름을 뿌렸다. 하늘을 향해 똑바로 세워 놓은 바위에 기름을 뿌리자 기름 묻은 표면이 아침 햇살에 부딪쳐 은은하게 빛났다.

"이곳은 하나님의 집이요, 하늘나라의 문이다. 지금까지 부르던 루즈가 아니라 이제부터 이곳은 벧엘(Bethel)[13] 이다."

---

13) '벧엘'(창 12:8)은 하나님의 집이라는 뜻이다. 현재 벧엘은 예루살렘에서 약 20km 떨어진 베이틴(Beitin)이라고 부르는 곳이다. 그리고 '베르 세바'(Beer Seba, 창 21:32)의 지명은 '일곱 우물'이라는 뜻으로 아브라함이 머무르며 쉬어간 곳으로 우물이 있는 장소들이었음을 시사(示唆)한다.

야곱은 하루 밤 사이에 많은 꿈을 꾸었고, 하나님을 체험했고, 큰 희망을 얻을 수 있었던 그곳을 영원히 기념하기 위해 새 이름으로 영원히 명명했다. 야곱이 누워 잠들었던 벧엘은 언덕의 형세가 흡사 사람이 하나님의 음성을 들을 때 허리를 굽혀 절하는 모양새였다. 야곱은 그 언덕 위에 서서 하나님께 서원했다.

"하나님께서 저와 함께 계시고, 제가 어디를 가든지 보살펴 주시고, 제게 먹을 것과 입을 옷을 챙겨 주시고, 언젠가 평화로운 가나안 집으로 다시 돌아가도록 인도해 주시는 날, 저는 오늘의 하나님을 저의 주님으로 섬기겠나이다. 그리고 제가 세운 이 돌이 있는 곳은 하나님의 집이 될 것입니다. 하나님께서 저에게 무엇을 베풀든지 저는 10분의 1을 하나님께 드리겠습니다. 제가 만일 10마리의 양을 갖게 되면 그 중의 한 마리를 꼭 하나님께 드리고, 제가 10개의 황금 덩어리를 갖게 되면 그 중의 한 덩어리를 하나님께 드리겠습니다. 이것이 제가 하나님과 하는 첫 약속입니다."

야곱은 하나님에게 굳게 다짐한 다음 자리에서 일어나 다시 길을 나섰다. 아침 햇살을 등지고 길을 나선 야곱은 마치 산속의 맑은 물에 몸을 깨끗이 씻은 듯 상쾌했다. 집을 떠날 때 보다 발걸음이 한결 가벼웠다. 경쾌한 마음으로 하란을 향해 부지런히 걸었다.

형의 장자권을 가로챈 야곱은 고독한 도망자에서 하나님의 축복을 받은 후에는 그 분의 손에 이끌려 가는 여행자로 변해 있었다(창 28:18-22).

제7장 야곱이 대가족을 이루다

1. 하란에 당도한 야곱

하나님의 축복을 받고 벧엘을 떠난 야곱은 하란을 향해 계속 걸었다. 뜨거운 태양 아래 모래 먼지를 뚫고 계속 앞으로 향했다. 광야에서 처음 밤을 맞았을 때는 두려움에 사로잡혀 벌벌 떨었지만 하나님의 축복을 깨달은 후에는 조금도 두렵지 않았다. 기쁨에 겨운 야곱은 오히려 걸을수록 몸에 힘이 솟았다. 하란을 향해 얼마쯤 갔을 때 끝없이 펼쳐진 푸른 초원에 이르렀다. 야곱은 낯선 고장의 풍경을 자세히 둘러보았다. 벌판 한쪽에 무성한 백양목에 둘러싸인 작은 집들이 평화스럽게 자리 잡은 마을이 눈에 들어왔다. 눈에 잡히는 마을을 눈여겨보는 순간 그곳은 바로 어머니의 고향이며 외삼촌이 사는 하란임을 알 수 있었다. 마을에 다가가 한쪽 어귀에 커다란 우물이 돌 뚜껑에 덮여 있었다. 그리고 우물 주변에는 양떼들이 옹기종기 몰려와 쉬고 있었다. 낯선 풍경을 살펴본 야곱은 그곳이 하란이란 것을 알고 양치기 곁으로 다가가 말을 걸었다.

"안녕하십니까? 이 마을의 이름이 무엇입니까?"

"하란입니다. 우리 마을에 오신 것을 환영합니다."

"저는 라반의 집을 찾아가는 길입니다. 혹시 그 집을 아십니까?"

"라반 우리가 잘 알지요."

양치기의 대답을 듣는 순간 야곱은 모든 일이 예상보다 쉽게 풀린다고 생각했다. 야곱이 양치기의 도움을 받으려고 말을 걸었다.

"아직 해가 많이 남아 있는데 왜, 양떼에게 풀을 뜯기지 않습니까?"

"친구들이 와야 바위를 옮기고 양에게 물을 먹일 수 있어요. 그리고 바위를 다시 제 자리에 돌려놓아야 합니다."

양치기 중에 한 명이 손을 들어 샘 입구를 틀어막은 큰 바위를 가리켰다. 바로 그 때 또 다른 양치기가 말했다.

"라반에 대해 물으셨죠. 마침 라반의 딸 라헬(Rachel)이 저기 오고 있습니다. 라반의 집에서는 라헬이 양떼를 돌보지요."

검은 머리칼의 한 여인이 털 복숭이 양떼를 몰고 우물가로 부지런히 다가오고 있었다. 야곱이 먼발치에서 지켜본 라헬은 피부가 눈에 띄게 맑은 미녀였다. 알맞게 그을린 피부는 건강하면서도 탐스러웠다. 야곱이 하란에 도착해서 처음 만난 친족이었다(창 29:1-8).

2. 라반의 집에 도착한 야곱

라헬이 샘 곁에 다가오는 동안 야곱은 샘 입구를 틀어막은 바위를 단숨에 굴려 내고 양치기들에게 물을 먹이도록 했다. 야곱의 우직한 힘에 놀란 양치기들이 고맙다는 인사를 한 다음 저마다 양떼들에게 물을 먹였다. 양들이 물을 먹는 동안 야곱이 라헬 곁으로 다가가 인사를 청했다.

"안녕하십니까? 나는 가나안에서 온 야곱입니다. 그러니까 리브가의 둘째 아들입니다. 외삼촌 되는 라반의 집을 찾아왔습니다."

야곱의 말이 채 끝나기도 전에 라헬이 놀란 표정으로 말했다.

"어머, 야곱. 제가 바로 라반의 딸, 라헬입니다. 그 동안 아버님께서 리브가 고모의 소식을 듣지 못해 무척 궁금해 하셨지요. 저의 아버님께서 기뻐하실 거예요. 잠깐만 저의 양떼를 지켜 주세요. 제가 얼른 집에 가서 아버님을 모시고 올테니까요."

라헬은 양떼를 야곱에게 맡기고 부지런히 집으로 달려갔다. 야곱은 라헬이 돌아올 때까지 양떼에게 물을 먹였다. 잠시 후 라헬을 앞세운 라반이 우물가로 달려와 두 팔로 야곱을 덥석 껴안았다.

"야곱! 누님의 아들이구나. 우리 집에 온 것을 환영한다. 어서 나와 함께 집으로 가자. 그 동안 내 누이 리브가의 소식이 궁금하구나."

오랜만에 리브가의 소식을 전해들은 라반은 야곱을 열렬히 환영했다. 야곱은 외숙부(라반)에게 가나안에 사는 부모(이삭과 리브가)의 소식을 전하고 하란에 오게 된 경위를 설명했다. 야곱의 이야기를 듣고 난 라반은 무사히 하란에 도착한 조카를 안심시켰다.

"야곱, 너야말로 나하고 살과 피를 나눈 피붙이이다."

라반은 진심으로 야곱이 한 가족이 되었음을 선언했다(창 29:9-14).

3. 야곱의 연심(戀心)

하란에 도착한 야곱은 그 다음날부터 외삼촌을 도와 열심히 일했다. 아무리 어려운 일도 마다하지 않고 최선을 다했다. 한 달 정도 야곱의 행실을 지켜본 라반이 조용히 말했다.

"너는 우리 집에 큰 도움을 주고 있다. 그러나 너는 비록 내 조카지만 공과 사는 서로 분명히 구분해야 한다. 너는 삯을 받지 않고 내 일을 할 수는 없다. 나는 네가 일한 만큼 정당한 삯을 주어야 한다. 그러니 어느 정도 생각하는지 네 입으로 말해 오."

야곱의 생각에도 자기가 일한 만큼 삯을 받는 것은 당연했다. 하지만 돈으로 삯을 받기보다 마음속에 원하는 것이 따로 있었다. 그것은 라헬이었다. 야곱은 하란에 도착하던 날 우물가에서 처음 만났을 때부터 라헬을 짝사랑하고 있었다. 몸매가 빼어나게 잘생기고, 용모가 아름다운 라헬에게 연정을 품고 있었던 야곱은 그녀가 필요할 뿐 품삯에는 관심이 없었다. 그러나 기왕 품삯 이야기가 나온 만큼 자신의 속뜻을 밝혔다.

"저는 삯을 원치 않습니다. 그 대신 라헬이 저의 아내가 되어 준다면 저는 삯을 받지 않고 앞으로 7년 동안 열심히 일하겠습니다."

야곱의 제의에 라반은 깜짝 놀랐다. 설마 야곱이 그런 마음을 품고 있었으리라고는 전혀 몰랐던 것이다. 당황한 라반은 아무 대답도 하지 않았다. 그러나 언젠가는 라헬을 시집을 보내야 할 처지에서 야곱의 제의가 별로 나쁘게 들리지만은 않았다. 그렇다고 당장 받아들일 입장도 아니었다. 라반은 며칠을 두고 곰곰이 생각했다. 하지만 시원한 해답이 떠오르지 않았다. 왜냐하면, 라헬에게는 아직 결혼하지 않은 언니 레아(Leah)가 있었기 때문이었다(창 29:15-18).

4. 아브라함 가문의 혼례 전통

아브라함 집안에는 혼례에 관한 그들 나름의 전통이 있었다. 아브라함의 자손은 혼례의 전통을 철저히 지켜야 했다. 우선 동생이 형이나 언니보다 먼저 결혼할 수가 없었다. 그것도 이방인이 아닌 같은 부족 내에서만 혼인(친족혼인)이 가능했다. 혼례의 관례상 야곱의 제의를 순리로 받아들일 입장이 아니었다. 조상 전래의 예법도 지켜야 했지만 그렇다고 현실적으로 야곱의 도움도 필요했기 때문에 라반은 확실한 해법이 떠오르지 않았다. 하지만 일단 문제가 되는 점은 뒤로 미루고 우선 야곱의 제의를 허락했다.

"야곱아! 그렇게 하마. 라헬을 다른 사람과 짝지어 주느니 차라리 너와 짝지어 주겠다. 그러니 이제 자네는 우리 가족의 일원으로 앞으로 아무 탈 없이 7년간 열심히 일하면 라헬과 결혼시켜 주겠다."

라반은 야곱의 제의를 수락한 다음 그 사실을 가족들에게도 알렸다. 라헬과의 결혼은 약속 받은 날부터 야곱은 더욱 열심히 일했다. 아무리 힘든 일도 힘든 줄 모르고 최선을 다했다. 야곱이 열심히 일한 덕에 라반의 집안은 날이 갈수록 가축이 불어났고, 새로운 땅을 개척하였으며, 밭마다 밀알이 풍성하게 열렸고, 무성한 나무에는 과실이 주렁주렁 달려 형편이 매우 좋아졌다.

라헬을 사랑하는 야곱에게 7년은 마치 7일 같이 느껴졌다. 어느 듯 7년의 세월이 꿈결처럼 지난 어느 날 야곱이 말했다.

"저와 약속한 기한이 찼습니다. 이제 라헬과 결혼시켜 주십시오."

야곱의 요구에 라반은 약속대로 혼례를 준비했다. 인근 지방에 사는 친족과 이웃 사람들을 초청해서 잔치를 베풀었다(창 29:19-24).

5. 신부가 뒤바뀌다

야곱의 결혼식은 하란의 풍속과 집안 전례에 따라 성대하게 치러졌다. 결혼 연회는 하객들과 신랑이 어울려 밤이 늦도록 계속 되었다. 먹고 마시며 흥에 겨운 잔치는 밤이 깊어서야 끝났다. 밤늦게 잔치가 끝나자 야곱이 어둠을 뚫고 신방이 마련된 천막으로 돌아갔다. 7년 만에 맞이한 첫날밤이었다. 그러나 야곱은 술에 취한데다 칠흑같이 어두운 그믐이라 신부를 제대로 확인하지 않았다. 그 날 낮에도 햇빛 아래서 눈만 약간 남겨 놓고 얼굴 전체를 베일로 뒤집어 쓴 신부를 바라보며 당연히 라헬이라고 생각했다.

술에 취한 야곱은 첫날밤을 꿈결같이 보냈다. 그런데 이게 어찌된 일인가? 다음날 아침 날이 밝아지자 엄청난 사실이 드러났다. 야곱이 전날 밤에 맞이한 신부는 약혼자 라헬이 아니라 그녀의 언니 레아였다. 신부가 뒤바뀌는 기막힌 일이 벌어진 것이다. 야곱은 너무 화가 치밀어 말을 잃었다. 사건의 원인은 처음부터 장인 라반에게 있었다. 라반이 계획적으로 약혼한 라헬 대신 큰 딸 레아를 신방에 들여보낸 다음 여종 실바(Zilpah)를 몸종으로 딸려 보낸 것이다. 야곱은 비로소 신부가 뒤바뀐 사실을 알게 되었던 것이다. 그러나 사실을 바로잡기엔 사태가 너무 심각했다. 야곱의 분노는 마치 들판을 휩쓰는 성난 태풍과 같았다.

마침 라반이 야곱의 천막 곁에 다가가자 야곱이 험악하게 대들었다.

"삼촌이 저에게 이럴 수 있습니까? 저는 라헬과 결혼하기 위해 7년 동안 삯을 받지 않고 일했지 레아를 요구하지 않았습니다. 어쩌자고 저를 바보로 만들었습니까?"(창 29:25)

6. 라헬을 두 번째 아내로

야곱의 격렬한 분노에 라반은 아무 변명도 하지 못했다. 라반은 야곱의 화풀이를 받아준 다음 입을 열었다.

"야곱아 잘 들어라! 우리에게는 결혼에 관한 예법이 있다. 그 예법에 의하면 절대로 동생이 언니보다 먼저 결혼할 수 없고, 내가 이곳에 사는 한 그 법칙은 반드시 지켜야 하니 부득이 레아를 먼저 시집을 보낸 거다. 지난날 네 아버지 이삭도 이 법칙에 순종했고, 네 아버지는 엘리에셀 하인장이 이곳에 와서 순서대로, 한 번도 본 적이 없는 내 동생 리브가를 아내로 맞아 들였거든."

라반이 진지하게 설명했지만 야곱을 설득시키지 못했다. 오히려 야곱이 자신의 견해를 밝혔다.

"하지만 아버지의 경우는 저와 다릅니다. 그 때 아버지는 신부의 얼굴조차 볼 수 없었기 때문에 선택의 여지가 없었습니다. 그러나 저는 이미 레아와 라헬을 잘 알고 있을 뿐만 아니라 처음부터 라헬을 나의 아내감으로 찍었고, 그녀만을 사랑했습니다. 저는 처음부터 라헬을 선택했고, 가족적으로도 약혼이 공인되었기 때문에 우리는 함께 살아야 합니다."

야곱의 당당한 항의에 라반은 변명의 여지가 없었다. 라반은 여러 가지로 생각 끝에 새로운 안을 내놓았다.

"정 너의 뜻이 그렇다면 좋은 방법이 있다. 내가 한 가지 새로운 약속을 제의하겠는데 라헬도 네 아내로 맞거나. 그 대신 너는 두 가지 조건을 더 이행해야 한다.

첫째 레아는 이미 법적으로 네 신부이고 지금은 혼인 축제 주간이란 점을 잊지 말고 혼인 예법을 지켜 줄 것. 그리고 두 번째는 네가 나를 위해 앞으로 7년간 더 일을 해 주어야 하며, 만일 네가 이 두 가지 약속만 지켜 준다면 이번 주말에 라헬도 너와 혼례를 베풀어 주겠다."

라반의 새로운 제의에 야곱의 입장이 난처해졌다. 처음부터 라헬을 사랑했는데 이제 와서 갑자기 두 여인을 어떻게 한꺼번에 사랑할 수 있는가? 쉽사리 마음이 내키지 않았다. 그렇다고 혼례식까지 치른 레아와의 인연을 무시할 수도 없었다. 야곱은 혼란스러웠다. 생각을 정리한 야곱은 결국 라반의 제안을 받아들였다. 만일 한꺼번에 두 명의 아내를 맞게 되면 필시 여러 명의 아들을 얻게 될 것이고, 그렇게 되면 하나님께서 분부하신 대로 자손이 불어나 동서남북으로 퍼져나가리란 하나님의 말씀이 이루어질 것이라고 생각했다. 라반의 조건을 받아들인 야곱은 레아를 첫 아내로 맞은 후 이레 동안 신랑의 의무를 다한 다음 라헬을 두 번째 아내로 맞아 새 신방을 꾸렸다. 라반은 전례에 따라 라헬에게는 빌하(Bilhah)를 몸종으로 딸려 보냈다. 야곱은 한꺼번에 두 여인을 아내로 맞이했지만 마음은 여전히 라헬만을 사랑했는데 그 점은 야곱도 어쩔 수 없었다(창 29:26-30).

7. 사랑하는 아내와 법률상의 아내

라헬을 아내로 맞은 야곱은 다시 7년간 머슴살이를 계속했다. 그러나 라헬을 몹시 사랑하였기 때문에 야곱은 머슴살이 7년이 별로 지루하지 않았다. 한꺼번에 두 아내를 얻은 야곱은 더욱 열심히 일했다. 그러나 기대했던 것만큼 자손이 불어나지 않았다. 웬일인지 레아와 라헬, 두 아내는 좀처럼 아기를 낳지 않았다. 그런데 날이 갈수록 라헬은 사랑을 투정하기 시작했다. 항상 자기만을 사랑해 달라는 것이었다. 그러나 레아는 그렇지 않았다. 남편의 사랑을 제대로 받지 못했던 레아는 애초에 잘못된 자신의 처지를 잘 알았기 때문에 좀처럼 불평하거나 시샘하지 않았다. 그저 자신의 처지를 숙명으로 받아들였다. 그러자 남편의 사랑을 받지 못하면서도 아내의 도리를 다하는 레아의 처지를 측은하게 보신 하나님께서 아들을 바라는 그녀의 소원을 들어주셨다. 레아가 아들을 낳고 기쁨에 겨워 하나님을 찬양했다.

'주님께서 나의 고통을 살펴보시고 아들을 주셨다. 이제 남편도 나를 사랑하겠

지.'

레아는 아기의 이름을 르우벤(Reuben)이라고 지었다. 주야로 하나님을 찬양하던 레아는 첫 아들에 이어 곧 두 번째 아들을 낳았다. 남편의 사랑을 받지 못하면서도 아들을 또 낳은 레아는 '하나님께서 사랑을 받지 못하는 나의 소원을 들으시고 나에게 아들을 주셨다.'라고 하며 이름을 시몬(Simeon)이라고 지었다. 그 후 세 번째 아들을 낳자 자만에 찬 레아는 '내가 아들을 셋이나 낳았으니, 이제는 남편도 별수 없이 나에게 관심을 쏟을 것'이라고 생각하고 아기의 이름을 레위(Levi)라고 지었다(창 29:31-34).

8. 라헬이 언니의 아들을 시샘하다

레아는 세 아들을 낳았는데 라헬은 아무 소식이 없었다. 시샘이 많은 라헬은 레아에 대한 투기가 날로 더했다. 그러던 어느 날 레아가 네 번째 아들을 낳았다. 기쁨에 겨운 레아가 '이번에는 내가 자신 있게 주님을 찬양하리라.' 하고 아기의 이름을 유다(Judah)라고 지었다. 레아는 네 명의 아들을 낳고 일단 출산을 멈추었다. 그 동안 아이를 단 한 명도 낳지 못한 라헬이 울면서 애원했다.

"제발 저에게도 아이를 주세요. 그렇지 않으면 죽어버리겠어요."

라헬이 떼를 쓰자 야곱이 화를 내며 퉁명스럽게 쏘아붙였다.

"나는 하나님이 아니오. 당신에게 아이를 주실 수 있는 분은 오직 하나님뿐이오. 아기에 관한 한 나는 아무것도 할 수 없소."

라헬은 그제야 자신이 하나님의 축복을 받지 못했다는 것을 깨달았다. 그러나 시샘을 참지 못한 라헬은 엉뚱하게 다른 여자의 몸을 빌려 자신의 욕망을 채우기로 했다.

어느 날 라헬이 남편 야곱에게 말했다.

"내 여종 빌하(Bilhah)와 잠자리를 함께 하세요. 그래서 나를 위해 아이를 하나 낳아 주세요."

야곱은 라헬의 제의를 받아들였다. 빌하의 몸에서 아들이 태어나자 라헬이 말했다.

"하나님께서 나의 억울한 호소를 들으시고 나에게 아들을 주셨어요."

라헬은 아기의 이름을 단(Dan)이라고 지었다. 그 후 빌하가 또 임신하여 야곱에게 둘째 아들을 낳아 주자 '내가 언니와 경쟁을 하여 이겼다.' 하고 아기의 이름을 납달리(Naphtali)라고 지었다. 그러자 이번엔 레아가 시샘을 했다. 이미 자기는 출산이 멈춘 것으로 단정하고 자기의 하녀 실바(Zilpah)를 야곱의 소실로 맺어주었다. 그리하여 실바도 아들을 낳자 레아는 '운이 좋다.' 하여 아기의 이름을 갓(Gad)이라고 지었다. 얼마 후 실바가 또 아들을 낳자 '정말로 기쁘구나. 여자들이 나를 행복한 여자라고 부를 것이다.' 하고 이름을 아셀(Asher)이라고 지었다(창 29:35-;30:1-13).

9. 요셉이 태어나다

야곱은 레아 외에 빌하와 실바 두 하녀로부터 단과 납달리, 갓, 아셀, 4명의 아들을 더 두었다. 그런데 하나님은 레아의 기도를 들으시고 그녀에게도 출산을 허락하셨다. 그리하여 레아가 다섯 번째 아들을 낳자 '내가 하녀를 남편에게 주었음으로 하나님께서 보상해 주셨다.' 하면서 아기의 이름을 잇사갈(Issachar)이라고 지었다. 그 후 레아가 또 임신하여 아들을 낳자 '하나님께서 나에게 좋은 선물을 주셨다. 내가 남편에게 여섯 명의 아들을 낳아 주었으니 이제는 나를 소중히 여길 것이다.' 하면서 아기의 이름을 스불론(Zebulun)이라고 지었다. 그리하여 레아가 낳은 여섯 명의 아들과 하녀가 낳은 4명을 합쳐 10명의 아들에다 한 명의 딸 디나(Dianah)까지 거느리는 대 가족을 이루었다.

이렇게 야곱에게는 열 명의 아들이 있었지만 정작 사랑하는 라헬의 몸에서는 자식이 한 명도 없었다. 남편의 사랑을 독차지하면서도 아들을 낳지 못한 라헬은 자귀나무까지 삶아 먹으면서 아이를 갖게 해 달라고 하나님께 매달렸다. 그러자 하나님은 라헬의 처지를 가련히 여기시고 소원을 들어주셨다. 그리하여 라헬도 마침내 임신해서 아들을 낳았다. 고대하던 아이를 낳자 라헬은 자기도 여인의 자격을 갖추었다고 생각하면서 '하나님께서 나의 수치를 씻어 주셨다.'며 '저는 이제 더 이상 쓸모없는 사람이 아닙니다. 저도 아들을 낳아 드렸으니까요.' 하고 자신감을 가졌다. 그러나 라헬은 아들 하나에 만족하지 않았다. 라헬은 '주께서 나에게 또 다른 아들 하나를 더 주었으면 좋겠다.'라는 의미로 아기의 이름을 요셉(Joseph)이라고 지었다. 그리고 늦게나마 '하나님께서 나의 부끄러움을 벗겨 주셨다.'며 하나님께 감사했다(창 30:14-24).

10. 야곱이 라반과 새 협정을 맺다

라헬이 아들을 낳은 후 야곱이 장인을 찾아가 이렇게 말했다.

"이제 저는 고향 가나안으로 돌아가고 싶습니다. 제가 외삼촌 집에 와서 일한 대가로 얻은 처자들과 함께 떠나게 해 주십시오. 제가 외삼촌을 위해서 어떻게 일했는지 더 잘 아실 것입니다."

라반은 만류했다.

"자네로 인해 주님께서 나를 축복해 주셨다는 사실을 나는 경험을 통해서 잘 알고 있다. 네가 나를 좋게 여긴다면 그대로 머물러 있어라. 보수를 얼마나 더 주면 좋겠는지 말해 보아라."

외삼촌의 제의를 받고 야곱은 이렇게 요구했다.

"제가 외삼촌을 어떻게 섬겼으며 외삼촌의 짐승을 어떻게 보살폈는지 잘 아시지 않습니까. 제가 오기 전에는 외삼촌의 재산이 얼마 되지 않았는데 이제는 재산이 무척 많아졌습니다. 주님께서 제 발길이 닿는 곳마다 외삼촌을 축복하셨습니다. 그러나 저는 언제 쯤 제 가족을 위해서 일할 수 있습니까? 당장 무엇을 주실 필요는 없습니다. 하지만 외삼촌께서 제가 제시하는 조건을 승낙하신다면 계속 외삼촌의 양떼를 치겠습니다. 오늘 제가 외삼촌의 짐승 가운데서 검은 양과 얼룩덜룩 점이 있는 양과 염소를 가려낼테니 앞으로 그런 것은 제 삯으로 계산해 주십시오. 내가 정직한지 않은지에 대해서는 쉽게 알아보는 방법이 있습니다. 외삼촌께서 내 품삯을 조사하실 때 만일 얼룩덜룩하지 않고 점이 없는 양과 염소가 있거나 검지 않은 양이 있으면 그것은 훔친 것으로 생각하셔도 좋습니다."

"좋다. 네 제안대로 하겠다."

야곱이 제시하는 조건에 라반이 선뜻 약속했다. 라반은 그 날부터 얼룩덜룩한 무늬가 있거나 흰 반점이 있는 염소와 검은 양들을 따로 가려내서 자기 아들에게 맡기고, 자기 목축과 야곱의 목축 사이를 사흘 길의 간격으로 떨어져 치도록 갈라 놓았다. 그리고 야곱은 남은 일부 양떼를 치도록 했다.

야곱은 얼룩무늬 양이 태어나도록 비법을 썼다. 개울가의 버드나무, 살구나무, 플라타너스 나뭇가지를 꺾어 새로 태어나는 양의 몸에 흰 줄무늬가 생기도록 버드나무의 껍질을 벗긴 다음 그 가지를 양들이 구유에서 물을 먹을 때 볼 수 있도록 머리맡에 늘어놓았다. 그리고 양떼가 물을 먹으러 와서 그 나뭇가지 앞에서 교미하고 줄무늬가 있는 얼룩덜룩한 반점이 있는 새끼를 낳도록 했다. 야곱은 양이 태어날 때마다 자기의 양과 라반의 양을 구분해 서로 섞이지 않게 분리시켰다. 야곱은 건강한 양에게만 그 나뭇가지를 구유에 세워둬 새끼가 잉태하도록 유도하고, 허약한 양이 교미할 때는 그 가지를 걸지 않았다. 그리하여 새로 태어나는 새끼 중에 허약한 것은 자연히 라반의 것이 되었고 건강한 것은 야곱의 것이 되었다. 그런 방법으로 야곱은 단 시일에 많은 양떼를 거느릴 수 있었다. 남녀 종들도 많이 거느렸고, 양과 낙타와 나귀도 많이 소유한 부자가 되었다(창 30:25-43).

제8장 야곱이 하란을 떠나 고향을 찾아가다

1. 하란에서 도망치다

 야곱이 고향 가나안을 떠나 하란에 온지 어느덧 20년이 되었다. 그 동안 레아와 라헬을 아내로 맞이한 야곱은 열 한 명의 아들과 딸까지 둔 대가족을 이루었다. 처음 14년간은 레아와 라헬을 아내로 맞는 조건으로 삯을 받지 않고 처가살이를 했다. 그러나 요셉이 태어난 후 6년간은 삯을 제대로 받았다. 일정한 삯을 받으면서부터 야곱의 재산은 크게 불어났다. 그런데 재산이 불어날수록 야곱의 주변에는 곱지 않은 눈길로 의심하는 사람들이 있었다. 특히 라반의 아들(야곱의 처남)들의 눈길이 곱지 않았다.
 "혹시 저 녀석이 우리 아버지의 재산을 가로채는 것이 아닌가."
 야곱의 처남들은 모이기만 하면 수군거렸다. 야곱이 처남들로부터 의심을 받을 때 하나님의 음성이 들렸다.
 "야곱아, 나는 네가 돌기둥에 기름을 붓고 맹세한 벧엘의 하나님이다. 그 동안 라반이 너에게 섭섭하게 하는 것을 모두 지켜보았다. 내가 너와 함께 하겠으니 어서 이곳을 떠나 너의 부모가 사는 고향으로 돌아가거라."
 하나님의 분부에 야곱은 고향이 마냥 그리웠다. 라헬과 당장 떠날 것을 상의했다.
 "라헬, 내 말을 잘 들어보시오. 내가 하란에 온지도 벌써 20년이 지났소. 그 동안 가나안의 어머님으로부터 돌아오라는 기별이 오기를 기다렸지만 아직도 소식이 없소. 그런데 오늘 하나님께서 고향으로 돌아가라고 하셨소. 이제 늙으신 부모님이

기다리는 고향 집으로 돌아가야 하겠소. 나는 이미 6년 전 요셉이 태어나기 전에 장인에게 이곳을 떠나고 싶다고 분명히 말씀드렸소. 그랬더니 장인께서 떠나지 말라고 만류하셨소. 그 대신 장인과 나는 여러 가지 약속을 했지만 장인은 그 약속을 하나도 지키지 않았소."

야곱이 떠나야 할 이유를 설명하자 라헬이 말했다.

"저도 눈치 챘어요. 하지만 아버님께서 떠나지 말라고 당부하셨는데 어떻게 떠나지요. 그 동안 당신은 우리 아버님에게 많은 도움을 주었을 뿐 아니라 레아와 저를 책임져야 하고, 자식들까지 데리고 가야 하는데 그 중대한 문제를 왜, 갑자기 끄집어내지요?"

"나는 그 동안 장인과 맺은 약속을 잘 지켰소. 나는 장인을 위해 그 동안 열심히 일했소. 그래서 장인의 재산이 크게 불어났소. 그러나 장인은 나를 속였소. 6년 전에 내가 이곳을 떠나겠다고 말했더니 장인은 내가 이곳에 더 머물러 있는 조건으로 새로 태어나는 양 중에 얼룩덜룩 반점이 있는 새끼 양은 모두 내 몫으로 주겠다고 약속했소. 나는 그 약속을 믿고 열심히 일했소. 그랬더니 하나님께서 나를 어여삐 보시고 얼룩 반점 양이 많이 태어나도록 축복해 주셨소. 그런데 욕심이 많은 장인은 얼룩 반점이 찍힌 양들이 많이 태어나니까 그 얼룩반점 양을 몰래 빼내 어디론가 감추었소. 게다가 이제는 처남들까지 내가 장인의 재산을 도적질한 양 의심하니 더 이상 견딜 수 없소. 사실 그 동안 내가 어느 정도 실속을 차린 덕에 내 재산을 이만큼 챙긴 것은 사실이오. 그러니 내가 떠나고 없어야만 장인은 나를 더 이상 바보 취급하지 못할 거요. 나는 이제 마음 착한 친족들이 사는 가나안으로 돌아가겠소."

야곱은 레아에게도 떠나자고 동의를 구했다(창 31:1-14).

2. 도망친 야곱

"레아, 당신은 아이들을 데리고 나를 따라 가나안으로 가야겠소. 어서 떠날 준비를 하시오."

야곱의 말에 레아는 두말없이 찬성했다.

"당신 생각대로 하세요. 사실 아버지는 저희에게 공평하지 않았지요. 이제 이곳 사정에 더 이상 얽매이지 말고 떠나세요. 마침 아버님께서 양털을 깎으러 멀리 떠나셨으니 지금 떠나는 게 좋아요."

두 아내들이 적극 찬성하자 야곱은 그 길로 떠날 채비를 했다. 아내와 아이들을 낙타에 태웠다. 가재와 집기를 비롯한 재산을 모두 챙겨 낙타 등에 시나브로 싣고 밧단 아람(Paddam-Aram)을 떠나 유프라테스 강을 건너 길르앗(Gilead)산을 향했다.

한편 라반은 야곱이 재산을 챙겨 두 딸과 외손자들까지 모두 데리고 떠났다는 사실을 뒤늦게 알았다. 집에서 멀리 떨어진 곳에서 양떼를 돌보던 라반은 그들이 떠난지 3일이 지나서야 그 소식을 접하고 한 마디 상의도 없이 떠난 야곱이 괘씸했다. 라반은 즉시 친인척들을 한 자리에 모아놓고 대책을 의논했다. 라반의 친척들은 야곱이 상의도 없이 몰래 떠났다는 말에 흥분했다.

"그 동안 한 가족으로 살았는데 한 마디 상의도 없이 도주하다니, 배은망덕한 놈!"

저마다 한 목소리로 성토했다. 그들 중에 라반의 아들들이 더 분개했다.

"야곱이 우리 아버지의 재산을 가로채 부자가 되었소."

그리고는 모두 사방으로 흩어져 추적하기 시작했다(창 31:15-22).

3. 꿈에 나타나신 하나님의 분부

라반은 일주일 동안 추적 끝에 길르앗 산간지역에서 야곱의 뒤를 밟았다. 어느 날 저녁 무렵 야곱의 뒤를 바짝 추격했을 때 마침 해가 저물었다. 살기등등한 라반이 짐을 풀고 잠이 들었을 때 하나님이 나타나 경고하셨다.

"라반아, 만약 야곱과 맞닥뜨리더라도 그를 절대로 해치지 말라."

라반의 격한 감정은 하나님의 경고를 받고 하루 밤 사이에 거품처럼 사라졌다. 다음날 아침 샘물이 흐르는 한적한 계곡에 이르렀을 때 야곱의 행렬이 눈에 들어왔다. 라반이 조심스럽게 다가갔다. 야곱은 긴장했다. 어쩌면 한판 싸움이 벌어질 수도 있었다. 야곱은 상대가 공격할 경우 맞서 싸울 각오로 대오를 편성했다. 그러나 막상 가까이 다가온 라반은 뜻밖에 부드러웠다.

"야곱아, 너는 왜, 내 딸을 마치 전쟁 포로 잡아가듯 하느냐?"

"예, 장인께서 저의 처를 강제로 빼앗을까 두려웠습니다."

"그게 무슨 말이냐? 네가 떠난다고 말했으면 송별 잔치라도 베풀어 주었을 터인데 이렇게 서둘러 떠나다니 섭섭하다. 사실 나는 너를 얼마든지 해칠 수 있었다. 그런데 어제 밤 꿈에 하나님께서 너를 박대하지 말라고 당부하셨다. 만일 네가 어떤 것도 훔쳐 오지만 않았다면 용서해 주겠다. 네가 고향이 그리워 떠난 마음을 이해한다. 그런데 무엇 때문에 테라핌(수호신=Teraphim)을 훔쳐 가는 거냐?"

"아니, 수호신을 훔치다니요. 저는 지금까지 정직했습니다. 저의 짐을 뒤져보tu요. 만일 장인 댁의 수호신상을 훔쳤다면 저를 죽여도 좋습니다."

야곱은 맹세코 펄쩍 뛰었다(창 31:22-32).

4. 미스바 협정

야곱이 꾸려온 짐 속에 라반의 것은 아무 것도 없었다. 물론 장인 댁의 수호신상을 훔치지 않았다. 그러나 라헬이 그것을 훔쳐 가져온 것을 야곱은 모르고 있었다. 야곱이 큰 소리로 결백을 주장하자 라헬은 수호신상을 낙타의 안장 밑에 숨겨 깔고 앉았다. 라반이 짐을 수색하려고 해도 라헬은 안장에 올라앉은 채 자기는 달거리(생리) 중이라 자리에서 일어날 수 없다고 잡아뗐다. 결국 라반은 라헬의 속임수에 넘어가 숨겨진 수호신을 찾지 못했다. 야곱은 더욱 의기양양하여 큰 소리로 말했다.

"제가 잘못한 것이 무엇입니까? 장인께서 저의 소유물을 다 뒤져보셨지만 부정을 찾지 못하셨습니다. 저는 20년 동안 장인과 함께 있었지만 부정한 짓을 저지르

> ◆ 테라핌에 대한 호소
>
> 야곱이 라반의 집에서 라헬을 비롯한 가족을 이끌고 도망쳐 나올 때 라헬이 우상 테라핌(Teraphim)을 훔쳐가지고 나왔다. 우상을 히브리어로 테라핌이라고 했다. 뒤쫓아온 라반이 야곱에게 훔쳐 온 테라핌을 내어 놓으라고 다그치자 라헬이 말안장 밑에 감추고 그 위에 올라 앉아 자기는 달거리 중이라 일어날 수가 없다고 따돌렸다.
> 테라핌은 일종의 인형으로 크기는 여러 가지로 다양했다. 큰 것은 사람만한 것도 있었다. 고대 히브리인들은 테라핌으로 점을 치는데 사용했다고 한다. 그래서 라헬은 도망칠 때 아버지 라반이 이 테라핌으로 점을 쳐서 자신들의 행방을 뒤 쫓지 못하도록 하기 위해 훔쳐 왔다는 것이다. 라반은 야곱을 추격해서 덜미를 잡고 당장 테라핌을 내어 놓으라고 으름장을 놓고 야곱의 천막을 샅샅이 뒤졌다는 것이다.
> 유대인들은 훗날 바벨론 포로생활을 한 후에도 이 테라핌을 가지고 있었던 것으로 알려졌다. 스가랴서 10장 2절에 의하면 "그런데 우상(테라핌)은 헛소리나 하고 점쟁이들은 허깨비를 보고 계시를 받았다고 하니 백성은 목자 없는 양떼처럼 헤매며 고생만 하는 구나"라고 여전히 테라핌이 존재했음을 보여준다.

거나, 양이나 소를 낙태시킨 적도 없었습니다. 오히려 낮에는 더위를 먹었고, 밤에는 추위에 시달리면서도 장인의 두 딸을 위해 눈 붙일 겨를 없이 14년 간 하루도 쉬지 않고 열심히 일했습니다. 하지만 장인은 저의 품삯을 열 번이나 변경하지 않았습니까? 하나님께서는 시련을 당하면서도 묵묵히 고생하는 저를 어여삐 보시고 어젯밤에 저를 함부로 하지 말라고 분부하신 겁니다."

야곱이 자초지종을 따지자 라반이 진술하게 말했다.

"레아와 라헬은 어디까지나 내 딸이다. 그리고 아이들도 내 손자이고, 양떼도 따지고 보면 다 내 것이다. 그러나 내 딸들이 낳은 아이들을 내가 어찌하겠느냐? 다만 이제 너와 나 사이에 입장을 좀 더 확실히 정하기 위해 우선 계약을 맺자. 그리고 그 계약을 기념하기 위해 여기에 돌무더기를 쌓아 평화의 증거를 만들어야

겠다."

라반은 야곱의 식구들과 음식을 나누어 먹는 등 송별연을 베푼 다음 두 사람은 그곳에 돌로 탑을 쌓고 이름을 '미스바(Mizpah)'라고 불렀다.

"우리가 여기서 서로 떨어져 따로 살지만 하나님께서 우리를 감시한다는 것을 명심해야 한다. 그리고 네가 만일 내 딸을 구박하고 다른 여자를 맞이한다면, 하나님께서 너와 나 사이에 증인이 되실 것이다. 또한 너와 내가 이 미스바를 경계로 내가 너를 치러 가지 못할 것이고, 너 또한 이 미스바를 지나 나를 치러오지 못하는 계약의 기념탑이다."

야곱과 라반은 굳게 다짐한 다음 석별의 축하연을 베풀고 화해의 증거로 미스바 탑을 세운 다음 마칠 무렵 야곱에게 석별의 기념사를 했다.

"이제 우리는 서로 떨어져 살지만 하나님께서 지켜 주시기를 바란다."

라반은 두 딸과 외손주들에게 장도를 빈 다음 자기 집으로 돌아갔다(창 31:33-55).

5. 20년 전의 비밀을 고백하다

라반의 추적에서 벗어난 야곱은 가벼운 마음으로 가나안을 향했다. 그런데 무슨 사연인지 가나안이 가까워질수록 야곱의 표정이 어두웠다. 남편의 표정을 읽은 라헬이 다그쳐 물었다.

"당신에게 말 못할 사정이 있지요. 당신은 지금 쫓기는 사람처럼 불안에 떨고 있어요."

라헬이 따지자 야곱이 입을 열었다.

"그 동안 내 입장을 당신이 아는 것을 원치 않았소. 하지만 이제는 불가불 고백하겠소. 나는 지금 내 형 에서와 해결하지 않으면 안 될 큰 문제가 발생했소. 오늘 내가 심부름꾼을 에돔에 있는 나의 형 에서에게 보내 고향을 찾아가는 내 입장을 알렸소. '이 못난 동생 야곱이 형님을 뵙고자 갑니다. 그 동안 하란의 외삼촌 집에서 살다 보니 이렇게 문안이 늦었습니다. 저는 그간 황소와 나귀와 양떼가 생겼고, 남종과 여종까지 생겼습니다. 아무쪼록 이 동생을 너그러이 받아 주십시오.' 하고 전갈을 보냈소. 그런데 심부름꾼이 좋지 않은 반응을 가지고 돌아왔소. 지금 에서 형이 우리를 향해 400명의 큰 무리를 이끌고 이쪽으로 다가온다는 거요. 나는 오래 전에 아버지를 속이고 내 형의 장자권을 가로챈 적이 있소. 형은 아직도 그 문제로 나를 증오하고 있소"

야곱이 그 동안 아무에게도 발설하지 않았던 비밀을 고백했다. 라헬은 깜짝 놀랐다. 차마 남편에게 그런 비밀이 있으리라고는 생각하지 못했다. 문제가 심각하다고 생각한 라헬이 벌벌 떨었다.

"그럼 우리는 어떡하죠?"

"당신은 내가 쉽게 당하지 않을 것이라는 것을 믿으시오. 나는 이미 그 문제에 대한 계획이 서 있소"

야곱은 자신 있게 장담했지만 실상 아무 대책이 없었다. 야곱은 대책을 세우기 위해 더 이상 앞으로 나아가지 않았다. 그리고 상대방에게 큰 무리로 보이기 위해 목축 떼를 예닐곱 마리씩 대오를 지어 일정한 간격을 유지하도록 편성했다. 만일 싸움이 벌어질 경우 한쪽이 죽임을 당하더라도 다른 한쪽은 살아남기 위한 궁여지책이었다(창 32:1-8).

6. 천사가 명명(命名)한 이스라엘

야곱이 브니엘(Peniel)에 이르렀을 때 해가 저물었다. 야곱은 아내와 아이들을 안전한 얍복강 건너로 떠나보내고 자기 혼자 남아 하나님께 간절히 기도했다.

"나의 할아버지 아브라함의 하나님! 나의 아버지 이삭의 하나님! 저에게 고향에 돌아가면 앞길을 열어 주겠다고 약속하신 하나님! 당신께서 이 종에게 베푸신 한결같은 사랑을 저는 받을 자격이 없습니다. 이 요단강을 건널 때 제가 가진 것이라고는 지팡이 하나밖에 없었습니다. 그런데 이제 저는 이렇게 큰 무리를 이루었습니다. 저를 형 에서의 손에서 구해 주십시오. 지금 저의 형님이 쳐들어 와서 어미들과 자식들도 죽이지 않을까 두렵습니다. 주님께서 저의 앞길을 열어 주시고 내 자손이 바닷가 모래처럼 셀 수 없이 불어나게 해주시겠다고 하신 약속대로 저를 지켜 주십시오."

야곱이 간절히 기도한 다음 강변 제방에 나와 하늘을 쳐다보고 잠을 청했다. 그러나 하루 종일 공포에 시달린 탓에 쉽게 잠을 이룰 수 없었다. 얼마쯤 뒤척이다 잠이 들었을 때 어떤 힘센 사람이 나타나 싸움을 걸었다. 야곱은 낯선 사람과 맞붙어 씨름하기 시작했다. 밤새도록 엎치락뒤치락 싸웠지만 승부가 나지 않았다. 그러자 야곱의 끈질긴 투혼에 놀란 상대방이 말했다.

"내가 항복하겠으니 그만 두자."

상대가 먼저 사정했지만 야곱은 끝까지 놓지 않았다. 날이 밝을 녘까지 맞붙었지만 승패가 나지 않았다. 야곱이 끝까지 잡고 늘어지자 상대방은 야곱의 엉덩이뼈를 뒤틀었다. 야곱은 엉덩이뼈가 뒤틀려 엉금엉금 기면서도 계속 달려들었다. 야곱의 강인한 투지에 놀란 상대는 마침내 자신의 신분을 밝혔다. 밤새 맞잡고 씨름한 상대는 뜻밖에 하나님의 사자 즉, 천사였다. 밤새 싸우다 지친 천사가 사정조로 말했다.

"이제 날이 밝아 오니 제발 나를 풀어 주시오."

그러나 야곱은 물러서지 않았다.

"당신이 내게 축복하지 않는 한 나는 놓지 않을 것입니다. 나는 당신의 축복이 필요합니다."

야곱이 한사코 매달리자 천사가 선뜻 대답했다.

"그렇다면 축복하겠소. 당신의 이름이 무엇이오?"

"야곱입니다."

"야곱, 그래 당신은 하나님과 겨루어 이긴 사람 야곱이오. 이제부터는 당신의 이름을 '이스라엘'이라 부르시오. 그것은 '하나님과 싸워 이긴 사람'이란 의미요."

천사는 축복과 동시에 야곱의 이름을 '이스라엘'이라고 명명하고 어디론가 사라졌다. 홀로 남은 야곱은 '내가 하나님과 대면하고도 죽지 않고 살아남았다.' 하여 그곳의 이름을 브니엘(Peniel)이라고 불렀다(창 32: 9-30).

7. 디나의 겁탈 사건

야곱은 메소포타미아에서 가나안의 세겜에 무사히 이르러 그 성읍 앞에 천막을 쳤다. 그리고 자기가 천막을 친 땅을 세겜의 아버지 하모르의 아들로부터 일금 100냥을 주고 사들였다. 그리고 그곳에 제단을 쌓고 그 이름을 엘 엘로에(El-Eloe), 즉 이스라엘이라고 불렀다. 그런데 야곱의 외동딸 디나(Dinah)가 세겜에게 겁탈 당하는 기막힌 사건이 벌어졌다. 야곱이 세겜에서 땅을 사서 자리를 잡고 살게 되었는데, 하루는 딸 디나가 그 지방 여인들과 어울렸다가 히위족 추장의 아들 세겜에게 겁탈을 당했다. 일을 저지른 세겜은 아버지 하모르에게 자기는 디나에게 반해 그 소녀를 사랑하게 되었노라고 호소하면서 자신의 아내로 맞게 해 달라고 졸라댔다.

그러자 하모르가 야곱을 찾아와 자기 아들 세겜이 디나를 사랑하게 되었다고 하면서 정식으로 혼인을 성사시키자고 제의했다. 야곱은 세겜이 자기 딸을 겁탈했다는 사실을 알았지만 그의 아들들은 모두 가축을 몰고 나가 들에서 목축하고 있었기 때문에 그 사실을 모르고 있었다. 그래서 자기 혼자 결정지었다.

8. 세겜인들과 혼인 계약을 맺다.

세겜의 아버지 하모르가 야곱을 찾아와 용서를 구하고, 모든 조건을 다 들어줄 터이니 디나를 자기 며느리를 삼게 해달라고 청혼을 했지만 처음에는 할례

받지 않은 사람들에게 딸을 줄 수 없다고 거절 당했다. 그러자 그 지방 사람들이 모두 야곱의 요구대로 할례를 받았다. 그러나 나중에 그 사실을 알게 된 디나의 오빠들이 복수심에 사로잡혀 할례를 받고 몸이 자유롭지 못한 남자들을 모두 살해했다.

"세겜이 야곱의 딸을 겁탈하다니, 뻔뻔스럽게 이스라엘을 욕보이다니…"

동서고금을 막론하고 집안의 여인이 겁탈을 당하면 그 원한은 쉽게 풀리지 않는 법이다.14) 야곱은 아들들이 세겜의 주민들에게 잔인한 보복을 감행한 후 더 이상 그곳에서 살 수가 없어서 다른 지방으로 다시 이주해야 할 형편이었다. 그 때 마침 하나님의 계시를 받았다. 하나님께서 야곱에게 말씀하셨다.

"이대로 있지 말고 벧엘에 올라가 거기에 자리를 잡아라. 네가 형 에서를 피해 갈 때 너에게 나타났던 하나님에게 제단을 쌓아 바쳐라."

야곱은 그 길로 온 가족과 그가 거느리는 모든 사람에게 말하였다.

"너희에게 있는 남의 나라 신들을 내버려라. 깨끗이 몸을 씻고 옷을 갈아입어라. 이제 우리는 여기를 떠나 벧엘로 올라간다. 거기서 나는 내가 어려움을 당할 때 나의 호소를 들어 주시고 내가 가는 곳 어디에서나 보살펴 주신 하나님께 제단을 쌓아 바치고자 한다."

그들은 남의 나라 신들과 귀에 걸고 있던 귀걸이를 모두 야곱에게 내어 놓았다. 야곱은 세겜 근처 느티나무 밑에 그것들을 모두 묻었다(35:1-4).

이렇게 야곱이 식솔을 이끌고 벧엘로 이주한 것은 순전히 하나님의 지시에 따른 것이었다. 야곱은 루즈(Luz) 땅에 이르러 제단을 쌓고 그곳의 이름을 엘 벧엘(El-Bethel)이라고 했다. 야곱은 하나님의 뜻에 따라 세겜 근처에 있는 느티나무 밑에 하란에서부터 소지하고 있던 우상들을 모두 땅에 묻어 버렸다. 심지어

---

14) 한국 여인들이 정신대로 끌려가 종군 위안부 문제를 일본이 인정하지 않기 때문에 한일 간에 진정한 친선이 제대로 이루어지지 않음.

라헬이 생명의 위협을 무릅쓰고 훔쳐온 아버지의 수호신(테라핌)까지 묻었다. 그 때까지 야곱과 그의 아들들은 우상숭배생활 하는 이방의 생활방식과 별로 다르지 않았다. 그들은 벧엘로 돌아와서부터 새롭게 신앙생활을 시작하면서 참 하나님에 대한 신앙생활을 바로 하기 위해 모든 우상을 버렸다.

9. 금의환향한 야곱의 엘-하나님

야곱이 밤새도록 천사와 씨름하는 동안 동녘이 밝아 왔다. 온 누리에 햇살이 퍼지자 야곱의 손아귀에서 풀려난 천사는 사라졌다. 야곱은 엉덩이뼈가 튕겨 나왔기 때문에 절뚝절뚝 절었다. 온몸이 심하게 쑤셨지만 천사와 싸워 이겼다는 자부심으로 그 정도의 고통은 참을 수 있었다. 야곱은 개울가에 내려가 찬물로 얼굴을 씻고 정신을 가다듬은 후 다시 가나안을 향해 출발했다.

며칠 후 지형이 낮은 구릉지를 막 돌아설 때였다. 멀리서 에서가 거느리는 4백 명의 무리가 야곱을 향해 다가오고 있었다. 야곱은 다급한 나머지 아내와 아이들을 행렬 뒤로 보낸 다음 혼자 에서가 이끄는 무리 앞으로 다가갔다. 아무 말 없이 무리 앞에 다가선 야곱이 겸손한 자세로 땅에 엎드려 일곱 번 큰 절을 했다. 야곱은 형이 어떻게 나오건 상관하지 않았다. 다만 자기 나름대로 예를 갖추었다. 그러자 뜻밖에 에서의 태도가 싸우러 온 기세가 아니었다. 두 사람은 서로 눈길이 마주 치는 순간 누가 먼저랄 것도 없이 왈칵 달려들어 등을 얼싸안았다. 가쁜 숨결로 뒤엉킨 채 두 형제는 한참 동안 말이 없었다. 감격에 겨운 형제의 눈물이 서로의 등을 흠씬 적셨다.

야곱은 형의 등을 부둥켜안은 채 좀처럼 떨어질 줄 몰랐다. 두 사람이 형제의 우의를 나눈 다음 야곱이 두 명의 아내와 두 명의 여종과 11명의 아들을 차례로 형 앞에 소개했다. 레아와 라헬도 큰 절을 올렸다. 야곱의 태도에 감동한 에서가 말했다.

"내가 오는 길에서 만난 저 많은 가축들은 웬 것이냐?"
"제가 형님의 은혜를 갚으려고 가지고 온 것입니다."
"아우야! 나는 넉넉하다, 너의 것은 네가 가져라."
"아닙니다. 형님께서 저를 좋게 보신다면, 제가 드리는 이 선물을 받아 주십시오. 형님께서 저를 이처럼 너그럽게 맞아 주시니 형님의 얼굴을 뵙는 것이 하나님의 얼굴을 뵙는 듯 합니다"(창 35:1-26).

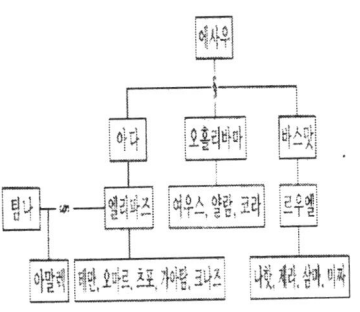

◉ 에서의 세보(창 36:1-8)

10. 이삭의 죽음

야곱은 사양하는 형에게 하란에서 가져온 가축을 선물했다. 그리고 에서를 따라 세겜에 도착한 야곱은 즉시 정착할 땅을 사들인 다음 장막을 치고 하나님께 제사 드릴 제단을 쌓았다. 가나안에 들어와 처음으로 제단을 쌓고 '이스라엘의 하나님 야곱의 하나님' 이란 의미로 '엘 주님-이스라엘(El Elohe-Israel)'라고 불렀다. 그러나 20년 만에 고향에 돌아온 야곱은 모든 것이 생소했다. 이미 어머니(리브가)는 세상을 떠났고, 아버지 이삭은 180살의 쇠약한 몸으로 그때까지 살아 있었다. 이삭은 하란에서 돌아온 야곱의 손자들을 맞은 후 세상을 떠났다. 야곱은 아버지의 시신을 막벨라 무덤에 안장했다(창 35: 27-28).

◈ 에서의 후손들

한편 이삭의 큰 아들 에서는 가나안의 여성들을 아내로 맞아들였다. 첫째 아내는 아다이고, 둘째 아내는 오홀리바마이고, 셋째 아내는 바스맛이었다. 첫째 아내 아다는 **엘리파즈**를 낳았고, 둘째 아내 오홀리바마는 **여우스, 얄람, 고라**를 낳았고, 셋째 아내 바스맛은 르우엘을 낳아 모두 5명의 아들을 낳았다(창 36:9-14). 호감을 주는 말의 힘

야곱이 아버지 이삭을 속이고 장자권을 사취했을 때 에서가 아버지에게 물었다. "아버지께서 저에게 빌어 줄 복이 그것밖에 없습니까? 아버지! 저에게도 축복해 주십시오." 그러자 아버지는 "네가 사는 땅은 기름지지 않고, 하늘의 이슬이 내리지 않을 것이며, 네가 칼을 믿고 살 것이다. 네 동생을 섬길 것이다. 그러나 네가 끊임없이 몸부림치게 될 때 그의 지배 하에서 벗어나게 될 것이다." 하고 대답 했다. 그런데 이삭의 후손들은 역사적으로 이삭의 예언대로 살았다. 예를 들면 에서의 자손들을 후대에 에돔이라고 했는데 그들은 주로 사해에서 아카바 만에 걸친 세일(Seir) 산중에서 살아왔다. 그래서 그들이 사는 산의 이름도 에돔산이라 부르게 되었고, 훗날에는 이두메라는 이름으로 불리어 졌다. 그들이 살던 에돔의 북쪽 지방은 매우 풍요로운 땅으로서 훗날 건강한 땅 팔레스타인(Palestine salutaris)이라고 불리어 졌고, 그 서쪽은 암석 투성이로 사람이 도저히 살기 힘든 곳이었다. 사람이 살기 힘든 지방에 정착한 에돔 사람들은 자연히 전투나 산 도적이나 노상강도를 일삼았다. 이삭의 예언은 적중된 것이다. 에돔 사람들은 한때 북쪽으로 또는 서쪽으로 그 세력을 확장한 적이 있었으나 이삭의 예언과 같이 이스라엘(야곱) 민족과는 항상 불구대천(不俱戴天)의 원수로 늘 싸왔다. 훗날 사울 왕이 그들을 격파하였고, 다윗 왕은 그 세력을 완전히 분쇄하여 조공을 받아 왔으나 결국 그들과 화합하지 않았다.

역사적으로 많은 예언자들이 에돔 사람들을 가리켜 이스라엘의 정신적 적으로 지목하였고, 그들의 멸망을 경고하였다. 그러다가 훗날 마카비 시대에 이르러 그들을 토벌하는 등 승패가 계속되었다. 그러다가 유대의 마지막 왕조를 에돔 사람인 헤롯(Herode)이 차지함으로써 역사의 아이러니를 보여준다. 그 후 현재는 아라비아 인들이 크게 번성하여 에돔 사람들과 혼합됨으로써 에돔 사람들만의 흔적은 찾을 수 없다.

제9장 노예로 팔려간 요셉

1. 라헬이 산고로 죽다

야곱이 가족을 이끌고 하란을 떠날 때 라헬은 만삭이었다. 평소에 아들을 낳기를 소원하던 라헬이 무거운 몸을 이끌고 베들레헴의 벧엘지방에 이르렀을 때 해산의 때가 차서 몸을 풀고, 두 번째 아들을 낳았다. 야곱은 여행 중에 태어난 아들의 이름을 베노니(Benoni)라고 지었다. 그러나 여행 중 심신이 피곤한 라헬은 산후처리를 잘못해 심한 고통 끝에 숨을 거두었다. 사랑하는 라헬이 죽은 후 큰 충격을 받은 야곱은 라헬이 낳은 아들의 이름을 다시 베냐민(Benyamin)이라고 개명했다.

어렵사리 가나안에 돌아온 야곱은 모든 것이 생소했다. 12명의 아들이 있었지만 그들 중에 라헬이 낳은 요셉을 제일 사랑했다. 야곱은 첫 사랑 라헬에게 못 다한 사랑을 요셉에게 쏟았다. 12명의 아들을 둔 아버지의 사랑은 공정해야 하는데 야곱은 요셉을 편애한 나머지 자식들 간에 불화를 빚는 경우가 잦았다(창 35:1-30).

2. 요셉에 대한 야곱의 편애와 요셉의 꿈

야곱이 고향에 돌아온지 10년이 지나 요셉이 17살의 사춘기 청소년이 되었고, 다른 이복형제들은 이미 성년이 되었다. 그런데 공교롭게도 아버지의 사랑을 독차지한 요셉이 다른 형제들 보다 유난히 영특했다. 야곱은 12명의 아들 중에 영특한 요셉을 장차 가문의 기둥감으로 생각했다. 아버지 야곱은 요셉이 장남은 아니지만 자신이 형 에서의 장자권을 차지한 것처럼 장차 요셉이 형들을 물리치고 집안의 장자권을 물려받기를 원했다. 요셉은 머리가 영특할 뿐만 아니라 평소에 이상한 꿈을 잘 꾸었다. 야곱은 요셉의 꿈을 좋은 징조로 생각했지만 이복형제들은 못마땅하게 생각했다. 그래서 요셉이 꿈을 꾸는 날에는 형제들 간의 불화를 빚는 날이었다. 어느 날 야곱이 여러 형제들이 보는 앞에서 광주리에 차곡차곡 개어 둔 새 옷 꾸러미를 요셉에게 주면서 말했다.

"요셉아, 어서 펴 보아라. 나는 너를 행복하게 해주고 싶다."

요셉이 펼쳐 든 옷은 소매가 길게 달린 7가지 색깔의 값진 외투였다.

"아버지 정말 고맙습니다."

값진 외투를 입은 요셉은 즐거웠지만 동생의 아름다운 값진 옷을 지켜보는 이복형들은 심술이 끓어올랐다(창 35:1-20).

3. 요셉의 꿈과 형제들의 불화

다음날 아침 형제들이 새 일터로 떠나기 전에 한 곳에 모여 아침 식사를 했다. 그러나 함께 있어야 할 자리에 요셉이 보이지 않았다. 빈자리에 눈길을 쏟고 있을 때 늦잠에서 깨어난 요셉이 기지개를 펴고 다가왔다. 요셉의 태도를 눈여겨본 맏형 르우벤이 쏘아 붙였다.

"왜 이렇게 늦었니. 우리는 곧 일하러 떠나야 하는데…"

"형! 나 또 이상한 꿈을 꾸었어. 추수할 때 형들이 밀을 베어 다발을 만들어 세웠는데, 주위에 있는 밀 다발들이 모두 내가 묶은 다발을 향해 절하는 꿈을 꾸었어."

요셉의 꿈 이야기에 형제들의 표정이 침통했다.

조용히 듣고 있던 유다가 말했다.

"그래 그 꿈의 의미가 무엇이냐? 우리들 모두가 너에게 절을 한단 말이냐?"

요셉의 꿈은 형제들 간에 불화를 빚었다. 이때부터 요셉이 꿈 이야기만 하면 형들이 빈정거렸다.

"요셉아, 어제 밤에도 우리가 너에게 절하는 꿈을 꾸었니?"

"아니야."

요셉은 형들이 빈정거릴 때면 열심히 변명했지만 형들의 앙금은 풀리지 않았다. 형들이 요셉의 꿈을 못마땅하게 생각했지만 요셉은 여전히 꿈을 꾸었고, 그 내용을 형들에게 이야기했다. 그러던 어느 날 요셉이 또 이상한 꿈 이야기를 했다.

"내가 또 꿈을 꾸었는데, 지난번 꿈과 비슷한 내용이야. 태양과 달과 11개의 별이 나에게 절하는 꿈을 꾸었어."

요셉의 노골적인 꿈 이야기를 듣고 난 형제들은 속이 끓어올랐다. 요셉이 형들의 마음을 조금이라도 배려했다면 그 꿈 이야기는 더 이상 하지 말아야 했다. 요셉의 꿈 이야기가 형제들 간에 화근이 되자 아버지가 요셉을 꾸짖었다.

"요셉아, 그러면 내가 태양이고 너의 어머니는 달이고, 네 형들이 11개의 별이란 말이냐? 그리고 너는 하늘에 태양으로 지구의 우리를 다스린다는 말이냐? 요셉아 그것은 마땅치 않은 일이다."

요셉이 꾸지람을 듣고 있을 때 다른 형제들은 양떼를 몰고 집을 나섰다(창 35:23-29; 37:1-11).

4. 형들을 찾아 나선 요셉

요셉의 형제들이 새 목초지를 찾아 세겜 지방으로 떠났다. 그러나 집을 떠난 후 며칠이 지나도 형제들은 소식이 끊긴 채 돌아오지 않았다. 걱정하던 아버지가 요셉을 불러 말했다.

"요셉아! 어서 세겜에 가서 네 형들이 양떼를 잘 보살피는지 확인해 보아라. 혹시 무슨 일이 있으면 즉시 집으로 되돌아 오거라."

아버지의 심부름으로 집을 나선 요셉이 세겜에 도착했지만 형들을 찾을 수 없었다. 여기저기 헤매고 있을 때 어떤 사람이 "누구를 찾느냐"고 물었다. 요셉이 형들을 찾는 사연을 말하자 그는 도단(Dothan)으로 옮겨간다는 말을 들었노라고 했다. 요셉은 그 길로 약 24킬로미터 떨어진 도단으로 달려갔다. 도단은 25~30개의 구릉지로 형성된 넓은 목초지였다. 단숨에 도단으로 달려간 요셉은 거기서 형들의 자취를 겨우 찾을 수 있었다.

5. 형들의 끔찍한 모의

한편 요셉이 먼발치에 나타났지만 형들은 반기지 않았다.
"저 언덕 위에 걸어오는 사람이 누구지?"
요셉을 발견한 레위가 형제들에게 알리자 저마다 한마디씩 던졌다.
"너무 멀어 잘 모르지만 저 외투를 입은 사람은 우리의 자랑스러운 몽상가야."
시몬이 빈정거리자 곁에 있던 납달리가 거들었다.
"요셉이 뭘 하러 여기까지 왔지?"
"그야 뻔하지, 우리를 감독하러 왔지, 우리가 한 일을 아버지께 고해 바쳐야지."
평소 아버지의 편애를 못마땅하게 생각하던 아셀이 울분을 토했다.
"내가 우리 형제들의 화목을 위해 그 놈의 꿈 이야기를 끝장내 주겠어. 나는 요셉을 없애라면 무슨 짓이든 다 할 거야"(창 37:12-20).

6. 요셉을 제거하기 위한 음모

아셀이 험악한 말을 내뱉자 곁에 있던 잇사갈이 되받았다.
"요셉은 우리를 비참하게 만들 놈이야. 일은 우리가 하고 아버지의 사랑은 그 놈이 독차지하는데 왜, 우리가 저 골칫거리를 그냥 둬야 하지. 저 놈이 없으면 훨씬 더 좋을텐데."
형제들의 말이 거칠어지자, 조용히 듣고 있던 스불론이 나섰다.
"나는 저 바보를 죽여야 한다고 생각해. 하지만 우리가 그를 죽이고 무사할 수 있을까, 그게 문제지."
"그야 간단하지, 들짐승에게 잡혀 먹힌 것처럼 위장하면 되지! 죽여 버린 후 옷을 조각조각 찢은 다음 들짐승이 죽였다고 거짓말을 하면 그만이야."

은연중에 의견이 일치했을 때 누군가 뇌까렸다.

"요셉아, 너는 그 놈의 꿈이 결국 네 운명을 끝장내는구나."

동생들이 주고받는 말을 엿들은 맏형 르우벤은 당황했다. 동생들이 큰일을 저지를 것 같았다. 왜냐하면, 사람을 죽인 후 아무리 증거를 없앤들 하나님을 속일 수는 없었다. 특히 요셉을 죽인다면 슬픔에 잠길 아버지의 입장도 생각해야만 했다. 동생들의 단순한 생각이 한심스러웠으나 너무 흥분한 상태였기 때문에 그들의 주장을 되돌리기엔 역부족이었다. 그렇다고 동생들의 행위를 그냥 보고만 있을 수도 없었다.

르우벤이 동생들을 주목케 한 다음 차분하게 말했다.

"얘들아, 죽이는 것 보다 더 좋은 방법이 있다. 만일 우리가 요셉을 죽이면 결국 우리도 잡히고 만다. 우리 자신을 스스로 잃게 된다. 그러나 우리가 그를 직접 죽이지만 않는다면 우리는 벌을 받지 않는다. 그러니 산 채로 구덩이에 던져 버리자. 그러면 비록 요셉이 굶어 죽어도 그 죽은 원인에 대한 책임은 우리가 지지 않을 수 있다."

르우벤의 그럴듯한 말에 동생들이 동의했다(창 37:21-25).

7. 요셉을 팔아넘긴 형제들

형제들이 끔찍하게 모의하고 있을 때 요셉이 다가왔다.

"안녕, 이제야 겨우 형들을 찾았어."

요셉이 반가운 표정으로 인사했지만 형들은 그저 반가운 척 할 뿐 아무도 반기지 않았다. 맏형 르우벤은 요셉이 다가오자 언덕에 위에 몰려온 양떼를 점검한답시고 자리를 떴다. 르우벤은 비겁하게 동생들과 공범자가 되지 않으려는 발뺌이었다.

형제들 중에 유다가 요셉의 마지막 음식을 준비했다.

"요셉아, 먼 길에 배고프겠구나. 어서 이 음식 먹어라."

유다는 능청맞게 요셉을 보살폈다. 요셉이 정신없이 음식을 먹기 시작했다. 그 때 형제들 중 몇 명이 재빠르게 요셉을 등 뒤에서 덮쳤다. 눈 깜짝할 사이에 여러 명이 달려들어 요셉의 몸을 꼼짝 못하게 틀어잡고 외투를 벗기며, 사지를 꽁꽁 포박한 다음 멀리 떨어진 외진 곳으로 끌고 갔다. 어디쯤인가 한참 끌려가니 한 때 식수로 사용하기 위해 물을 담아 두었던 큰 구덩이 하나가 텅 비어 있었다. 그 구덩이는 좀처럼 사람의 발길이 미치지 않는 외진 곳인 데다 마을에서 멀리 떨어져 아무도 보는 사람이 없었다. 요셉이 살려 달라고 애원했지만 이미 악마에 사로잡힌 형들의 귀에는 요셉의 애절한 소리가 들리지 않았다. 그들은 요셉을 번쩍 들어 구덩이에 던지고 누가 볼세라 급히 돌아섰다.

요셉은 우물 바닥에 떨어지는 순간 기절했다. 얼마 후 어렴풋이 깨어났을 때 절벽 위에서 두런두런 말소리가 가늘게 들렸다. 그러나 무슨 말인지 통 알아들을 수 없었다(창 37:21-25).

8. 이스마엘 대상들

한편 요셉을 구덩이에 던진 형제들은 도망치듯 양떼 곁으로 돌아와 밥을 먹었다. 그때 마침 이스마엘(Ishmael)대상들이 멀리서 다가왔다. 그곳 대상들은 향나무와 유향과 몰약을 낙타에 싣고 이집트로 가는 길이었다. 형제들 가운데 수단이 좋은 유다가 대상의 길을 가로막아 세우고 형제들에게 새로운 안을 내놓았다.

"우리가 요셉을 죽여 보았자 별로 신통할 것이 없다. 차라리 저 이스마엘 대상에게 노예로 팔아 버리자. 아무래도 요셉은 우리의 피붙이니까."

굶어 죽이는 것보다는 노예로 팔아넘기고, 돈까지 챙기는 편이 좋다는 유다의 제의를 받아들였다. 그러나 유다는 가능한 요셉을 어떻게 해서라도 목숨만은 살려

주는 것이 좋겠다는 생각이 들어 짜낸 잔꾀였다.

한편 구덩이에 떨어져 기절한 요셉이 정신을 차렸을 때 눈앞에 한 가닥의 밧줄이 나타나더니 아른아른 말소리가 들렸다.

"요셉아, 어서 올라와라."

낯익은 목소리에 요셉은 감격했다. 결국 형들이 마음을 고쳐먹고 구원의 손길을 베푼다고 생각했다. 그러나 구덩이에서 올라왔을 때 이상한 광경이 벌어졌다. 한 떼의 낯선 이방인들이 형들과 무슨 내용을 놓고 수군거리는 것이었다. 형들과 수군거리는 사람들은 낙타에 상품을 싣고 먼 길을 가고 있는 대상들이라는 것을 알 수 있었다. 역시 형제들 중에 말솜씨가 뛰어난 유다가 요셉을 팔아넘기기 위해 교섭을 벌였다. 낯선 대상과 한참 이야기를 주고받은 유다가 은(銀) 20량을 받아 든 다음 말했다.15)

"자 이제 다 끝났으니 이 녀석을 데려가시오. 이제 이 녀석은 당신들의 것이요."

그리고 요셉의 등을 떠밀었다. 요셉은 비로소 형들이 어떤 짓을 했는지 알았지만 별 도리가 없었다.

"아! 내가 노예가 되는구나. 형들이 나를 팔았어."

요셉은 비통했다. 너무 서러워 울음조차 메말랐다. 넋을 잃고 짐승처럼 끌려갈 때 유다가 요셉을 향해 입을 열었다.

"요셉아, 우리는 너를 죽이지 않기로 했다. 네가 죽으면 그 책임을 져야 할 테니 너를 팔았다. 이제 너는 이집트에 가서 여행이나 실컷 해라."

몰인정한 형들은 끌려가는 요셉의 등을 향해 이렇게 마지막 작별을 고했다(창 37:25-30).

---

15) 형제들이 죄 없는 동생 요셉을 미워하고 질투한 나머지 은전 이십 량을 받고 노예로 팔아넘긴 이 잔인한 사건에서 아무 죄가 없으신 예수님을 은전 삼십 량에 팔아넘긴 사건을 떠올리게 된다.

9. 형제들의 구차한 변명

요셉을 헐값에 사들인 대상은 이집트를 향해 길을 떠났다. 남은 형제들은 아무렇지도 않다는 듯 떠나는 요셉의 뒷 모습을 음흉스럽게 바라보았다. 잠시 후 르우벤이 돌아와 분위기를 살피고 소리쳤다.

"요셉이 어디 있지?"

여기 저기 기웃거리던 르우벤이 시몬에게 다그쳤다. 입장이 난처한 시므온이 자초지종을 말하자 르우벤이 난감한 듯 비명을 질렀다.

"안 돼. 이일을 어떻게 하지. 나는 이제 어디로 가야 한단 말이냐?"

르우벤이 옷을 찢으며 소리쳤다. 그러나 아무도 르우벤의 심정을 동정하지 않았다. 이미 르우벤이 요셉을 구하기엔 너무 늦었다. 다만 앞으로 받을 벌이 두려웠다. 르우벤이 낙담하고 있을 때 다른 형제들이 염소 한 마리를 잡아 요셉의 몸에서 벗긴 외투에 피를 흠씬 적셨다.

사건을 저지르고 집에 돌아온 형제들이 피 묻은 요셉의 옷을 아버지 앞에 풀어 놓고 천연스럽게 늘어놓았다.

"아버지, 돌아오는 산길에서 이 옷을 발견했습니다. 아마 들짐승이 요셉을 죽였나 봅니다."

속아 넘어간 아버지는 피 묻은 요셉의 외투를 움켜잡고 울부짖었다.

"어떤 짐승이 내 아들을 찢어 죽였단 말이냐? 어떤 짐승이."

야곱은 옷을 찢고 베옷을 걸친 다음 슬픔에 젖어 식음을 전패한 채 슬피 울었다. 그러나 형제들 중에 누구도 아버지를 위로하지 않았다. 다만 내용을 모르는 막내둥이 베냐민이 아버지를 위로했다(창 37:27-35).

10. 노예로 팔려 간 요셉

한편 요셉을 사들인 이스마엘 대상은 이집트의 노예 매매시장으로 갔다. 요셉을 팔려고 판매대에 내놓은 이스마엘 대상은 돈이라면 못하는 짓이 없는 야박한 상인들이었다. 그들은 요셉에게 높은 가격을 매겨 노예 공판대에 세워 놓고, 구매자들과 흥정을 하였다. 그런데 요셉은 노예들 중에 유달리 잘 생긴 데다 몸가짐이 단정해서 상당히 비싼 값이 매겨졌다.

요셉을 사들인 사람은 공교롭게도 이집트의 바로(Pharaoh)왕의 경비대장 보디발(Potiphar)이었다. 보디발이 보기에 요셉은 보기 드물게 잘 생긴데다 지혜로운 사내로 보였다. 여러모로 쓸모가 있다고 생각한 보디발은 요셉을 비싼 값에 사들였다. 가나안 유목민의 아들 요셉은 이렇게 낯선 이집트에서 노예살이를 시작했는데 그 때 그의 나이 17살이었다(창 37:35-36).

> ◆ **요셉이 접한 이집트문화**
>
> 노예로 팔려 간 요셉은 문화수준이 높은 나라에 발을 들여놓는 날부터 많은 변화를 겪었다. 우선 카이로 남쪽에 있는 저 유명한 피라미드들은 이미 약 일천 년 전부터 있었던 고대문명의 상징이었다. 당시 피라미드는 이집트의 이른바 고대 왕조시대 기원전 2778-2100년경에 세워졌다. 이스라엘 백성들은 이집트에 들어가서 살고 있던 '신왕조시대'(기원전 1580년-1100년)에는 룩소르(Luxor)와 카르낙(Karnak)의 발굴에서 확인된 바와 같이 바위 무덤을 쓰고 굉장한 신전을 건설한 시대였다. 이 시대의 문화 수준에 관해서는 아메노피스(Amenophis) 4세의 후계자인 투트-엔크-아문의 무덤에서 발굴된 유물(遺物)들이 역사적 사실을 입증하고 있다.
>
> 그러므로 우리가 성서를 읽을 때 머릿속에 그려야 할 것은 오늘날에도 그 자리에 서서 여행사들의 경딘의 대상이 되고 있는 이집트의 피라미드들은 대부분 요셉이나 모세의 시대에 이미 1천 년 이상의 장구한 세월을 그 자리에서 버텨 왔다는 사실을 전제로 읽어야 한다.

11. 유다와 다말 이야기

야곱의 아들 12명의 형제들 중에 유다가 이스라엘의 혈통을 지켜 온 다윗의 조상이다. 그런데 유다는 한때 형제들을 떠나 아둘람(Adullam) 사람 히라(Hirah)에게 가서 그들과 어울려 살았다. 유다는 거기서 가나안 사람 수아(Shua)의 딸을 만나 결혼했다. 그녀가 임신하여 아들을 낳자 이름을 엘(Er)이라고 지었다. 그 다음 다시 아들이 태어나자 이름을 오난(Onan)이라고 지었고, 세 번째 아들을 낳자 이름을 셀라(Shelah)라고 지었다. 그러나 아내가 셀라를 낳을 때 유다는 거십(Achzib)에 있었다.

유다는 장남 엘이 장성하자 다말(Tamar)이란 여자와 결혼시켰는데 엘의 행위가 주님께서 보시기에 악하여 그를 죽이셨다. 그래서 유다는 둘째 아들 오난에게 "네 형수와 잠자리를 같이하여 네 형을 위해 자식을 낳아 주어 시동생의 도리를 다하라."고 하셨다.

그러나 오난은 아이를 낳아도 자기 자식이 되지 못할 것을 알고, 자식을 낳지 않으려고 형수와 잠자리를 같이 할 때마다 질이 아닌 땅바닥에 사정하였다. 그러자 주님 보시기에 그의 행위가 못마땅하여 죽이셨다. 그러자 유다는 며느리 다말에게 이렇게 일렀다.

"네 친정으로 가서 내 막내아들 셀라가 장성할 때까지 기다리라."

그러나 유다가 이렇게 말한 것은 셀라도 형수와 잠자리를 하면 죽을지 모른다는 두려움 때문이었다. 그래서 다말은 친정에 가서 살았다. 그런데 얼마 후 유다의 아내가 죽었다. 상처한 유다는 마음의 상처를 달래고, 친구 아둘람 사람 히라(hara)를 따라 딤나(Timnah)에 가서 양의 털 깎는 일을 돌보기로 했다. 그때 다말은 자기 시아버지가 양털을 깎으려고 딤나로 올라온다는 것을 알고 과부의 옷을 벗고, 면사포로 얼굴을 가리고, 창녀인양 길가에 앉아 있었다. 그것은 셀라가 이미 장성했음에도 자기와 결혼시켜 주지 않는데 대한 불만 때문이었다. 유다는 다말이 변장하고 얼굴을 가리고 길가에 앉아 있는 여인이 자기 며느리 다말인 줄 몰랐다. 다만 창녀라고 생각하고 다가가 말을 걸었다.

"내가 너와 쉬었다 가겠다."

"얼마나 주시겠습니까?"
"염소 새끼 한 마리를 보내 주겠다."
"좋습니다. 그 염소를 보낼 때까지 담보물을 잡히시겠습니까?"
"담보물로 무엇을 주면 되겠느냐?"
"끈 달린 당신의 그 도장과 당신이 들고 있는 그 지팡이를 저에게 주십시오."
  그래서 유다는 담보물을 맡기고 그녀와 함께 잠자리에 들었는데, 공교롭게도 그녀는 임신했다. 집으로 돌아온 다말은 면사포를 벗고 평상시의 입던 과부의 옷으로 갈아입었다.
  한편 유다는 친구 히라에게 부탁해서 염소 새끼를 그 여인에게 돌려보내고, 담보로 맡긴 물건을 찾아오라고 했다. 그러나 그 여자를 찾지 못한 히라는 에나임(Enaim)에 있는 사람들에게 물었다.
"길가에 있던 그날의 창녀가 어디 있느냐?"
"이곳에는 창녀가 없습니다."
  그들이 대답했다. 그래서 유다에게 돌아가서 그 창녀를 찾지 못했다고 하였다.
"그러면 그 여자가 그 물건을 가지도록 내버려두게, 그렇지 않으면 우리가 웃음거리가 되겠네. 어쨌든 나는 그 여자에게 염소 새끼를 보냈으나 자네가 그녀를 찾지 못했을 뿐이야."
  유다가 책임을 다했다고 전가하며 말했다.
  그로부터 석 달 후 어떤 사람이 유다를 찾아왔다.
"당신의 며느리 다말이 창녀 짓을 해서 임신했소."
"그 여자를 당장 끌어내 불에 태워 죽이시오."
  유다는 당장 정죄했다.
"나는 이 물건 임자 때문에 임신하게 되었습니다. 이 끈 달린 도장과 지팡이가 누구의 것인지 확인해 보십시오."

다말이 끌려가면서 자기 시아버지에게 보관하고 있던 담보물과 함께 전갈을 보냈다.

"그녀가 나보다 옳다. 내가 그녀를 내 아들 셀라에게 주지 않았다."

유다가 그 물건을 알아보고 다시는 그녀와 잠자리를 같이 하지 않았다. 마침내 다말이 해산할 때가 되었을 때 태중의 아기가 쌍둥이라는 것을 알았다. 그리하여 해산할 때 한 아이가 먼저 손 하나를 불쑥 내밀었다. 그래서 산파가 그 손을 붙잡아 손목에 붉은 실을 잡아매면서 말했다.

"이 아이기 먼저 나왔다."

그러나 그가 도로 손을 안으로 끌어 들이고 다른 아이가 나왔다. 그러자 산파가 "네가 어째서 비집고 나오느냐?" 하고 소리쳤다. 그래서 그 아이의 이름을 '비집고 나온다' 하여 베레스(Perez)라고 지었다. 그 다음 손목에 실을 맨 아이가 나오자 그 이름을 '붉다' 하여 세라(Zerah)라고 지었다(창 38:1-30).

◆ 다말 이야기

창세기 38장의 이 다말 이야기는 유교문화권에서 살아온 우리 한국사람의 입에 올리기도 부끄러운 이야기이다. 그런데 어떻게 이런 패륜의 내용이 성서에 오를 수 있을까? 윤리적 기준으로 낯 뜨거운 사건을 경전에 실을 수 있었을까? 바로 이점이 성서의 위대한 측면이다. 인간 내면의 실상을 숨김없이 사실대로 드러낸 것이 성서의 강점이다. 고대 유대인들은 생명 보전, 특히 대(자손)를 잇는 윤리를 우선했다. 그래서 훗날 인류의 메시아이신 예수님의 족보에도 5명밖에 실리지 않은 족보에 여인의 이름 중 다말이 등재되었다.

제10장 요셉이 이집트의 부왕이 되다

1. 보디발의 하인

바로왕의 경비대장 보디발은 자질구레한 집안일에 얽매일 틈이 없을 정도로 바쁜 사람이었다. 그래서 요셉을 비싼 값에 사들인 보디발은 요셉에게 많은 기대를 걸었다. 그러나 가나안의 유목민이었던 요셉은 갑자기 접한 이집트 환경에 적응하기 힘들었다. 한 번도 본 적이 없는 거대한 신전을 비롯한 웅대한 피라미드와 호화로운 옷 등 낯선 풍속이 모두 경이로울 뿐이었다. 그러나 총명한 요셉은 이집트 문화에 적응하기 위해 이집트 문자와 언어를 비롯해 생활풍속을 열심히 익혔다. 각고의 노력 끝에 이집트의 문물을 두루 익힌 요셉은 자신을 인정해 주는 주인을 위해 최선을 다했다. 절대로 다른 노예들과 다투거나 미워하거나 불평하거나 게으름을 피우지 않았다.

언제나 맡은 임무에 충실하고 모든 사람들에게 친절했다. 그러자 다른 노예들도 충성스러운 요셉을 헐뜯거나 거스르지 않았다. 마침내 요셉의 성실함을 인정한 보디발은 요셉에게 보다 막중한 임무를 맡겼다. 어느 날 집안 식구들이 모인 자리에 요셉을 불러 놓고 이렇게 말했다.

"오늘부터 요셉에게 새로운 임무를 부여한다. 나는 너를 우리 집안 전체의 감독으로 임명한다. 우리 집의 종을 비롯한 내 재산까지 모두 너에게 맡긴다. 지금부터 너는 나를 대신해 모든 권리를 행사하라."

요셉은 집안의 전권을 위임한다고 했을 때 너무 전격적이라 미처 자신의 입장을 정리할 겨를도 없었다. 보잘것없는 노예를 전적으로 신임하는 주인이 고마울 따름이었다. 자신의 운명이 하루아침에 이렇게 바뀔 줄은 꿈에도 몰랐다(창 39:1-5).

2. 이집트의 문화와 요셉의 신앙

보디발은 이집트의 세력가들 중의 한 사람이었다. 궁궐 같은 집에서 많은 하인들을 거느리고 광활한 토지를 소유한 부호에다 정치적으로 상당한 영향력을 미치는 귀족이었다. 이집트의 귀족이 이방 노예에게 집안의 모든 권한을 부여한 것은 보기 드문 일이었다.

본래 요셉은 순박한 시골뜨기 청년이었다. 조상 대대로 광야에서 양이나 치고 검소하게 살아 온 유목민의 자손으로 이집트의 거대한 문명사회에 대해서는 전혀 배운 지식이 없었다. 더욱이 많은 재산과 하인을 관리해본 경험이 없었다. 그러나 요셉은 맡은 임무를 수행하기 위해 이집트 언어를 비롯해 문자와 풍습 등 그곳의 문화를 처음부터 새로 익혔다.

그러나 단 한 가지 이집트의 문물을 아무리 갈고 닦아도 이집트인들과 동화할 수 없는 것이 한 가지 있었는데 그것은 하나님에 대한 신앙이었다. 당시 이집트 사람들은 태양을 숭배하는 이상한 신앙을 갖고 있었다. 국왕을 비롯한 이집트인들이 모두 태양을 섬겼지만 요셉은 하나님만을 섬겼다. 비록 이집트인의 명령에 순종해야 하는 노예였지만 자신의 내면세계의 신앙만은 그들을 따르지 않았다. 요셉은 이집트인들의 종교에 대해 상식으로 이해할 뿐 거기에 물들거나 개종하려고 하지 않았다. 이집트에 홀로 떨어진 외톨이였지만 신앙만은 아버지로부터 물려받은 하나님을 섬겼다(창 39:5-6).

3. 욕정의 유혹

요셉의 뛰어난 능력은 시간이 흐를수록 입증되었다. 요셉은 집안의 불합리한 점을 하나하나 개량하고 지방 각처에서 거둬들인 곡식을 꼼꼼히 관리했다. 다른 노예들이 본받아서 열심히 일하도록 매사에 솔선수범했다. 요셉이 집안의 감독이 된 후 보디발의 집안은 모든 것이 정돈되었고, 재산도 점점 불어났다. 그러나 요셉에게는 두려운 존재가 하나 있었는데, 바로 보디발의 아내였다. 주인마님은 요셉이 하는 일마다 이유를 달아 하루 종일 요셉 곁을 맴돌았다. 그녀는 요셉이 하는 일마다 일일이 지켜보았다. 그리고 요셉이 하는 일마다 지나치게 너그러울 뿐만 아니라 그가 하고자 하는 것은 무엇이든지 다 들어주었다. 시일이 지날수록 집안일보다도 자기와 단 둘이 있는 것을 더 좋아했다. 어쩌다 눈길이 마주치면 미소를 머금고 부드럽게 접근하는 등 과분하게 친절했다.

그럴 때마다 요셉은 '혹시 마님이 나를 좋아하는 것이 아닐까?' 하는 생각이 들며 겁이 났다. 만일 마님이 사련(邪戀)을 품는다면 그것은 용서받을 수 없는 큰 죄악이었다. 요셉은 마님이 가까이 접근하는 것이 못마땅했지만 그렇다고 마님의 생각이나 행동에 대해 불평하거나 간섭할 수도 없었다.

그러던 어느 날 마님이 작심한 듯 노골적으로 미수를 뻗혔다. 그날따라 내용이 분명치 않은 용건을 내세우고 요셉을 자기 안방으로 불러들였다. 요셉이 마님의 안방에 들어서는 순간 침실 분위기에 압도당했다. 겸연쩍은 표정으로 서성거릴 때 넌지시 다가온 마님은 음흉한 생각을 서슴없이 드러냈다.

"요즈음 너는 왜, 나를 피하느냐?"

"아닙니다, 제가 하던 일을 남겨 두고 다른 일을 할 수 없습니다."

요셉이 몸 둘 바를 모를 때 성큼 다가온 마님이 속삭였다.

"요셉! 나는 너하고 단 둘이 있으면 즐겁다. 너는 총명하고 일을 잘 하며 아주 매력적이다. 어쩐지 나는 너를 보기만 해도 즐겁다. 나는 네가 우리 집에서 일하게 된 것을 다행으로 생각한다. 하지만 네가 우리 집의 훌륭한 일꾼이어서가 아니라 사실은 네가 좋기 때문이다. 너도 나와 똑같은 감정을 느끼기 바란다. 그러면 우리는 서로 행복할 수 있다."

마님은 매혹적인 포즈로 잠자리에 들 것을 강요했다. 그러나 요셉은 마님의 손길이 몸에 닿는 순간 돌처럼 굳어졌다.

"마님, 이러시면 안 됩니다. 주인께서 집안의 모든 것을 저에게 전부 맡기셨습니다. 그러나 단 하나 제외된 것이 바로 마님입니다. 마님은 제 주인님의 아내이십니다. 마님이 원하시는 것은 무엇이나 다 들어드릴 수 있습니다. 하지만 마님의 저에 대한 감정은 받아들일 수 없습니다."

요셉은 몸을 휘감은 마님의 두 팔을 뿌리치고 뛰쳐나왔다(창 39:6-9).

4. 애증(愛憎)의 화신

요셉은 난생 처음 자신과의 싸움을 경험했다. 그러나 시험에서 벗어났다는 자신감보다 마님의 뜻을 거슬렀다는 생각으로 두려움에 휩싸였다. 마님의 자존심을 거슬린 것이 마음에 걸려 통 잠을 이루지 못했다. 혹시 마님이 자기를 모욕했다고 보복할지도 모르는 일이었다. 그렇다고 다른 도리가 있는 것도 아니었다. 비록 몸은 노예 신분이지만 마음은 하나님의 것이기 때문에 별다른 도리가 없었다. 만일 바깥주인(보디발)이 전후 사정을 바로 안다면 요셉의 품행을 가상히 여길 일이었지만 아무도 자신의 진실을 이해할 수 있는 분위기가 아니었다. 요셉의 품행이 아무리 결백해도 이집트의 고위 관리가 하잘것없는 노예의 말을 믿지 않을 것이 뻔했다. 요셉은 생각할수록 큰 위험에 휘말린 기분이었다. 요셉은 매일 일을 하면서도 불안했다.

그러던 어느 날 마님이 다시 요셉을 불러들였다. 절대로 가까이 해서는 안 된다고 생각했지만 요셉은 거절할 자유가 없었다. 마님의 방으로 걸어가던 요셉은 또 한 번 놀랐다. 어떤 이유인지 그날따라 집안이 텅 비었고, 일꾼들이 한 명도 눈에 뜨이지 않았다.

마님의 내실에 들어서자 서성거리던 마님이 성큼 다가왔다.

"요셉, 지난 번에 뒤도 돌아보지 않고 달아난 것은 큰 실례이다. 나에게 설명할 기회도 주지 않은 채 어쩜 그럴 수 있느냐?"

"마님, 정말 죄송합니다."

"지금 이 집안에는 너와 나 단 둘이다. 나는 우리가 만날 때마다 집안을 텅 비워 놓겠다."

마님의 끓는 감정이 봇물처럼 넘쳤다. 주눅이 든 요셉이 어물어물 할 때 마님의 손이 요셉의 품을 슬며시 파고들면서 거친 숨결이 귓전에 부딪쳤다.

"마님, 이러시면 안 됩니다. 저는 하나님을 거역할 수 없습니다. 제가 주인님을 배반하는 것은 저의 하나님을 배반하는 짓입니다"(창 39:10-12).

5. 적반하장

요셉이 사양했지만 마님은 예의상으로 생각했다. 풍만한 마님의 가슴이 요셉의 얼굴에 맞닥뜨리는 순간 요셉이 반사적으로 뿌리쳤다. 그 때 요셉의 윗저고리가 벗겨져 있었다. 마님의 억센 손에 잡힌 요셉은 애원했다.

"마님, 용서하십시오, 저 자신을 속일 수는 없습니다."

마님의 품에서 벗어난 요셉은 그 길로 허겁지겁 뛰쳐나왔다. 요셉이 황급히 뛰쳐나가는 뒷모습을 바라보던 마님의 표정이 싸늘하게 변하면서 갑자기 치를 떨었다.

'감히 저 히브리 놈이 나를 모욕하다니, 저 바보 같은 히브리 놈이 나를 형편없는 바보로 만들다니, 괘씸한 놈, 옳지 잘 됐다. 이 외투를 물증으로 놈을 혼을 내야지.'

가쁜 숨을 가다듬은 마님은 적막에 잠긴 방이 떠나가도록 비명을 질렀다.

"사람 살려!"

비명소리에 놀란 시종들이 다가오자 마님은 엉엉 울면서 소리쳤다.

"이 옷 좀 보아라, 우리 주인이 나를 웃음거리를 만들려고 저 히브리 녀석을 집에 데려다 놓았구나."

하고 요셉의 저고리를 치켜들고 소리쳤다.

"야, 내 남편을 빨리 불러와라. 어서 빨리, 아, 글쎄 저 형편없는 히브리 놈이 내 방에 몰래 들어와 나를 겁탈하려고 달려드는 것을 내가 고함을 쳤더니 뛰쳐나갔다. 자 봐라, 이것이 그놈이 떨어뜨리고 간 외투다."

마님의 욕정은 증오로 돌변했다. 고래고래 소리치는 마님의 눈에 서릿발이 어렸다(창 39:12-15).

6. 요셉이 왕실 감옥에 갇히다

집안에서 일어난 소식을 전해들은 보디발이 황급히 달려왔다. 분위기가 뒤숭숭한 가운데 마님이 교활하게 일러바쳤다.

"아 글쎄, 당신이 데려다 놓은 그 히브리 놈이 나를 겁탈하려고 달려들기에 내가 고함을 질렀더니 이 옷을 버린 채 뛰쳐나갔어요."

아내의 말이 채 끝나기도 전에 보디발은 부르르 떨었다. 요셉이 끌려오자 보디발은 냉엄했다.

"네 놈이 어떻게 이럴 수 있느냐. 네 놈을 믿었는데 고작 이것이 나에 대한 보답이냐?"

머리를 조아린 요셉이 어렵사리 입을 열었다.

"주인님, 그것이 아닙니다. 저는 억울합니다. 주인님이 들으신 내용은 사실이 아닙니다."

요셉은 진실을 말했지만 보디발의 귀에 바로 들리지 않았다. 보디발이 요셉의 변명을 듣지 않는 것은 당연했다. 몹시 흥분한 보디발이 말했다.

"내가 너를 믿은 것이 큰 실수였다. 나를 더 이상 우롱하지 말라. 너는 당장 감옥에 갇혀야 마땅하다. 이제 내 가족에게 접근하지 못한다. 경비병! 이놈을 당장 끌어다 옥에 가둬라."

요셉은 감옥으로 끌려가면서 모든 것을 체념했다. 이집트에서 자신의 결백을 이해할 사람은 아무도 없었다. 요셉은 그 길로 이집트 왕궁의 죄수들이 갇혀 있는 감옥에 중죄인으로 갇혔다. 낯선 감옥에 갇혀 앞날을 전혀 기약할 수 없는 신세가 되었다. 하지만 요셉은 하나님을 의지하며 용기를 잃지 않았다. 자신의 결백을 아시는 하나님께서 때가 되면 구해 주실 것이라고 믿었다(창 39:16-21).

7. 감옥에서도 성실한 요셉

원래 마음이 착하고 의로운 요셉은 감옥에서도 성실함을 인정 받았다. 요셉은 감옥에 갇힌 후에도 다른 죄수들을 위해 열심히 봉사했다. 간수장은 매우 성실한 요셉으로 하여금 다른 죄수들을 관리하는 책임자로 임명했다. 요셉은 감옥에서도 맡은 책임을 다하기 위해 열심히 봉사했다.

날이 갈수록 감옥의 죄수들 중에는 요셉을 좋아하는 사람들이 불어났다. 그런데 죄수들 중에 두 사람은 이집트 궁궐에서 중요한 일을 맡아 하던 바로왕의 신하들이었다. 한 사람은 바로의 시종으로 국왕의 술상을 맡아보던 전작관(典酌官)이었고, 다른 한 사람은 왕실에서 빵을 굽고 연회를 맡아보던 전선관(典膳官)으로 바로왕의 신임이 두터운 요리사였다. 그런데 어쩌다 옥에 갇혔는지 그들은 깊은 수심에 잠겨 있었다. 요셉이 그들의 어두운 표정을 읽고 말을 걸었다.

"무슨 일입니까? 오늘 따라 두 분의 기분이 더 편치 않아 보입니다."
"이상한 꿈을 꾸었는데 아무리 생각해도 무슨 징조인지 알 길이 없네."
"어떤 꿈인지 저에게 들려주십시오. 하나님께서 저에게 해몽의 능력을 베푸실 겁니다."

요셉이 자신 있게 말하자 시종장이 자세히 털어놓았다.

"꿈에 포도나무를 보았네. 포도나무에 새싹이 돋더니 꽃이 피고 포도송이가 무르익었네. 그리고 내 손에는 바로왕의 잔이 들려 있었는데 세 개의 포도송이가 휘어져 있었네. 나는 그 포도를 따서 바로왕의 포도주 잔에 짜 넣은 다음 그 잔을 국왕께 드렸네. 대체로 이런 꿈을 꾸었는데 도대체 그 꿈의 의미를 모르겠네."

이야기를 진지하게 듣고 난 요셉이 말했다.

"그 꿈은 바로 이런 것입니다. 그 세 가지는 3일입니다. 앞으로 3일 후에 바로왕께서 당신을 이 옥에서 풀어 줄 겁니다. 그러면 당신은 평소 하던 대로 다시 국왕에게 포도주 잔을 올리게 될 것입니다. 그러니 이 감옥에서 풀려나거든 내가 당신의 꿈을 해몽해 준 사실을 기억해 주십시오. 그리고 저의 억울한 입장을 바로왕에게 탄원해 주십시오. 그러면 저도 이 감옥에서 나갈 수 있을 겁니다. 나는 지금까지 억울한 삶을 살았습니다. 비록 나이는 어리지만 그 동안 많은 고통을 겪었습니다. 처음에는 내 형제들에 의해 노예로 팔렸고, 그 다음에는 내가 하지도 않은 일을 했다고 누명을 쓰고 이 감옥에 갇혔습니다."

요셉은 자신의 억울한 인생 역정을 진솔하게 털어놓았다(창 39:22-33; 40:1-15).

8. 요셉이 바로의 부름을 받다

요셉의 해몽을 듣고 난 요리사도 자기의 꿈을 해몽해 달라고 끼어들었다.

"나는 내 머리 위에 세 개의 하얀 바구니를 얹는 꿈을 꾸었네. 맨 꼭대기의 바구니는 바로왕을 위한 음식물로 가득 차 있었네. 그런데 새들이 날아와 그 음식물을 모두 먹어 버렸네. 도대체 내 꿈은 무엇을 의미하는지 말해보게."

요셉은 입장이 난처한 듯 아무 말도 하지 않았다. 요리사가 다그치자 마지못해 대답했다.

"말씀드리기 미안합니다만 그 세 개의 바구니는 3일입니다. 앞으로 3일 후에 바로왕이 당신의 목을 잘라 땅에 떨어뜨릴 것입니다. 그리고 당신의 시신을 나뭇가지에 매달아 새들이 뜯어먹게 할 것입니다."

요셉이 난처한 표정으로 꿈을 해몽해 주었다. 그런데 요셉의 해몽이 있은 지 사흘째 되던 날 역시 바로왕은 시종장과 빵 굽는 두 사람을 불러들여 시종장은 죄를 용서해 줌과 동시에 복직시키고, 빵 굽는 요리사는 처형시켰다. 역시 요셉의 해몽은 적중했다. 그러나 시종장은 출옥 후 2년이 지나도 옥에 갇힌 요셉에 대해서 전혀 관심이 없었다. 요셉은 속절없이 억울한 감옥살이를 계속해야만 했다.

그런데 이번에는 바로왕 자신이 이상한 꿈에 휘말려 단잠을 이루지 못했다. 해몽가(解夢家)를 백방으로 수소문했지만 제대로 해몽하는 사람이 없었다. 그때 마침 시종장 머리에 옥에 갇힌 요셉의 생각이 떠올랐다. 시종장이 바로왕에게 찾아가 요셉을 소개했다.

"폐하께 드릴 말씀이 있습니다. 사실은 제가 아주 용한 해몽가 한 사람을 알고 있습니다."

"뭐라고, 아주 용한 해몽가를 안다고! 대체 그가 누구냐?"

"폐하, 2년 전의 일입니다. 제가 감옥에 있을 때 만난 청년입니다."

시종장의 말을 듣고 난 바로왕이 요셉을 불러들였다(창 40:16-23; 41:1-15).

9. 바로 왕의 난해한 꿈

요셉이 왕실 감옥에 갇혀있던 어느 날 느닷없이 간수장이 불러냈다.

"요셉, 어서 목욕하고 옷을 갈아입어라."

"무슨 일입니까?"

"빨리 시키는 대로 해라. 곧 알게 될 거다."

요셉이 목욕하고 수염을 깎고, 새 옷을 갈아입은 다음 간수를 따라 감옥 밖으로 나왔다. 오랜만에 감옥 밖의 세상을 보았다. 그런데 간수장의 발길이 바로의 궁궐로 향하는 것이었다. 무엇 때문에 궁궐로 가는 것일까? 영문도 모르고 따라나선 요셉은 초조했다. 궁궐에 들어가서야 자신을 불러낸 이유를 알았다.

궁전에 들어간 요셉이 용상에 앉은 바로왕을 올려다보는 순간 깜짝 놀랐다. 만조백관을 거느린 국왕의 표정이 심각한 고민에 빠진 것을 첫눈에 알 수 있었다.

요셉을 유심히 내려다본 바로왕이 입을 열었다.

"내 시종장으로부터 너에 대한 말을 잘 들었다. 어서 내 꿈에 관해서 해몽해 봐라. 나는 이상한 꿈을 꾸었는데 그 꿈이 나를 심히 어지럽힌다. 그 동안 우리나라의 유명한 주술사들이 백방으로 애썼지만 아무도 풀지 못했다. 너는 그들보다 더

용하다니 어서 풀어 보아라."16)

"바로 왕이시여! 저는 아무것도 할 수 없습니다. 다만 폐하의 마음에 평화를 주시는 저의 주님만이 가능하십니다. 그러니 폐하께서 어떤 꿈을 꾸셨는지? 저에게 말씀해 주십시오."

바로왕은 꿈의 내용을 설명하라는 요셉이 아니꼬웠다. 그러나 여의치 않으면 벌을 내릴 셈치고 소상하게 털어놓았다.

"잘 들어라. 이런 꿈이다. 내가 나일강가에서 보니 아름답고 살찐 암소 일곱 마리가 강가에서 올라와 풀을 뜯고 있더라. 그런데 또 다른 한쪽에서 파리하게 마르고 못생긴 일곱 마리의 소가 올라와서 그 살찐 일곱 마리의 소를 다 잡아 먹었다. 그리고 여전히 걸음도 제대로 걷지도 못하는 파리한 소를 보고 있을 때 잠에서 깨어났다. 참으로 이상한 꿈도 다 있구나 하고, 생각하던 중에 다시 잠이 들었다. 그런데 이번에도 그와 비슷한 꿈을 또 꾸었다. 이번엔 어떤 나무줄기에 일곱 개의 이삭이 돋아 탐스럽게 여물었다. 그러나 뒤이어 또 다른 줄기 하나에 이삭이 나왔는데 그것도 역시 먼저 것과 똑같이 일곱 개의 이삭이 달렸으나 탐스럽지 못한 채 시들더니 별안간 탐스러운 이삭을 먹어 버리더라"(창 41:16-24).

10. 요셉이 이집트 국정을 설명하다

바로왕의 말을 진지하게 듣고 난 요셉이 정색을 하고 말했다.

"바로왕이시여! 폐하께서는 참으로 국왕다우신 꿈을 꾸셨습니다. 그 꿈은 하나님께서 폐하가 다스리는 이집트의 앞날을 미리 알려 주신 통치정책을 말합니다. 그 일곱 마리의 살찐 소와 일곱 개의 싱싱한 옥수수 이삭은 칠 년을 의미합니다. 그리고 그 칠 년은 살기 좋은 풍년을 의미합니다. 풍년이 든 해에는 수확이 풍성

---

16) 요셉의 해몽 이야기는 고대 이집트 일반 문헌에는 기록되어 있으나 국가 연감에는 실리지 않았다.

해서 백성들에게 식량을 넉넉히 제공할 수 있습니다. 그러나 그 다음 일곱 마리는 파리하게 메마른 소와 일곱 개의 메마른 이삭 역시 칠 년을 의미합니다. 그러나 그 칠 년은 앞의 칠 년과 달리 흉년을 의미합니다. 그 칠 년 간은 식량이 떨어져 굶주리게 될 것을 말합니다. 그러므로 앞으로 칠 년은 풍년을 맞이하지만 그 다음 칠 년은 흉년이 들어 굶주리게 될 것입니다. 이것이 폐하께서 꾸신 꿈의 내용입니다."

바로왕은 요셉의 막힘없는 해몽에 귀가 번쩍 열렸다. 참으로 신기한 해몽이었다. 듣던 대로 요셉은 영특한 해몽가임을 즉시 알 수 있었다.17)

"요셉아, 네가 믿는 하나님께서 너에게 해몽의 비법을 가르쳐 주셨구나. 나는 아직 너처럼 지혜 있는 사람은 처음 본다. 하지만 무엇 때문에 내가 이 꿈을 두 번씩이나 꿨는지 그 점도 알겠느냐?"

바로왕의 심중을 깊이 헤아린 요셉이 진지하게 덧붙였다.

"그것은 하나님께서 폐하에게 특별히 관심을 갖고 미리 준비하실 것을 미리 경고하시기 위한 것입니다. 이 땅에 기근이 휩쓴다는 것을 미리 알려 드림으로써 폐하로 하여금 이집트의 백성을 구할 수 있도록 계획을 세우시라는 뜻입니다."

요셉의 설명에 바로왕은 또 한 번 감격했다. 단순히 해몽만 하는 것이 아니라 이집트의 정치적 상황까지도 정확하게 알아맞힌 다음 사전에 대처하라는 지혜에 더욱 놀랐다. 비록 이방 청년이지만 지혜가 뛰어난 인물이라는 점을 확인한 바로왕이 다시 말했다.

"그렇다면 어떤 계획을 세워야 앞으로 다가올 칠 년의 가뭄을 이겨낼 수 있는지, 그 방법도 한번 말해 보거라. 이집트 백성이 굶주림을 면할 수 있는 대책을 세워 보란 말이다."

바로왕은 정색을 하고 정치적 자문을 구했다. 요셉이 만조백관을 둘러 본 다음

---

17) 당시 이집트에서는 해몽가의 신분을 매우 높이 인정했다.

침착하게 말했다.

> ◈ **이집트의 풍년과 흉년**
>
> 그리스의 역사학자 헤로도투스(Herodotus, BC 484- 436년)는 이집트를 가리켜 나일강의 선물이라고 했다. 요셉이 지휘한 구제사업의 준비도 나일강이 이 나라에 해마다 끼쳐온 중대한 영향과 관련이 있다. 나일강의 길이는 6,390km이다.(우리나라에서 제일 긴 낙동강의 전장이 525km이다.) 나일강에는 해마다 에티오피아 지방에서부터 기름진 검은 진흙을 밀고 내려오는 홍수가 이집트 상부에서는 이미 9월에 영향을 미치고 하부에서는 10월에 이르러 범람한다. 창세기 41장 25절 이하에 기록되어 있는 대로 풍작(豊作)을 이루어준다. 그러나 홍수가 나지 않는 해나 혹은 홍수가 나더라도 평년작에 이르지 못한 해에 대비해서 식량을 모아 저장하기 위해 엄격한 국가적 기구가 필요하였던 것이다.

"폐하께서는 능히 대비하실 수 있습니다. 우선 폐하께서 신뢰할 수 있는 인물을 한 분 고르십시오. 그래서 그 분으로 하여금 앞으로 다가올 칠 년간의 풍년과 흉년을 적절히 대비하도록 전권을 맡기십시오. 그리고 이집트의 행정구역을 다섯으로 나누고 각 구역마다 책임자를 두어 풍년이 드는 해마다 추수한 곡물의 5분의 1을 따로 모으십시오. 그래서 매년 끌어 모은 식량을 적당한 장소에 저장했다가 흉년이 들어 기근이 닥쳤을 때 미리 저장해둔 식량으로 백성을 구하십시오. 폐하께서 그렇게 계획을 실시하신다면 아무리 큰 흉년에도 기근을 너끈히 면할 수 있습니다."

요셉의 설명을 듣고 난 국왕은 깊은 생각에 잠겼다(창 41:25-36).

11. 요셉을 이집트의 부왕(총리)으로 임명하다

한편 바로의 표정이 심각해지면서 왕실 분위기가 바뀌었다. 무엇인가 골똘히 생각에 잠긴 바로왕이 요셉을 뚫어지게 내려다보았다. 비록 감옥에서 풀려난 이방 청년이지만 비상한 인물임에 틀림없었다. 자신의 꿈을 정확하게 해몽한 것도 가상한 일이지만 장차 닥쳐올 재난을 미리 대비할 수 있는 인물이 바로 요셉이라고 단

정했다. 순간 자리에서 벌떡 일어난 바로왕이 신하들을 향해 무겁게 입을 열었다.

"나는 우리 이집트에서 이 요셉만큼 지혜 있는 사람을 본 적이 없다. 요셉에게 하나님의 영이 깃들어 있음이 확실하다. 하나님의 영이 충만한 이런 사람을 어디서 또 만날 수 있겠느냐?"

바로왕이 요셉을 극찬한 다음 만조백관을 대령시킨 가운데 획기적인 결정을 선언했다.

"잘 들어라. 요셉아! 너는 누구도 풀지 못하는 내 꿈을 해몽했으니 이집트에서 가장 지혜가 뛰어난 사람이다. 너의 하나님이 너를 신뢰하는 것처럼 나 역시 너를 신뢰한다. 너는 지금부터 내 집은 물론 이 나라를 다스려 주기 바란다. 이집트에서 나를 제외하고 너보다 더 위대한 자는 없다. 이제 내 백성이 다 너의 명령에 복종할 것이다. 너보다 높은 사람은 국왕인 본인뿐이다. 지금부터 나는 너를 이집트의 부왕(총리)으로 임명한다."

감히 누구도 예상하지 못한 뜻밖의 일이었다. 바로왕은 요셉을 부왕으로 임명하면서 국정을 수행하는 데 도움을 주기 위해 이집트어로 사브낫-바네아(Zaphenath)라는 이름까지 명명했다. 그리고 자기 손에서 자신의 인장이 새겨진 반지를 빼내어 요셉의 손에 끼워 주고 좋은 모시옷으로 갈아입혔다. 그 다음 용상에 불러 올려 목에 금목걸이를 걸어 주는 등 일련의 행사를 치렀다. 만조백관이 조아린 가운데 이 같은 의식이 끝나자 일시에 축하의 박수가 터졌다. 이때 요셉의 나이 30살이었다(창 41:37-45).

12. 요셉이 가정을 꾸리다

졸지에 이집트의 부왕이 되어 높은 자리에 앉으니 요셉의 모습은 한결 더 의젓하게 돋보였다. 요셉은 바로왕과 궁중 제2호 전차(Chariot)에 나란히 올라타고 "물러가라"고 외치면서 이집트의 거리를 질주했다. 국왕의 행렬을 지켜본 사람들이

"국왕 폐하 만세" 하고 국왕과 부왕에게 경외심(敬畏心)을 표했다.

가나안의 유목민의 아들로 17살에 노예로 팔려와 30세에 이집트에서 둘째로 높은 부왕이 된 요셉은 국정을 다스리기 시작했다. 요셉이 총리에 오른 후 바로의 주선으로 보디베라(Potiphera)라는 유명한 제사장의 딸 아스낫(Asenath)과 결혼했다. 얼마 후 첫 아들을 낳았는데 요셉은 '하나님께서 나의 온갖 고통과 아버지의 집 생각을 잊어버리게 하셨다.'는 의미로 이름을 '므낫세(Manasseh)'라고 지었다. 그 후 둘째 아들을 낳자 이번에는 '내가 고생하는 땅에서 하나님이 자손을 번성케 해주셨다.' 하고 이름을 '에브라임(Ephraim)'이라고 지었다(창 41:46-52).

제11장 요셉과 형제들의 해후(邂逅)

1. 요셉 총리가 기근을 대비하다

나일강 유역의 각종 농작물이 바람결에 넘실넘실 춤을 추었다. 요셉은 총리에 오른 후 전국을 순회하면서 농지를 효과적으로 응용하는 영농방법과 수확물을 보존하는 방법을 열심히 지도했다. 여름이 가고 가을걷이가 시작되었을 때 농민들에게 수확한 곡물 중에 5분의 1을 따로 모으도록 특명을 내렸다. 그러나 농부들은 요셉의 지시를 쉽게 받아들이지 않았다. 왜냐하면, 이집트의 농부들은 그들 나름의 오랜 경륜이 있었기 때문에 장차 가뭄이 닥치고 토양이 변할 것이라는 부왕의 말을 쉽게 받아들이지 않았다. 그러나 바로왕은 불만에 찬 농민들이 찾아와 소청할 때마다 "부왕이 시키는 대로 하라"고 말했다. 요셉에게 힘을 실어줌으로써 부왕의 시책을 적극 뒷받침한 것이었다. 그리하여 반대하던 농민들도 부왕의 지시에 따라 추수한 양곡의 일부를 저장하기 시작했다.
 이집트 역사상 이방의 노예를 부왕으로 맞이한 전례도 없으려니와 7년씩이나 농작물을 저장한 예도 없었다. 그러나 요셉은 비록 이방인이었지만 자신의 정책을 소신껏 집행했다. 특히 하나님이 계시한 흉년에 대비한 비축정책을 꾸준히 강행했다. 농번기에는 나일강물을 이용해 수확량을 증진시키는 한편 거두어들인 양곡을 각 지방의 기후에 맞춰 분산시켜 적절히 저장했다. 무려 7년 동안 한 해도 거르지 않고 그런 식으로 정책을 계속 실시했다. 그리하여 7년간 해마다 거르지 않고 비축한 양곡은 바다의 모래처럼 불어나 계산하기도 힘들 정도였다. 비축식량이 얼마나 되는지 그것은 오직 부왕만이 알고 있었다(창 41:53-57).

2. 한발(旱魃)과 요셉의 예언

 어느덧 첫 7년이 지나면서 이집트 전역에 기후가 변하기 시작했다. 일 년 내내 비 한 방울 내리지 않는 것이었다. 구름 한 점 없이 맑은 하늘에서 뜨거운 햇살이 온 들녘을 달궜다. 하늘 아래 모든 식물이 바싹바싹 타 들어가는 가뭄이 계속되었다. 한 번도 마른 적이 없는 시냇물이 마르고 깊은 연못도 바닥이 드러났다. 이집트 외에 인근 나라들도 기근에 시달렸다. 이집트 역사상 유례가 없는 가뭄이었다. 하지만 식량을 비축한 바로왕은 걱정하지 않았다. 부왕의 예방 정책으로 기근을 모면하게 된 바로왕은 또 한 번 요셉에게 감사했다. 식량이 떨어진 백성들이 바로왕에게 식량을 달라고 요구할 때마다 부왕에게 떠넘겼다(창 41:1-).

3. 요셉 형제들의 해후(邂逅)

 백성들의 식량 사정을 면밀히 살핀 요셉은 창고의 문을 열고 7년간 저장해둔 식량을 방출하기 시작했다. 이집트에서 비축한 식량을 방출한다는 소문이 이웃 나라에까지 알려졌다. 외국에서 양식을 구하려는 사람들이 이집트로 몰려왔다. 하루는 창고 앞에 식량을 구하려고 길게 줄을 서서 차례를 기다리는 사람들 중에 피곤한 기색의 특이한 이방인들이 섞여있었다. 마침 요셉이 그곳을 시찰하던 중에 남루한 차림의 이방인들이 눈에 들어왔다.

"원, 이럴 수가 있나!"

이방인들에게 눈이 꽂힌 요셉은 기가 막혀 가슴이 메었다. 눈앞에 나타난 남루한 차림의 이방인들은 뜻밖에 가나안의 이복형제들이었다. 그가 17살 되던 해에 불행하게 헤어진 형제들을 중년이 되어 한 눈에 알아보는 순간 만감이 서렸다.

"세월이 많이 흘렀는데 여기서 형들을 만나다니…"

요셉은 파도치는 가슴을 가다듬고 줄을 서서 기다리는 열 명의 이방인들을 자세히 눈여겨 보았다. 남루한 옷차림의 이방인들은 확실히 자신을 이스마엘 대상에게 노예로 팔아넘긴 이복형제들이었다. 그러나 아주 어릴 때 헤어진 막내 동생 베냐민의 모습이 보이지 않았다.

'베냐민은 함께 오지 않았군. 그는 살아 있을까. 만일 살아있다면 그도 어른이 되었을 텐데…, 무엇 때문에 베냐민은 오지 않았을까?'

요셉은 만감이 교차했다. 그러나 이집트를 다스릴 만큼 큰 인물이 된 요셉은 신중했다. 어쩌다 형제들 간의 입장이 이렇게 되었는지, 기구한 집안의 운명을 형제들 스스로 깨닫기를 바랐다(창 42:1-4).

4. 이집트어로 심문하다

요셉은 자기의 신분을 밝히지 않은 채 형들을 모두 관저로 불러들였다. 요셉은 자기 앞에 꿇어 엎드려 읍소하는 형들에게 큰 소리로 다그쳤다.

"너희는 어디서 왔느냐?"

그러나 형들이 알아듣지 못하도록 통역을 내세워 이집트어로 심문했다. 형제들 중에 맏형 르우벤이 대답했다.

"각하! 저희들은 가나안에서 먹을거리를 사 가려고 왔습니다."
"아니, 여기서 가나안이 어딘데 식량을 구하러 여기까지 왔단 말이냐? 나는 당신들의 말을 믿을 수 없다. 우리를 염탐하러 온 첩자(Spy)들이 아니냐?"
"아닙니다. 각하, 저희들은 절대로 첩자가 아닙니다. 저희들은 다만 식량을 구하러 온 가나안의 목자들입니다. 저희들은 모두 한 아버지의 형제들입니다. 본래 저희들은 12명의 형제들이었는데, 막내동생은 지금 아버님과 함께 집에 있고, 다른 형제 한 명은 오래 전에 없어졌습니다."
르우벤이 읍소하는 가운데 요셉은 하나의 의문이 풀렸다. 요셉은 혼자 말로 중얼거렸다.
'음, 아버님이 아직도 살아 계시고 베냐민도 살아 있다니, 다행이다. 베냐민도 이제는 어른이 되었을 텐데…'
요셉은 그 동안 잊고 살던 고향 소식을 듣고 아버지와 베냐민 생각이 절실히 났다. 당장 베냐민을 데려오고 싶은 감정이 북받쳤다. 요셉은 형들을 심문하는 동안 어떻게 하면 베냐민을 데려올 수 있을까? 묘안을 생각해 보았다.
"내가 보기에 너희는 간첩이다. 바로왕의 이름으로 맹세하지만 너희 막내 동생을 여기에 데려오지 않으면 너희는 절대로 이곳을 떠나지 못할 것이다. 너희 중 한 명이 가서 그를 데려오너라. 그래서 너희들의 말이 입증될 때까지 나머지는 모두 감옥에 가두겠다. 너희가 만일 고향에 가서 그를 데려오지 않으면 너희는 간첩으로 처벌하겠다."
요셉은 그들에게 으름장을 놓고 3일 동안 감옥에 수감한 다음 가나안으로 돌아가 막내동생을 데려올 한 명을 선출하라고 다그쳤다(창 42:5-18).

5. 굶주리는 가나안의 식구들

요셉은 오랜만에 우연히 만난 형들을 감옥에 가둔 자신의 기구한 운명이 서글퍼졌다. 더욱이 고향에서 굶주리는 아버지의 모습이 어른거렸다. 만일 형제들이 얼른 돌아가지 않으면 연로하신 아버지의 마음이 얼마나 아프실까?' 어릴 때 자신을 끔찍이 사랑해 주신 아버지와 한 배에서 태어난 동생 베냐민이 굶주림으로 시달릴 것이 마음에 걸렸다. 요셉은 사흘 동안 고심 끝에 형제들에 대한 결정을 번복했다.

"경비병, 어서 가나안 사람들을 다시 데려 오너라."

사흘 만에 10명의 형제들이 옥에서 나왔다. 부왕은 자신 앞에 머리를 조아리는 형제들에게 말했다.

"나는 마음을 바꾸었다. 내가 신을 두려워하는 사람으로서 너희들의 목숨만은 살려주겠다. 그 대신 내가 시키는 대로 해야 한다. 너희들 중에 한 사람만 감옥에 남아 있고, 그 외에 9명은 모두 식량을 챙겨 고향으로 돌아가라. 그리고 너희들의 막냇동생을 다시 데려오면 그때 가서 너희들이 간첩이 아니라는 사실을 인정하고, 여기 인질로 잡혀 있는 한 명도 풀어 주겠다."

부왕이 결정을 바꾸었다는 말에 형제들은 안도했다. 그러나 한 명이 계속 남아 있어야 한다는 결정에 유다가 혼자 말로 탄식했다.

'왜, 일이 이렇게 꼬이는 거야?'

유다가 개운치 않은 표정을 짓자 다른 형제들이 차례로 자신들의 신세를 한탄했다.

"하나님께서 우리를 벌하시려는 게 틀림없어…"

"그때 우리가 저지른 죄에 대한 벌이야. 살려 달라고 울부짖을 때 그렇게 하지 말았어야 했어. 솔직히 우리는 너무 가혹했어. 하나님은 절대로 우리를 용서하시지 않을 거야."

형제들이 지난날의 행위를 들추어내자 곁에서 조용히 듣고 있던 맏형 르우벤이 버럭 화를 내며 쏘아 붙였다(창 42:18-22).

"그때 내가 충분히 말했지. 하나님께서 벌하실 거라고. 지금 우리는 그 죄에 대한 대가를 치르는 거야."

6. 시몬을 남겨 두고 돌아가다

가나안의 형제들은 이집트의 부왕 앞에서 히브리말로 마음 놓고 후회하며 서로 원망하는 말을 털어놓았다. 그들은 요셉 총리가 자신들의 말을 알아듣지 못하는 줄 알고 있었다. 그러나 부왕은 오랫동안 가나안을 떠나 있었지만 형들이 주고받는 히브리말을 전부 엿들었다. 차마 목이 메어 더 듣고 있을 수 없었다. 요셉은 복받쳐 오르는 울음을 참고 밖으로 뛰쳐나왔다.

한편 가나안 형제들은 서로 의논한 끝에 시므온이 감옥에 남기로 하고 나머지 9명은 식량을 구해가지고 돌아가기로 했다. 부왕은 형제들이 보는 앞에서 시므온을 체포한 다음 나머지 형들에게는 곡물을 충분히 가져가도록 허락했다. 그런 다음 창고지기에게 곡물을 담아 보낼 때 곡물 값으로 받은 돈을 다시 식량 가방 속에 담아 보내도록 지시했다. 그리고 가나안까지 가는 도중에 먹을 음식도 충분히 주었다.

그리하여 형제들은 식량을 당나귀에 싣고 가나안으로 떠났다. 형제들은 이집트에 머무르는 동안 있었던 시련을 통해 지난날 자신들이 저지른 행위를 깊이 반성했다.

이집트를 떠나 얼마쯤 갔을 때 날이 저물어 하룻밤 묵어가기 위해 당나귀에 먹이를 주려고 짐을 풀었다. 그런데 이게 웬일인가? 곡물 값으로 지불한 돈뭉치가 짐 보따리 속에 그대로 들어 있는 것이 아닌가!

"와, 이것을 좀 봐, 이게 어떻게 된 거지?"

"이집트인들이 돈을 되돌려주다니 혹시 이 돈을 훔쳤다고 뒤집어 씌우려는 것은 아닐까?"

"아마 하나님께서 우리들에게 화를 주시려는 것인지 일이 꼬이는 것 같아."

형제들은 시련을 자신들이 저지른 업보라고 생각하고 일이 꼬일 때마다 전전긍긍했다(창 42:24-28).

7. 요셉을 잃은 야곱의 상처

한편 야곱은 굶주리다 못해 아들 10명에게 식량을 구해오라고 이집트로 떠나보내고 매일 아들 형제들이 무사히 돌아오기만을 기다렸다. 그런데 형제들 중에 시므온이 보이지 않는 이유를 따져 물었다.

"시므온이 왜, 안 보이느냐?"

아버지가 다그쳐 물었지만 아무도 냉큼 나서지 않았다. 저마다 짐 보따리를 푸는 동안 유다가 설명했다.

"이집트 제국을 다스리는 부왕이 우리를 간첩으로 알고 엄중히 취급했습니다. 우리는 간첩이 아닐 뿐더러 모두 12 명의 형제들인데 막내는 지금 아버지와 함께 집에 있고, 다른 형제 한 명은 이미 오래 전에 죽었다고 했습니다. 그랬더니 부왕이 우리가 한 말의 진실을 입증하기 위해 한 사람만 그곳에 남아 있고, 다른 형제들은 곡식을 가지고 돌아가서 막내동생을 데리고 다시 오라고 했습니다. 그러면 우리가 한 말을 인정하고 시므온을 돌려보내겠다고 했습니다."

유다가 자초지종을 말씀드렸으나 아버지는 그의 말을 믿지 않았다. 더욱이 짐 속에서 식량 값으로 지불한 돈이 자루에서 발견된 사실을 여러 가지로 추측한 아버지는 일련의 사태를 불길한 징조로 예단했다.

"애들아! 일이 크게 잘못되었다. 이것은 분명히 하나님께서 우리 집안을 시험하시려는 것이다. 나는 베냐민을 절대로 보내지 않겠다. 이미 요셉을 잃었는데 이번엔 시므온까지 잃었다. 그런데 만일 일이 잘못되면 베냐민마저 잃는다. 그렇게 되면 나는 죽고 말겠다."

아버지가 크게 낙담하자 르우벤이 나섰다.

"만일 베냐민을 데려오지 못할 경우에는 저의 두 아들을 죽여도 좋습니다. 베냐민을 저에게 맡기시면 제가 책임지고 데려오겠습니다."

르우벤이 자기 아들을 인질로 삼으라고 했지만 아버지는 여전히 고개를 가로저었다. 시름에 젖은 아버지 앞에 감히 베냐민을 데려가야 한다고 더 이상 나서지 못했다. 그들은 이집트에서 가져간 식량이 다 떨어질 때까지 한 마디도 꺼집어내지 못했다(창 42:29-38).

8. 야곱의 고집을 꺾은 굶주림

야곱의 가족은 상당히 많았다. 11명의 아들과 며느리와 손자 손녀 등 모두 60여 명이었다. 그 밖에 남종과 여종까지 합치면 그의 가족은 대 식솔이었다. 이집트에서 가져온 식량으로 얼마 동안 기근을 면할 수 있었지만 곧 바닥이 났다. 게다가 가뭄이 더욱 심해지면서 속절없이 굶어 죽을 지경에 이르렀을 때 유다가 나섰다.

"아버지, 우리는 이제 더 이상 앉아서 굶어 죽을 수는 없습니다. 어렵지만 다시 한 번 더 이집트에 다녀와야 합니다. 그 사람들은 베냐민을 꼭 데려오라고 했습니다. 베냐민을 데려가지 않으면 절대로 우리에게 식량을 팔지 않을 것입니다. 아버님도 그들을 잘 아시지 않습니까?"

아버지는 마지못해 동의할 뜻을 비쳤다.

"어찌하여 너희들은 나를 이토록 괴롭히느냐? 무엇 때문에 또 다른 동생이 있다고 했느냐?"

아버지가 심하게 나무라자 유다가 현실을 직시해야 한다고 강조했다.

"우리는 그들에게 정직하게 대답했습니다. 베냐민이 있다고 한 것은 우연이었습니다. 이집트의 부왕이 베냐민을 보고 싶다고 말을 할 줄은 몰랐습니다. 그러나 염려 마시고 베냐민을 보내 주십시오. 만일 식량을 구하지 못하면 아버지도 저희들도 모두 굶어 죽습니다. 저를 믿어 주십시오. 제가 베냐민을 책임지겠습니다. 만일 베냐민에게 어떤 일이 일어난다면 제가 베냐민을 대신해 모든 고난을 감수하겠습니다. 우리가 그 동안 지체하지 않았더라면 벌써 두 번은 더 다녀왔을 겁니다."

유다의 끈질긴 설득에 아버지는 다른 선택의 여지가 없었다.

"베냐민을 꼭 데려가야 한다면 더 이상 어쩔 수 없다. 그러나 기왕에 가려거든 이집트 사람에게 줄 선물도 필요한 만큼 가져가거라. 그리고 식량 보따리 속에서 발견된 식량 값도 두 배로 가지고 가거라. 혹시 그 사람들이 식량을 부대에 담을 때 돈 받는 것을 잊었는지도 모른다. 그리고 너희 동생 베냐민도 데리고 가거라. 하나님께 축복을 기원한다. 만일 그들이 시므온과 베냐민을 되돌려 보내지 않는다면 나는 더 이상 살지 않겠다"(창 43:1-14).

9. 베냐민을 맞은 부왕

아버지의 승낙을 받아낸 형제들은 서둘렀다. 이집트 사람들에게 바치기 위해 유향, 몰약, 꿀, 향나무 등 나름대로 귀한 예물과 지난 번에 짐 속에서 발견된 돈까지 두 배로 챙겨가지고 집을 나섰다. 며칠 후 이집트에 도착한 일행은 즉시 이집트의 식량 저장소로 갔다.

한편 다시 돌아오는 가나안의 형제들을 부왕이 먼발치에서 눈여겨 보았다. 일행 중에 베냐민의 모습을 확인한 요셉은 수행원들에게 지시했다.

"저 분들을 집으로 데려 가라. 그리고 짐승을 잡아 요리를 만들어라. 오늘 저녁은 저들과 같이 먹겠다."

요셉은 여전히 자신의 정체를 밝히지 않은 채 형제들을 맞을 채비를 서둘렀다. 이집트에 도착한 가나안 형제들은 경비병들의 삼엄한 경호를 받으며 부왕의 집으로 안내되었다. 부왕 관저로 들어서자 삼엄한 분위기에 압도당한 형제들은 숨을 죽였다. 혹시 지난 번 짐 속에서 발견된 식량 값을 훔쳤다는 혐의로 처형하기 위해 데려가는 줄 알았다. 겁먹은 유다가 총리 집에 이르자 문지기 집사에게 지난 번 짐 속에 들어 있던 돈에 관해 구차한 변명을 늘어놓았다.
"우리는 누가 그 돈을 그 자루에 넣었는지 모릅니다."
유다가 열심히 변명하자 문지기 집사가 빙긋이 웃으며 말했다.
"아무 걱정 마세요. 당신들은 식량 값을 이미 지불했습니다. 그 돈은 하나님께서 당신들에게 선물하신 것입니다. 그보다 당신들이 이곳에 남겨 두고 간 형제를 만나고 싶지 않습니까?"
문지기 집사가 시므온을 불러들였다. 그리고 먼 길에 더럽혀진 손발을 씻으라고 물을 주고, 당나귀는 여물을 먹여 주는 등 친절을 베풀었다(창 43:15-24).

10. 회개한 형제들

그 동안 감옥에 갇혀 고생했을 것이라고 여겨졌던 시므온이 뜻밖에 건강한 모습으로 나타났다. 형제들이 서로 부둥켜안고 그간의 회포를 푸는 동안 부왕이 경호원들을 대동하고 들어왔다. 가나안 형제들이 땅에 엎드려 인사한 다음 가나안에서 챙겨 온 예물을 정중히 바쳤다. 분위기가 엄숙한 가운데 부왕이 입을 열었다.
"나는 여러분들이 긴 여행을 안전하게 끝마치고 도착한데 대해 고맙게 생각합니다. 그런데 가나안에 계시다는 늙은 아버님은 건강하십니까?"
"예, 각하. 덕택으로 무고하십니다."
맏형 르우벤이 대답했다.
"이 사람이 바로 내게 말한 그 막내동생이오?"
"예, 각하 그렇습니다. 바로 저의 집의 막내둥이 베냐민입니다."
"아주 귀엽게 잘 생겼군."
요셉은 베냐민을 대하는 순간 흥분했다. 그러나 아무렇지 않은 듯이 감정을 억누르고 형제들과 얼굴을 마주했다. 오랜만에 형들과 마주 앉은 요셉은 그들을 다시 한 번 유심히 바라보았다. 형제들 중에 베냐민에게 계속 눈길이 끌렸다. 준수한 청년으로 성장한 베냐민을 볼수록 만감이 서렸다.
'하나님께서 나에게 큰 축복을 내려 주셨다.'
부왕은 베냐민을 덥석 끌어안고 싶은 충동을 억제하고 형제들의 태도를 계속 눈여겨보았다. 그 동안 형제들은 많이 변했다는 것을 알게 되었다. 서로 사랑할 뿐만 아니라 아버지에 대한 효심도 지극했다. 요셉은 복받치는 울음을 참고 밖으로 나와 다른 방에서 울었다(창 43:25-31).

11. 마지막 시험

요셉은 다른 방에서 복 바치는 감정을 삭힌 다음 얼굴을 씻고 하인들에게 음식을 차려오라고 지시했다. 그리고 요셉과 형제들에게는 따로 상을 차리도록 하고, 다른 이집트 사람들을 위한 상도 따로 차리도록 했는데, 그것은 이집트 사람들이 히브리 사람들과 음식을 함께 먹는 것을 아주 싫어했기 때문이다. 요셉은 형들을 나이순으로 요셉을 향해 앉히자 그들은 놀라서 서로 쳐다보았다. 요셉은 자기 식탁에 있는 좋은 음식을 그들에게 옮겨다 주었다. 특별히 곁에 앉은 베냐민에게는 다른 형제들보다 다섯 배나 더 차려 놓았다. 그들은 부왕과 더불어 마음껏 먹고 마셨다.

한편 요셉은 이번 기회에 형제들에 대해 일말의 의심도 남김없이 확인하려고 마음먹었다. 과연 열 명의 형들이 이복동생 베냐민을 사랑하는지? 그리고 아버지에 대한 효심도 확인하기로 했다. 요셉은 형제들이 음식을 먹고 있을 때 시종 집사에게 가나안으로 가져갈 식량을 자루에 가득가득 채우도록 지시했다. 특별히 베냐민의 짐 속에는 이집트 왕실 전용의 은잔과 곡식 값을 곡식과 함께 자루에 넣도록 은밀히 지시했다. 다음날 형제들이 식량을 가득 싣고 르우벤을 필두로 가나안을 향해 떠났다.

한편, 요셉은 가나안 형제들이 떠난 후 경비병을 불렀다.

"가나안 사람들이 내 은잔을 훔쳐 갔다. 당장 뒤쫓아 가서 내 술잔을 훔쳐 간 놈을 잡아 오너라."

요셉의 명령을 받은 경비병들은 격렬하게 달려가 가나안 형제들이 가는 길을 가로막고 세운 다음 윽박질렀다.

"어째서 너희들은 선을 악으로 갚느냐? 우리 부왕의 은잔을 내 놓아라."

얼토당토않은 말에 형제들이 거칠게 항의했다.

"우리가 그분의 은잔을 훔치다니. 당치 않은 말입니다. 우리는 자루에 들어 있던 돈도 자청해서 가져갔는데 무엇 때문에 우리가 그런 짓을 하겠습니까? 만일 은잔을 우리가 훔쳐왔다면 우리가 그의 종이 되겠소. 아니 죽을 수도 있소"

언제나 앞장서기를 좋아하는 유다가 결백을 주장하고 나섰다. 경비병들은 각자의 짐 보따리를 풀어 보라고 요구했다. 유다가 결백을 주장하는 동안 차례로 각자의 짐 보따리를 풀어 헤쳤다.

그런데 마지막으로 베냐민의 짐을 뒤졌을 때 뜻밖에 은잔이 발견되었다. 결백을 주장하던 유다의 표정이 일그러졌다. 모두 겉옷이 흠씬 젖도록 슬피 울었다. 그때 경비병들이 베냐민을 다시 이집트로 끌고 가려고 하자 다른 형제들도 모두 뒤따라 이집트로 되돌아갔다(창 43:32-34; 44:1-13).

12. 유다의 간절한 읍소

부왕은 가나안 형제들을 모두 한 자리에 불러 모았다. 그는 형제들 가운데 유다가 아무리 어려움에 처해도 과연 베냐민을 배반하지 않을 것인지? 확인하고자 했다. 지난 날 자기를 이방 상인에게 노예로 팔아넘긴 형들이 그때의 잘못을 진심으로 뉘우치고 새 사람이 되었는지?, 아니면 아직도 베냐민을 남겨 놓고 떠날 만큼 인정이 없는지, 알고 싶었던 부왕은 꿇어 엎드려 읍소하는 형제들에게 호통을 쳤다.

"어째서 당신들은 이런 짓을 했느냐? 너희들을 모두 나의 종으로 삼을 수도 있다. 하지만 나는 그러고 싶지 않다. 뿐만 아니라 너희들을 죽이고 싶지도 않다. 다만 내 잔을 훔쳐간 그 사람에게만 죄를 물어 내 종을 삼겠다. 그러니 내 잔을 훔친 한 명만 여기 남고 나머지는 모두 고향으로 돌아가도 좋다."

부왕의 지엄한 말에 유다가 무릎을 꿇고 간절히 호소했다.

"오! 폐하, 어찌하여 그런 말씀을 하십니까? 우리는 절대로 그 잔에 대해서는 모르는 일입니다. 그러나 잔이 발견된 이상 우리가 무슨 할 말이 있겠습니까. 그렇다고 우리는 각하의 말씀대로 할 수는 없습니다. 내 동생 베냐민은 살아 계신 저희 늙은 아버님께서 극진히 사랑하는 단 한 명의 아들입니다. 그의 친형이 한 명 있었는데 그는 이미 오래 전에 죽었습니다. 그래서 이제는 막내둥이 베냐민이 아버님의 분신입니다. 저희 아버지는 평소에 죽은 아들을 제일 사랑하셨지요. 하지만 그 아들은 오래 전에 잃었습니다. 이제는 그가 살아오리라고 기대도 하지 않습니다. 우리가 가나안을 떠나 올 때 어떤 일이 있어도, 베냐민만은 데리고 간다고 약속하고 왔습니다. 그러니 이대로는 고향에 돌아 갈 수 없습니다. 만일 이 사실을 아버님께서 아신다면 저의 아버님은 돌아가실 것입니다. 폐하의 조치는 저로 하여금 아버지를 죽이라는 것과 다를 바가 없습니다. 그러니 베냐민 대신 저를 감옥에 넣어 주시고 저의 막내동생을 돌려보내 주십시오"(창 44:14-34).

13. 형제들의 진한 피눈물

유다의 간절한 읍소에 요셉은 감격했다. 확실히 옛날의 형제들이 아니었다. 형제들은 예전과 달리 모두 바르게 변해 있었다. 형들의 진심을 확인한 요셉은 격앙된 목소리로 말했다.

"경비병, 손님들만 이 방에 남고 모두 내 곁에서 나가라."

시종들이 모두 물러가자 요셉은 엉엉 울기 시작했다. 이집트의 총리가 갑자기 어린애처럼 엉엉 울음을 터트리자 가나안 형제들은 한쪽에 몰려 몸 둘 바를 몰랐다. 요셉의 울음소리가 너무 커 부근에 있던 바로왕실까지 들릴 정도였다. 한참 울고 난 요셉이 눈물을 씻은 다음 히브리어로 외쳤다.

"형님들!"

이집트 부왕의 입에서 갑자기 히브리어로 형님이란 말이 튀어나오자 모두 어리둥절했다. 그 때 부왕이 부드러운 목소리로 말했다.

"형님들, 제가 바로 몽상가 요셉입니다. 어서 제게 가까이 오십시오. 제가 바로 형님들이 노예로 팔아넘긴 그 요셉입니다. 이제 형님들은 더 이상 죄스러워 할 필요가 없습니다. 죄책감에서 벗어나십시오. 알고 보면 제가 이 나라에 먼저 오게 된 것은 결국 하나님의 뜻이었습니다."

목이 메어 말을 잇지 못한 요셉이 한참 쉬었다 다시 말했다.

"아시다시피 저는 이집트의 부왕입니다. 제가 노예로 팔려 왔기 때문에 이 메마른 기근에 이집트를 구하고 형님들도 도와줄 수 있게 되었습니다. 이것은 모두 하나님의 섭리입니다. 이제 형님들은 고향으로 다시 돌아가셔서 아버님께 말씀드리십시오. 잃어버린 제가 이집트의 부왕이 되어 나라를 잘 다스린다고 하세요. 그리고 저의 재산을 되도록 많이 가지고 가십시오. 고향에 돌아가셨다가 피곤이 풀리시거든 아버님을 모시고 다시 돌아오십시오. 아직도 기근이 5년이나 더 남아 있습니다. 우리가 힘을 합쳐 무서운 기근을 이겨야 합니다. 하나님께서 저를 바로왕가의 주인으로 삼으시고 이집트를 다스리는 부왕으로 세워 주셨으니 염려하시지 말고 아버님을 모시고 오십시오."

요셉이 그 간의 경위를 말한 다음 베냐민을 덥석 끌어안았다. 요셉을 중심으로 둘러선 형제들 중에 일부는 목 놓아 울고, 일부는 흥분에 겨워 미소 짓는 등 온통 기쁨이 충만했다(창 45:1-15).

14. 감동한 이집트 왕의 후의(厚意)

한편 부왕의 집에서 때 아닌 통곡 소리에 놀란 바로왕이 신하를 보내 무슨 일이 생겼느냐고 물었다. 부왕이 형제들과 해후(邂逅)하게 되었다고 자초지종을 바로왕에게 전했다. 감격한 바로왕이 당장 부왕을 불렀다.

"너는 네 형제들에게 식량을 싣고 가나안 땅에 들어가서 네 아버지와 가족을 데려오라고 하라. 내가 그들에게 이집트에서 제일 좋은 땅을 주겠다. 그들은 가장 좋은 농산물을 먹고 살 것이다. 또 너는 그들에게 이집트에서 수레를 가지고 가서 그들의 처자들과 아버지를 태워 모시도록 하라. 그들이 가져오지 못하는 물건에 대해서는 염려할 필요가 없다. 이집트의 제일 좋은 것이 다 그들의 것이 될 것이다."

요셉은 바로왕의 지시대로 수레에다 여행 중에 먹을 음식을 실어 주고 또 형제들에게 옷 한 벌씩 주었다. 그리고 베냐민에게는 은화 300개와 옷 다섯 벌을 더 주었다. 그리고 아버지 야곱에게는 숫나귀 열 마리에다 이집트에서 제일 좋은 물품을 싣고, 또 암나귀 열 마리와 아버지께 드릴 곡식과 여행 중에 먹을 빵과 음식을 실어 형제들을 돌려보내면서 당부했다.

"형님들, 돌아가시는 길에서 서로 다투지 마십시오"(창 45:16-24).

15. 야곱이 가나안을 떠나 이집트로 가다

한편 이집트를 떠난 형제들이 가나안에 당도하자 베냐민이 아버지에게 달려가 소리쳤다.

"아버지, 오래 전에 죽었다던 요셉 형이 살아있습니다. 그 형이 지금 이집트를 다스리는 부왕이십니다."

그러나 아버지는 도무지 무슨 말인지 이해하지 못했다.

"아니 무슨 소리들을 하는 거냐?"

형제들이 입을 모아 요셉이 살아 있다고 했지만 아버지는 좀처럼 믿지 않았다.

그러나 가나안에서는 구경도 할 수 없는 이집트 왕실의 사치스러운 최고급 마차와 각종 물건을 직접 본 다음에야 아들들의 말을 믿었다. 요셉이 살아 있다는 소식에 아버지는 너무너무 기뻐했다.

"더 물어 볼 필요 없다. 요셉이 살아있다니, 내가 죽기 전에 가서 만나야겠다."

야곱은 11명의 아들과 며느리와 손자 손녀 등 70여 명의 직계 가족과 목축을 돌보는 하인들을 거느리고 정든 가나안을 떠났다. 며느리와 어린이들은 요셉이 보낸 왕실 마차에 타고 남자들은 가축떼를 이끌었다. 길을 나선 첫날은 브엘세바에 이르러 짐을 풀었다. 그곳에서 하루를 묵으며 가나안을 떠나는 기념으로 하나님께 제사를 드렸다. 그러자 하나님께서 야곱에게 이렇게 계시하셨다.

"나는 너의 하나님 곧 너의 아버지 이삭의 하나님이다. 이집트로 가는 것을 두려워 말라. 내가 거기서 너를 큰 민족이 되게 하고, 나도 너와 함께 이집트로 갔다가 반드시 너를 이집트에서 다시 데리고 나오겠다."

하나님의 격려에 힘입은 야곱은 가벼운 마음으로 계속 길을 가서 이집트에 도착했다(창 45:25-28; 46:1-27).

16. 야곱이 이집트의 고센 지방에 정착하다

한편 야곱 일행이 이집트의 고센(Goshen)에 이르렀다는 소식을 전해들은 요셉이 마차를 타고 달려갔다. 먼발치에서 아버지를 발견한 요셉이 달려가 아버지의 목을 덥석 끌어안고 흐느꼈다.

"내가 네 얼굴을 보다니 꿈만 같다. 이제 죽어도 여한이 없다."

야곱은 목이 메어 말을 잊었고, 요셉은 아버지의 품에 안겨 떨어질 줄 몰랐다. 야곱은 요셉의 손을 꼭 잡고 간절히 기도했다.

"나의 할아버지 아브라함과 아버지 이삭을 보살펴 주신 하나님, 내가 태어난 날로부터 오늘에 이르기까지 나의 목자가 되시는 하나님, 그 동안 온갖 어려움에서 나를 건져 주신 하나님께서 저의 아이들에게도 복을 내려 주십시오."

요셉은 부왕의 이름으로 전 가족이 이집트에 도착한 다음날 바로왕을 찾아가 보고했다.

"저의 아버지와 형제들이 전 재산을 정리해 가지고 왔습니다."

그리고 형제들 중에 다섯 명을 대표로 뽑아 바로왕에게 찾아가 인사드리도록 주선했다. 혹시 바로왕이 생업이 무엇이냐고 물으면 목축업이라고 대답할 것과 현재 머물고 있는 고센 지방에 계속 머물 수 있도록 허락해 달라는 점도 미리 일렀다. 왜냐하면, 생업이 목축업이라고 해야 야곱의 가족을 고센 땅에 살 수 있도록 허락할 것이라고 생각했기 때문이었다. 이집트 사람들은 목축업을 하는 사람들을 천시하였다.

한편 바로왕은 형제들의 의견을 들어본 다음 부왕에게 지시했다.

> ◆ **야곱의 대 가족을 고센 지역에 정착시킨 배경**
>
> 야곱이 그의 대 가족을 거느리고 고센에 정착(定着)하도록 허락된 것은 묘한 의미가 있다. 왜냐하면, 고센 지방은 고대의 곡창(穀倉)지대로 이집트의 식량을 구하려고 시나이 반도와 아라비아 반도의 베두인족으로부터 끊임없이 침투를 당한 곳으로 이스라엘 사람들이 이 지방에 정착함으로써 방벽(防壁) 구실을 했기 때문이다. 이집트 사람들은 여러 차례의 전쟁으로 많은 손실을 입고 약화되고 있는데 반해 이스라엘 사람들은 그 자손들의 수가 크게 불어남으로써 오히려 이집트에 위협적인 존재가 되었다. 그리하여 모세시대에 이르러서는 기류민(寄留民)의 갓난 사내아기들을 모조리 죽여 없애라는 악랄한 영아살해 명령이 나오기에 이른 것이다. 결국 이로 말미암아 이스라엘 사람들은 이집트를 탈출하지 않을 수 없는 절박한 궁지에 몰리기 되었다.

"아버지와 형제들이 나에게 왔으니 이집트에서 제일 좋은 땅, 목초가 충분한 곳에 살도록 해라. 그리고 형제들 중에 유능한 사람이 있거든 내 짐승을 맡겨 관리하도록 하라."

바로왕은 요셉의 형제들에게 삶의 터전을 허락한 다음 자신의 목축을 다루도록 배려했다. 다음날 요셉이 아버지를 모시고 궁정에 들어가 바로왕에게 인사를 드렸다. 바로왕은 요셉의 아버지가 나이가 많은 것을 알고 정중히 맞이했다.

"노인께서는 연세가 어떻게 되십니까?"

바로왕의 묻는 말에 야곱이 한숨에 젖은 음성으로 대답했다.

"나그네처럼 세상을 떠돌아다닌 햇수가 1백 년 하고도 30년입니다. 그러나 저의 조상들이 세상을 떠돌던 햇수에 비하면 제가 누린 햇수는 얼마 되지 않지만 정말 고달픈 세월을 보냈습니다."

야곱은 인생역정을 그럴법하게 우회적으로 대답했다. 바로왕은 야곱의 품위 있는 대답을 치하한 다음 이집트에서 가장 살기 좋은 지금의 라암셋(Ramses) 지역인 고센 땅을 야곱의 아들 형제들이 소유하도록 허락하고 가족의 숫자대로 식량을 공급했다(창 46:28-34; 47:1-12).

17. 야곱의 유언과 유다의 특권

야곱이 이집트에 이주해 온 후에도 기근은 계속되었다. 그러나 야곱의 가족은 요셉의 보살핌으로 위기를 여유 있게 넘겼다. 야곱은 이집트에 이주한지 17년이 되어 그의 나이 147세 되던 해에 12명의 아들을 한 자리에 불러놓고 유언을 남겼다.

"내가 앞으로 너희들에게 일어날 일들을 일러주겠다. 르우벤아, 너는 내 장남이요 나의 능력이며 내 정력의 첫 열매이다. 너는 위엄이 있고 능력이 탁월하지만 물이 소용돌이치는 것 같아서 네가 가장 뛰어나지는 못할 것이다. 시므온아, 너는 레위와 형제이며 그들의 칼은 폭력의 도구이다. 내 영혼이 그들의 불의한 집회에 참여하지 않으리라. 유다야, 너는 네 형제들의 찬양을 받을 것이다. 네 손이 네 원수의 목덜미를 잡을 것이며, 네 형제들이 네 앞에서 절할 것이다.[18] 내 아들 유다는 먹이를 찢고 굴로 들어가 엎드리고 눕는 사자와 같으니 누가 감히 그를 건드릴 수 있겠는가! 왕의 지팡이가 유다를 떠나지 않을 것이니 그 지팡이의 소유자가 오실 때까지 그가 통치자의 지휘봉을 가지고 다스릴 것이며 모든 백성이 그에게 복종할 것이다. 스불론아, 너는 배가 정박하는 해변에 살 것이며 그의 영토는 시돈까지 미칠 것이다. 잇사갈아, 너는 양쪽 안장에 짐을 잔뜩 싣고 꿇어앉은 건장한 나귀 같을 것이다. 살기 좋고 편한 아름다운 땅을 보며 허리를 굽혀 짐을 나르고 종이 되어 섬기는 노예가 될 것이다. 단아, 너는 이스라엘의 한 지파로서 구실을 톡톡히 할 것이며, 자기 백성을 정의로 다스릴 것이다. 단은 도로변의 뱀이요, 길가의 독사와 같아서 말의 발꿈치를 물어 말에 탄 사람을 뒤로 떨어뜨릴 것이다. 갓아, 너는 침략자의 공격을 받을 것이다. 그러나 네가 침략자의 뒤통수를 칠 것이다. 아셀아, 너는 먹을 농산물이 넉넉해서 네가 왕의 먹을 음식물을 제공할 것이다. 납달리, 너는 아름다운 새끼를 밴 암사슴이다. 풀어놓으면 더 없이 귀여울 것이다. 요셉아, 너는 샘 곁에 있는 들 망아지, 언덕 위에 있는 들 나귀이다. 원수들이 무섭게 달려들어 활을 쏘고 추격하지만 요셉의 활이 그들보다 튼튼하고, 팔에 힘이 넘치리라. 야곱이 섬기는 '전능하신 분'의 능력이 함께 하실 것이다. 베냐민아, 너는 사나운 이리와 같아서 아침에는 원수를 삼키고 저녁에는 빼앗은 약탈물을 나눌 것이다."

야곱은 이상 열두 명의 아들 모두에게 유언을 남긴 다음 특별히 요셉을 불러 이렇게 유언했다.

"네가 진정으로 나를 사랑한다면 네 손을 내 허벅지에 넣고, 나를 이집트에 장사하지 않겠다고 맹세하여라. 내가 죽거든 너는 나를 이집트에서 메어다가 조상들이 묻혀있는 곳에 매장하라."

"아버지, 염려 마십시오. 제가 아버님의 말씀대로 하겠습니다."

---

18) 이때 유다에게 "네 형제들이 네 앞에서 찬양을 받을 것이며, 네 형제들이 네 앞에서 절할 것이다"라고 장차 야곱의 가문에 주인이 되어 메시야의 선조가 될 것을 암시했다.

요셉의 맹세를 확인한 야곱은 147세의 일기로 세상을 떠났다(창 47:13-31).

◆ 힉소스 왕조와 요셉

힉소스족이 근동의 비옥한 초승달 지역에 출현한 것은 아모라족, 후리족의 대(大) 이동이 일어난 후였다. 이들은 이타이트족, 후리족, 셈족 등 여러 민족으로 구성되었는데, 그 중 셈족이 가장 큰 비중을 차지하고 있었다고 한다. 이들은 시리아, 팔레스타인, 이집트에 이르기까지 세력을 펼쳤다. '힉소스'는 '외국의 통치자'를 가리키는 이집트 말이었다.

당시 이집트는 중앙국 시기의 제2 중간시대에 접어들면서 서로 간의 알력과 분열로 인해 정차군사적으로 쇠약해져 더 이상 변방을 유지할 수 없는 상황이었다. 이런 틈을 이용해서 힉소스족은 강력한 군사력과 무기를 동원하여 삼각주 지방으로 침투해 들어왔으며 기원전 1700년 경에는 이집트인 통치자를 몰아냈다. 이들의 이집트 정복은 병거, 혼합식 활, 무거운 칼 등 최신식 군사 무기에 힘입었는데, 당시 근동 지방에서는 생소한 무기들이었다. 이러 이유로 이들은 코카서스 지방이나 중앙아시아에서 온 것이 아닌가 하고 추측해 볼 수도 있다. 또한 이들에 관한 기록에서 셈족 계통의 인명(야목, 시몬 등)이 나타나는 것으로 보아 이들은 아시아인일 것으로 여겨지기도 한다.

야곱과 그의 후손들도 물론 셈족이었다. 이집트 통치자가 된 힉소스는 그래서 야곱의 후손들을 반갑게 맞아들이고 환대했던 것으로 알려졌다. 이집트로 팔려간 요셉이 높은 지위에 오를 수 있었던 것도 이런 배경에서 충분히 납득할 수 있다.

이집트의 수도는 테베였으나 힉소스족은 델타(고센) 지방의 아바리스(타니스)에 수도를 건설하고 세력을 떨쳤다. 이들은 통치기간(기원전 1700-1500년) 동안 15,16,17왕조를 세웠고, 특히 15,16왕조 때에는 팔레스타인과 시리아의 전역을 다스리는 대제국을 건설하기도 했다.

이민족의 통치는 이집트인들을 대동단결시키는 중요한 요인이 되었다. 테베에 거주하는 이집트인들은 새로운 무기를 들여와 힉소스족을 축출하기 시작하였고, 마침내 기원전 1550년 경에는 아모시스 1세가 이들을 무너트리고 18왕조를 창건하였다. 바로 이 시기는 이집트 역사에서 신 왕국시대라고 불린다. 이 신 왕국이 들어선 처음 몇 세기 동안 이집트는 더욱 강대해졌고 주변 민족을 지배하여 영토를 점점 확장해 나갔다. 문화와 종교 역시 그 어느 때 보다도 정교한 모습으로 발전되어 화려한 신전과 왕궁과 창고들이 세워지고 새 도시들이 건설되었다.

그동안 힉소스 족의 통치 아래서 비교적 평화롭게 지낼 수 있었던 히브리인들은 '요셉을 알지 못하는' 바로가 왕좌에 오르면서 히브리인들을 강제로 노예로 끌어다 여러 건축 현장에서 부려먹었다.

18. 야곱의 시신을 가나안에 안장하다

야곱이 세상을 뜨자 제일 슬퍼한 아들은 역시 요셉이었다. 요셉은 이집트의 유명한 시의(侍醫)들에게 당부해서 부유한 사람들이나 할 수 있는 미이라 매장법을 쓰도록 했다. 시신에 방부제 향료를 40일간 바른 후 70일에 걸쳐 바로왕의 관리들

> ◆ **야곱이 이집트로 이주한 정치적 의의**
>
> 야곱이 11명의 아들과 그의 식솔 70명을 거느리고 가나안을 떠나 이집트에 이주한 사실은 히브리인들의 역사상 여러 가지 의의가 있다. 우선 야곱의 자손들이 가나안을 떠남으로써 원래부터 살고 있던 7부족의 박해를 피할 수 있었다. 만일 야곱의 자손들이 이집트로 이주하지 않고 가나안에 그대로 눌러 살았다면 원주민들로부터 강력한 저항에 부딪쳤을 것이다. 물론 그렇게 되었더라면 야곱의 자손이 큰 민족으로 번성하지 못했을 것이다. 그러나 이집트로 이주함으로써 비옥한 고센지방에서 풍요로운 생활을 통해 많은 경험을 쌓을 수 있었다. 그 뿐만 아니라 당시 세계적으로 발달된 이집트의 문명을 접함으로써 새로운 민족으로 성장할 수 있었다. 바로왕의 탄압을 견뎌낼 수 있었던 것도 그만큼 민족적으로 저력이 생겼기에 가능했고, 그들 특유의 저력이 강인한 민족으로 연단되었다. 만일 야곱이 가나안에 그대로 주저앉았더라면 가나안의 7부족의 하나가 되고 말았을 뿐 결코 강한 히브리 민족으로 발전하지는 못했을 것이다.

을 총동원해 이집트의 국장(國葬)으로 치렀다. 그리고 야곱의 시신은 유언에 따라 가나안의 헤브론에 옮겨가(아브라함과 사라와 이삭과 리브가와 레아가 묻힌 곳) 마므레의 막벨라(Machpelah)밭에 있는 가족묘지에 안장했다(창 48:49; 50:1-10).

◉ **야곱의 족보**

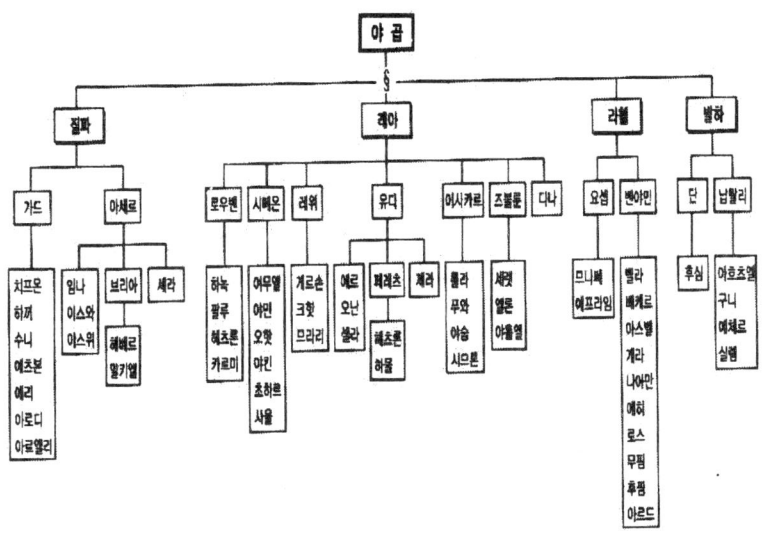

19. 요셉의 죽음

요셉은 아버지 야곱이 세상을 뜬 후에도 이집트인들의 절대적인 지지를 받다가 110살 되던 해에 세상을 떠났다. 요셉의 시신은 많은 사람들의 애도 속에 이집트 땅에 묻혔다. 야곱의 열두 아들들은 훗날 이스라엘의 열두 지파의 조상이 되었다 (창 50:22-26).

> ◆ 아브라함 성조의 가족 무덤
>
> 아브라함은 자기 아내 사라가 120살에 헤브론에서 죽었을 때(창 23:1-2) 에브론(Ephron)으로부터 헤브론 동쪽 막벨라(Machpelah)(창 23:19)의 이중(二重)동굴을 얼마간 사들여 그곳을 가족묘지로 정했다. 성서에 의하면 에브론이 제의한 땅의 매매조건이 금액으로 똑똑히 기록되어 있는데, 이 조건은 심중팔수 헷 사람들이 토지를 양도할 때의 관례(慣例)를 근거한 계약 체결이었다. 그리하여 아브라함 내외 외에 이삭과 그의 아내 리브가와 야곱과 그의 아내 레아도 그 무덤에 묻혔다. (현재 그 무덤에는 이스람교도들의 예배당(모스크)이 세워져 있다.

제3부 민족해방 투쟁시대

제1장 히브리 노예의 아들 모세의 탄생 이야기

1. 불어나는 히브리인들

야곱이 11명의 아들과 그들에게 따른 식솔들 70명을 이끌고 기원전 1680년 경에 이집트로 이주한 후 어느덧 430년의 세월이 흘렀다.

"똑똑히 알아 두어라. 네 자손이 남의 나라에 가서 그들의 종이 되어 얹혀살며 사백 년 동안 압제를 받을 것이다. 그러나 네 자손을 부리던 민족을 나는 심판하리라. 그런 다음, 네 자손에게 많은 재물을 갖고 거기서 나오게 하리라."(창 15:13-14)

일찍이 하나님께서 아브라함에게 하신 약속대로 이집트로 이주한 그의 후손들이 크게 번성하여 고센 땅을 가득 메울 만큼 불어났다. 처음 이주한 후 얼마 동안은 익숙한 목축업으로 이집트 사람들과 별 탈 없이 평화스럽게 잘 살았다. 그러나 세월이 흘러 야곱의 자손이 기하급수로 불어나면서 그들의 이름도 히브리(Hebrew)[19]라 부르게 되었다.

4백 년의 세월이 지나면서 이집트에는 히브리인들이 눈에 뜨이지 않는 곳이 없을 만큼 그 수효가 불어났다. 기원전 1300년 경에는 히브리인들의 수효가 약 200만 명에 이르면서 이집트인들과 마찰이 잦아지고 그로 인한 부작용이 심화되었다. 히브리인들은 이집트의 문화를 받아들이지 않았다. 어떤 경우에도 이집트인들과

---

19) 히브리인이란 의미는 추하다는 뜻으로 이집트인들이 즐겨 부른 데서 일반화되었다.

> ◈ 이집트를 둘러싼 국제정세
>
> 요셉을 총리로 임명한 힉소스(Hyksos)왕조(기원전 1580-1100년)가 망하고 새로운 바로 왕조가 이집트를 지배하게 되면서 상황이 바뀌었다. 새로 들어선 바로 왕조는 히브리인들에 대해 지난날 힉소스와 같은 정책을 유지하지 않았다. 더욱이 히브리인들이 거주하는 고센은 지리적으로 아시아와 이집트의 경계를 이룬 지역으로 전략상 취약했다. 만약 히브리인들이 이집트와 적대관계에 있는 아시아의 민족과 공모하는 경우 이집트에 결정적인 타격을 줄 수 있다는 우려를 하기 시작했다. 그러던 차에 마침 히티(Hittete)족이 소아시아와 메소포타미아를 석권하는 등 계속 중동 일대의 대제국을 건설한 후 이집트와 자웅을 겨루었다.
>
> 이집트의 라암셋 1세와 그의 아들 세티(Seti) 1세가 계속 군사를 거느리고 아시아 원정을 나갔으나 이렇다 할 승리를 거두지 못했다. 그러다가 세티의 아들 라암셋 2세가 왕위에 올라 시리아의 카데스 부근 오른데스 강가에서 일대 격전을 벌여 적군을 분쇄하고 강화를 체결했다. 그러나 그 강화만으로는 평화를 유지하지 못했다. 얼마 후 히타족이 또 다시 군사를 양성하여 싸움을 걸어왔다. 이집트는 15년에 걸쳐 긴 싸움을 치렀지만 좀처럼 승패가 결정 나지 않았다. 이집트는 할 수 없이 화친을 맺고 히티왕의 딸을 라암셋의 후궁으로 맞아들임으로써 겨우 평화를 유지했다. 이런 국제정세 하에서 이집트 지도자들은 날로 불어나는 히브리 백성들을 보고만 있을 수 없었다.

동화되지 않고 히브리인들 나름의 공동체를 이루며 따로 살았다. 히브리 민족 특유의 관습에 따라 족장의 지도체제로 살았다. 히브리인들의 생활수준이 이집트인들의 생활수준을 능가하면서 마찰이 심화되었다. 특히 히브리인들의 수효가 빠른 속도로 불어나면서 이집트 왕실의 지도자들이 위협을 느끼기 시작했다(출 1:8-22).

2. 바로의 탄압정책

어느 날 건축 현장을 둘러보던 바로왕의 표정이 돌처럼 굳어졌다. 공사를 아무리 서둘러도 진도가 부진한 원인이 히브리인들에게 있다고 생각한 바로왕이 입속 말로 '이래서는 안 되겠다'고 생각했다. 눈에 띄게 불어난 히브리인들에 대한 노파심에 사로잡힌 바로왕은 내심 어떤 결단을 내릴 듯 전차에 올라 궁전을 향해 채찍을 가했다. 헤아릴 수 없이 늘어나는 히브리인들을 그대로 두면 언젠가는 이집트의 대부분을 히브리인들이 차지하게 될 것이고, 그렇게 되면 바로왕조 자체가 위태롭다는 생각이 들었던 것이다. 문제가 더 확대되기 전에 어떤 조치를 취해야 한다고 생각한 바로 왕이 만조백관을 모아놓고 말했다.

"보라, 히브리인들의 숫자가 우리에게 큰 위협이 되고 있다. 우리는 그들을 지혜롭게 다스려야 할 때가 되었다. 그렇지 않으면 힘이 강한 히브리인들의 수가 우리보다 더 불어날 것인데, 만일 전쟁이 일어난다면 그들은 당장 적과 합세하여 우리를 치고 이 땅을 차지할 것이다."

공사현장에서 돌아온 바로왕이 총리에게 명령했다.

"언제나 히브리인들이 문제다. 나는 그들을 믿지 않는다. 만일 지금 어떤 조치를 취하지 않으면 얼마 안가 그들의 수가 이집트인들보다 훨씬 더 많아질 것이다."

노골적으로 히브리인들을 문제 삼자 총리가 반문했다.

"폐하, 만일 그렇게 되면, 히브리인들이 우리를 해친단 말입니까?"

총리가 조심스럽게 반문하자 바로왕이 장황하게 늘어놓았다.

"나는 히브리인들의 충성을 기대하지 않는다. 만일 히브리인들이 득실거리는 판국에 전쟁이 일어나 그들이 우리의 적을 편들면 우리가 어떻게 되겠나? 현재 저들 중에는 당장 전쟁이 일어나기를 바라는 위험한 인물이 많이 있다."

그는 히브리인들을 매도하는 말로 일관했다.

"지금 이집트에는 내가 해야 할 일이 많다. 물론 히브리인들이 우리를 도와야 할 의무가 없다는 것도 잘 안다. 그러나 이것은 예외적인 긴급조치다. 우리가 할 일의 일부를 히브리인들이 하도록 맡겨라."

바로왕은 총리에게 히브리 사람들에게 노역을 시키라고 명령했다(출 1:6-10).

3. 히브리인들을 혹사시키다

마침내 바로왕의 동원령이 떨어지자 전국에 있는 히브리인들이 강제로 동원되었다. 단지 히브리인이라는 이유만으로 공사장에 끌려가 힘들고 위험한 노역에 혹사당했다. 그들은 진흙으로 벽돌을 구워 군수품을 저장하기 위한 비돔(Phithom)을 건설했다. 또 라암셋의 도성을 쌓는 현장에도 히브리인들을 몰아넣었다.20) 바로왕의 현장감독들은 히브리인들에게 힘겨운 작업만을 골라 시키면서 먹을거리는 제대로 공급하지 않았다. 심지어 마실 물도 제대로 주지 않았다. 툭하면 게으르다는 구실로 무자비하게 폭력을 가했고, 어쩌다 힘에 부쳐 죽으면 히브리인의 수가 줄었다는 의미로 받아들였다. 그러나 히브리인들은 탄압을 당할수록 그들 특유의 인내력으로 견뎌낼 뿐 그 수효가 줄어들지 않았다. 세월이 흘러 새로운 바로가 왕위에 올랐지만 히브리인들에 대한 탄압정책은 한결같았다(출 1:11-14).

4. 어린이들에 대한 학살정책

기원전 1300년 경에 새로 왕위에 오른 라암셋 2세(Rameses)는 훨씬 포악한 국수주의자였다. 그는 이집트 역사상 유례가 없을 만큼 야심가였다. 라암셋 2세는 자신의 뜻을 실현하기 위한 방법으로 히브리인들의 숫자를 줄이려 했다. 처음에는 히브리인들을 위험한 공사장에 투입해서 혹사하는 방법으로 자신의 정치적 야심도 이루고 늘어나는 히브리인들의 숫자도 줄이려는 일거양득의 정책을 구사했다. 그러나 공사장에 투입해서 혹사하는 방법만으로는 히브리인들의 수를 줄일 수 없었다. 강퍅한 바로왕은 아예 산파들에게 히브리 여인들이 낳는 아기들 중에 사내아이는 강물에 빠뜨려 죽이고, 여자아이만 살려 놓으라고 했다. 그러나 그의 포고령은 애국심이 강한 히브리 산파들에 의해 제대로 먹혀들지 않았다. 바로왕이 산파들에게 책임을 추궁하자 그들은 그럴듯한 구실로 자신들의 입장을 둘러댔다.

---

20) 이집트의 역사적 고증에 의하면 당시 바로는 히브리인들을 삼각주 동쪽 지역에 있는 비돔(Pithom)과 라암셋(Ramses) 도시를 건설하는데 강제 동원되었다고 한다.

"히브리 여인들은 이집트 여인들과 달리 기운이 좋아 산파의 손길이 미치기 전에 이미 아기를 낳습니다."

그러자 바로왕은 한 술 더 떴다. 이번에는 히브리 여인들 스스로 사내아이는 무조건 강물에 던져 죽이라고 했다. 만일 명령을 어기면 아기 어미도 죽임을 당한다고 덧붙였다(출 1:15-22).

5. 모세의 탄생과 어머니

바로의 포고령이 선포되었을 때 마침 레위 지파의 아므람(Amram)의 아내 요게벳(Jochebed)이란 여인이 임신 중이었다. 바로왕의 명령보다 하나님의 뜻을 더 준수한 요게벳은 '만일 사내아이가 태어나면 바로왕의 포고령을 무시하기'로 마음먹었다. 그런데 공교롭게도 사내아기를 낳은 요게벳은 아기를 강물에 버리지 않고 집에 숨겼다. 바로왕의 포고령을 어긴 요게벳은 하루도 마음이 평안할 날이 없었다. 바로의 병사들이 언제 들이닥칠지 모르는 불안 속에 아기를 석 달 동안 숨겼다.

그러나 날이 갈수록 아기의 울음소리가 점점 커가면서 더 이상 숨길 수가 없었다. 만일 아기가 발견되면 아기는 물론 숨긴 자신도 죽임을 당해야 한다는 생각으로 요게벳은 괴로웠다. 별다른 방법을 찾지 못한 요게벳은 일단 아기의 운명을 하나님께 맡기고 나일강변에 내다 버리기로 했다. 왕골(Papyrus)대를 잘라다 적당히 휘어 작은 방주(바구니)를 만들었다. 그리고 물이 안으로 새어들지 못하도록 진흙에다 역청과 송진을 섞은 방수제로 방주의 안팎을 골고루 발랐다. 그 안에 아기를 담아 나일강가의 갈대숲이 우거진 물위에 띄우고 강둑으로 올라와 지켜보았다(출 2:1-3).

6. 공주와의 인연

방주를 강물에 띄웠지만 아무도 본 사람이 없었다. 물위에 뜬 방주를 누군가 발견해도 문제지만 그렇다고 아무도 발견하지 못해도 큰일이었다. 만일 아기가 배가 고프거나 날이 저물어 기온이 내려가면 아기가 어떻게 될까? 차마 발길을 돌리지 못했다. 먼 발치에서 주변의 동정을 살피고 있을 때 마침 12살 된 자신의 딸 미리암(Miriam)21)이 다가왔다. 요게벳은 미리암에게 방주를 지켜보라고 맡기고 집으로 돌아갔다.

미리암이 강둑에서 서성거리고 있을 때 갑자기 두런두런 여인들의 말소리가 들렸다. 가까이 다가온 여인들의 말소리에 귀를 기울이던 미리암은 깜짝 놀랐다. 우르르 몰려온 한 떼의 여인들 중에 우아한 차림의 한 여인이 눈에 들어왔다. 뜻밖에 그녀는 바로왕의 공주였다. 마침 공주가 하녀들을 거느리고 나일강물에 목욕을 하려고 오는 길이었다.22) 강변에 도착한 공주 일행이 물위에 떠 있는 이상한 물체를 보고 소리쳤다.

"어머, 저게 뭐지?"

하녀들이 건져 올린 방주의 뚜껑을 여는 순간 아기가 소리 내어 울기 시작했다.

"아! 아기다! 아주 잘 생긴 사내아이다."

여인들이 아기의 울음을 달랬지만 막무가내였다.

"아, 어떻게 하지!"

"아기가 배가 고픈가 봐요."

공주를 둘러싼 하녀들이 열심히 달랬지만 아기의 울음은 멎지 않았다. 아기의 영롱한 눈빛에 매료된 공주는 안절부절 못했다. 바로 그때 먼발치에서 동정을 살피던 미리암이 다가가 말을 붙였다.

---

21) 미리암은 이집트 식 이름이었다. 예를 들면, 아므람, 요게벳, 모세, 미리암, 홉니, 비느하스, 므라이, 브디엘 역시 이집트 식 이름이다.
22) 유대교 랍비 전통에 따르면 이때 바로왕의 공주는 나병에 걸려 신성시하는 나일강에서 목욕하면 치유된다는 전설에 따라 목욕하러 와서 왕골 상자에 손을 대자 깨끗이 치유되었다고 한다. 나일강 중에도 왕골(파피루스)이 자라는 곳의 물은 깨끗했다고 한다. 이 전설은 역사적으로 입증되지 않지만 신심 교화에는 큰 도움이 되는 이야기다.

"공주마마 제가 도와 드릴까요?"

"그래, 이 아기를 강물에서 발견했다. 분명히 이 아이는 히브리인의 아기다. 너 혹시 이 아이에 대해 아는 게 없니?"

"예, 공주마마. 제가 공주님을 위해 아기를 돌보아 줄 보모를 소개할 수 있습니다."

"그래, 내가 보살펴 주겠다. 당장 보모 한 분을 소개해 다오."

공주의 말이 떨어지자, 미리암은 그 길로 집으로 달려가 문 앞에서 소리쳤다.

"어머니, 어머니!"

"그래, 네 동생에게 무슨 일이 생겼니?"

요게벳이 다급하게 물었다.

"어머니, 일이 아주 잘 되었어요."

공주의 말을 전해들은 요게벳이 강변으로 달려가자 아기를 안고 서성거리던 공주가 말했다.

"이 아기를 데려다 젖을 뗄 때까지 키워 주게. 그러면 내가 충분히 삯을 치러 주겠네."

공주는 품에 안고 추스르던 아기를 요게벳에게 넘겨주고 잘 키워달라고 당부했다(출 2:4-9).

7. 바로 왕실의 히브리 아이

요게벳은 강물에 띄워 보낸 아기를 품에 안고 다시 집으로 돌아왔다. 자기가 낳은 아기를 보모의 자격으로 품에 안은 요게벳은 울면서 자신의 기구한 운명을 받아들였다. 일단 아기에 대한 신분을 보장받은 요게벳은 정성을 다해 양육했다. 언젠가 바로왕가에 돌아갈 것을 생각하고 기회가 있을 때마다 히브리인의 의식을 주입시켰다.

"너는 장차 바로왕가의 아들로 입적되지만 너의 피는 속일 수 없다. 너는 어디까지나 히브리인이지 이집트인은 아니다."

어느덧 아기가 제 발로 걷게 되었을 때 요게벳은 아기를 바로왕의 공주에게 돌려보냈다. 아기가 젖을 떼고 자기 발로 찾아가자 공주는 반갑게 맞아들였다. 그리고 물에서 건진 아이라 하여 이름을 이집트어로 모세(Moses)라고 이름을 지어 바로왕가의 호적에 입적시켰다.

바로왕가의 자손이 된 모세는 이집트 귀족 신분으로 장엄한 대궐에서 성장했다. 모세는 나이가 들면서 당대 최고의 선생들로부터 무술과 학문을 닦았다. 당시 이집트에는 시리아, 팔레스타인 등 조공을 바치는 나라들이 있었는데 그 나라의 왕자들을 가르치는 교육기관이 있었다. 모세도 그 왕자 교육기관에서 다른 나라 왕자들과 어울려 제왕 교육을 받았다.

모세는 이집트인들이 미워하는 히브리인이었지만 바로의 궁전에서 당대 최고의 학자들로부터 높은 학문을 닦았다. 40세까지 학문과 덕을 쌓은 모세는 정치지도자로서 나무랄 데 없는 성인이 되었다. 그러나 형식상 이집트 왕가의 신분이었지만 마음속에는 히브리인의 자부심으로 무장돼 있었다. 히브리인들의 처절한 노예살이는 모세의 가슴을 늘 아프게 했다(출 2:10).

8. 모세의 애국심과 사회적 갈등

모세는 가끔 궁전을 빠져나와 동포들과 격의 없이 어울리기를 좋아했다. 그러던 어느 날 궁전 밖에서 히브리인들의 강제노역을 지켜보고 있을 때 마침 이집트인 노예 감독들이 히브리인을 마구 때리는 것이었다. 사방을 둘러보았지만 아무도 보는 사람이 없었다. 히브리인들이 이집트인 감독에게 잔인하게 두들겨 맞는 것을 지켜보던 모세는 끓어오르는 감정을 억제하지 못했다. 모세는 옳고 그름을 가릴 겨를 없이 단숨에 달려들어 이집트 감독을 때려죽였다. 눈 깜짝할 사이에 벌어진 사태였다. 모세는 죽은 이집트인의 시체를 모래 속에 대충 묻은 다음 그 자리를 떴다. 다음 날 다시 그 장소에 갔을 때 공교롭게도 이번에는 히브리인들끼리 싸우는 것이었다. 동포들 간에 싸우는 것을 지켜본 모세가 말했다.

"당신들은 같은 히브리인이 아니오. 더구나 친구들 간에 왜 싸우는 거요?"

모세는 순수한 동포애로 나무랐다.

그러자 경망한 히브리인이 전날 밤 사건을 들춰냈다.

"누가 당신을 우리 싸움의 재판관으로 세웠소? 어제는 이집트인을 죽이더니 오늘은 나도 죽일 셈이오."

그는 계속해서 마구 떠벌리며 대들었다.

"당신은 왜, 당신의 친구를 때려죽였습니까? 이집트 사람들이 당신을 왕자로 만들지 않았습니까? 우리 히브리 사람들을 지배하는 우두머리가 당신의 양아버지 아닙니까? 그런데 배은망덕하게 이집트 사람을 때려죽이더니 오늘은 나도 죽일 작정이오."

> ● 모세의 인품
>
> 모세는 어머니 품에 안겨서 하나님에 대한 신앙과 히브리인에 대한 애국심을 함양했다. 그러다가 바로왕의 공주의 양자가 되어 궁궐에 들어간 후에는 이집트 최고의 수준 높은 학문을 닦으면서 또 다른 세계에 대한 눈을 뜨기 시작했다(행 7:22-). 모세가 이집트 왕궁에서 세상 문물에 대한 꽃을 피울 수 있었던 것은 완전히 하나님의 오묘한 섭리였다. 훗날 히브리 백성을 이끌어낼 수 있는 지도자의 자질을 갖추고 동족들을 위한 입법을 할 수 있었던 것은 왕궁에서 체계적으로 학문을 닦은 결실이 있었기에 가능했다. 훗날 모세의 인격을 히브리서 기자는 이렇게 말했다. "죄의 일시적인 쾌락을 즐기는 것보다는 오히려 하나님 백성과 함께 학대받는 길을 택했다. 모세는 메시야가 당하는 치욕을 이집트의 재물보다 더 값진 것으로 여겼다"(히 11:24-25).

모세는 일이 크게 잘못되었다고 생각하고, 죽은 이집트인의 시체를 땅 속 깊이 묻었다. 그러나 사건의 전말은 모세가 구해 준 히브리인의 입을 통해 수습할 수 없이 꼬였다. 모세의 살인 사건은 평소 히브리인으로 바로가문의 양자가 된 모세를 못마땅하게 생각하던 히브리인들의 입을 통해 이집트인들에게 알려졌다.

히브리인들은 평소 모세를 좋지 않게 보았다. 왜냐하면, 모세의 내면과 상관없이 형식적인 신분만으로 판단했기 때문이다. 자신들을 탄압하는 바로왕의 양자가 된 모세를 민족의 반역자로 생각했던 것이다. 그러던 차에 모세의 살인 사건은 공감대를 이루면서 모세의 입장이 난처하게 꼬였다(출 2:11-15).

9. 모세의 이집트 탈출

한편 모세의 살인 사건이 알려지자 본래부터 히브리인들에 대한 감정이 좋지 않았던 바로왕은 분개했다.

"역시 히브리 놈은 별 수 없어."

배신감에 사로잡힌 바로왕실은 모세를 당장 잡아들이라고 명령했다. 급기야 살인범으로 쫓기는 신세가 된 모세는 생명을 부지할 수 없었다. 불시에 쫓기는 신세가 되었지만 이집트에는 도와줄 사람이 한 명도 없었다. 이집트인들에게는 살인범이었고, 히브리인들에게는 민족 반역자의 신세가 된 모세는 발붙일 곳이 없었다. 살아남는 길은 오직 이집트를 떠나는 길이었다.

모세는 그 길로 정든 이집트를 떠났다. 바로왕의 병사가 추적할 수 없는 국경 밖으로 멀리 도망쳤다. 안전하다고 생각이 들 때까지 무작정 달려가서 멈췄는데, 그곳은 미디안(Midian)23)이었다. 미디안의 어느 마을 어귀에 이른 모세는 지친 몸을 쉬려고 우물에서 물을 퍼 마시고 잠이 들었다. 얼마쯤 잠에 취해 있을 때 젊은 아가씨들이 양떼에게 물을 먹이려고 다가왔다. 양떼의 소란에 눈을 뜬 모세는 깜짝 놀랐다. 젊은 아가씨들이 다가와 쓰러져 잠든 자신을 살펴보는 것이었다.

---

23) 미디안족의 조상은 아브라함의 후처 그두라가 낳은 6명의 아들 중에 한 명인 미디안의 후예들로서 물과 초원을 따라 정처 없이 떠돌이 생활을 하던 유목민이었다. 그들은 주로 아카바(Akabah)만 그 양편 해안에 살고 있었다. 그러므로 모세가 도망친 행로는 서쪽의 시나이 반도였던 것으로 알려졌다.

자리에서 일어나 정신을 가다듬었을 때 또 다른 한 패의 양치기들이 몰려와 아가씨들을 거칠게 희롱하는 것이었다. 지켜보고 있던 모세가 남자 양치기들에게 달려들어 간단히 쫓아버렸다. 낯선 남자의 의기로 불량한 양치기들의 행패를 모면한 처녀들은 무사히 집으로 돌아갔다. 양을 치러 나간 처녀들이 평소보다 일찍 돌아가자 그의 아버지가 물었다.

"오늘은 어떻게 일찍 돌아 왔느냐?"

"어떤 이집트 사람이 우리를 못된 목자들의 행패로부터 지켜주었고, 양에게 물도 먹여주었습니다."

"너희는 그 사람을 왜 그냥 버려두고 왔느냐? 당장 집으로 초대하여 음식을 대접하라."

아버지의 말에 아가씨들이 우물가로 달려가 모세를 자기 집으로 안내했다. 그 아가씨들은 시내(Sinai)산 근처에 사는 이드로(Jethro)제사장의 딸들이었다.

> ◆ **왕권경쟁에서 밀려난 모세**
>
> 『고대 유대사』를 쓴 역사학자 요세푸스는 모세가 왕궁을 뛰쳐 나온 점에 대해서 다음과 같이 색다른 주장을 한다. 즉, 모세가 에티오피아를 정복하고 그 나라 왕의 딸을 아내로 삼아 데리고 개선했다고 한다. 이때의 승리로 인해 이집트인들로부터 큰 환영을 받은 모세를 바로왕이 질투하여 음해했다는 것이다. 그래서 모세는 바로왕의 암살을 피하여 왕궁을 탈출했다는 것이다. 그러나 이러한 주장을 뒷받침할 역사적 증거는 없다. 다만 모세는 바로왕의 분노도 두려워하지 않았고, 그 앞에 굽실거리거나 굴복하지도 않았다. 그는 하나님에 대한 확신을 가지고 이집트를 떠났다는 것이다(히 11:27).

10. 모세가 이드로의 사위가 되다

어렵사리 미디안에 정착한 모세는 이드로 제사장과 교분을 쌓았다(출 2:16-21). 이드로 제사장의 일곱 딸들 중 십보라(Zipporah)와 결혼도 하였다. 결혼 후 십보라가 첫 아들을 낳자 이름을 게르솜(Gershom)이라고 지었다. 모세는 십보라와 결혼한 후 40년간 양떼를 돌보는 목동으로 처가살이를 했다. 미디안(아카바만)에 오래 살다 보니 그곳의 지리에도 밝아졌다.

모세는 바로의 궁전에서 좋은 음식에 좋은 옷을 입고 어려움 없이 살았지만 미디안에 쫓겨 온 후에는 검소한 목자의 생활로 만족했다. 항상 뻣뻣한 가죽 만도에 샌들을 신고, 긴 나무 지팡이를 잡고, 거친 광야에서 주야로 양떼를 돌보았다. 목축 외에는 다른 생활을 할 수 없었다.

그러나 하나님의 택함을 받은 야곱의 후손인 모세는 미디안의 목자생활이 이집트의 호화로운 궁중생활보다 행복했다. 왜냐하면, 이집트에서는 히브리인들의 참담한 실정을 매일 눈으로 보아야 했지만 미디안의 목동생활은 비록 물질적으로 불편했지만 마음은 훨씬 자유로웠다.

한편 모세가 미디안에 온 후 40년이 지나 80살이 되었을 때 이집트의 악명 높은 람셋 2세가 죽고 새로운 바로가 등장했다. 모세는 메네프라(Menephtah)왕자가 왕위를 계승했다는 소식을 전해 들었다. 그러나 히브리인들에 대한 바로 왕조의 탄압정책은 조금도 변함이 없었다(출 2:22-25).

11. 430년 만에 나타나신 하나님이 모세를 택하시다

히브리 백성들에 대한 바로의 탄압은 날이 갈수록 혹독했다. 심지어 어린이들까지 혹독한 탄압을 당했다. 격심한 탄압에 견디다 못한 히브리인들이 하나님께 울부짖었다.

"우리 선조의 하나님이시여, 우리를 불쌍히 여겨 주십시오."

히브리인들의 처절한 호소가 하늘에 사무치자, 하나님은 저들을 가련하게 보시고 아브라함과 이삭과 야곱에게 언약한 약속을 지키기 위해 계획을 세우시고 그 계획의 중심인물로 모세를 택하셨다. 모세는 레위 지파의 자손으로 이집트 문물에 밝을 뿐만 아니라 바로왕실에서 수준 높은 제왕교육을 받은 사람으로 바로왕조와 인연이 깊기 때문에 여러 면에서 적임자였다. 그러나 모세는 하나님의 깊은 섭리를 알지 못했다.

어느 날 해가 질 녘이었다. 모세는 평소 하던 대로 양떼를 이끌고 광야를 거쳐 시내 산의 바위 기슭에 이르렀을 때 갑자기 우거진 떨기나무 숲에서 불길이 치솟았다. 그러나 불꽃에 뒤덮인 숲이 전혀 타지 않았다. 이상한 불길이라고 생각하고 곁으로 다가가자 지엄한 음성이 들렸다.

"모세야! 더 이상 가까이 오지 말고 얼른 네 신발을 벗어라. 너는 지금 거룩한 땅위에 서 있다. 나는 너의 선조 아브라함과 이삭과 야곱의 하나님이다."

모세가 옷소매로 얼굴을 가리고 물러서자 다시 지엄한 음성이 들렸다.

"모세야! 나는 내 백성이 이집트에서 학대받는 것을 똑똑히 보았고 잔인한 감독들로부터 구해 달라고 부르짖는 소리도 들었다. 그래서 내가 그들을 이집트 사람들의 손에서 구출하고 그 땅에서 이끌어내어 아름답고 넓은 땅, 곧 가나안족, 헷족, 아모리족, 브리스족, 히위족, 여부스족이 살고 있는 기름지고 비옥한 땅으로 인도하려고 한다. 이스라엘 자손들의 부르짖음이 나에게 들리고 또 이집트 사람들이 그들을 학대하는 것도 내가 보았다. 이제 내가 너를 바로왕에게 보내 내 백성을 이집트에서 인도해내도록 하겠다"(출 3:1-10).

◆ 모세가 등장한 시대의 역사적 배경

당시 이집트의 히브리인들은 더 이상 견딜 수 없는 탄압을 가했다. 마지막 희망은 오직 하나님의 도움이었다. 4백 년 동안 이집트에서 부러울 것 없이 자유스럽게 지내는 동안 이집트 사람들의 우상 숭배를 눈으로 지켜보았고, 그들의 풍속에 물든 히브리인들은 하나님께서 조상들에게 약속한 가나안 땅에 대한 꿈도 완전히 잊어버렸다. 그러나 비인도적인 강제 노동을 당하면서부터 편할 때 잊어버렸던 하나님과 가나안에 대한 희망을 다시 생각하게 되었다. 히브리인들이 울부짖자 하나님께서 아브라함과 이삭과 야곱에게 약속한 계약을 성취시키기 위해 히브리인들의 지도자를 찾게 되었다.

12. 모세가 주저하다

모세는 하나님의 지엄한 음성을 듣고 나서 너무 황당한 일이라 아무 대답도 하지 못했다. 이집트에서 알몸으로 도망쳐 나온 무능한 목자가 어떻게 그 많은 히브리인들을 한꺼번에 구출하라는 말씀인지 도저히 이해할 수 없었다. 뿐만 아니라 히브리인들이 과연 자신을 하나님의 택함을 받은 지도자라는 사실을 믿을지도 의심스러웠다. 모세는 여러모로 생각했지만 자신은 적임자가 아니었다.

"주님, 제가 바로왕에게 가서 이스라엘 자손을 어떻게 인도해 냅니까? 제가 하나님께서 보낸 사람이라고 어떻게 인정받습니까? 저들이 하나님이 누구냐고 할 터인데 무엇이라고 대답합니까?"

모세가 의문을 제기하자 하나님께서 다시 이르셨다.

"모세야! 내가 너와 함께 하겠다. 네가 나의 백성을 이집트에서 인도해 낸 다음에는 너희가 다시 이 시내 산에 와서 나를 섬길 것이다. 이것이 내가 너를 이집트에 보내는 목적이다."

하나님은 모세를 이집트에 보내는 이유를 밝히셨다. 그러나 모세는 여전히 자신이 없었다.

"그러나 만일 제가 이집트에 가서 히브리 백성들에게 '여러분의 조상의 하나님께서 나를 여러분들에게 보내셨습니다.' 하고 말하면 그들이 '너를 여기에 보낸 그의 이름이 무엇이냐?' 하고 물으면 무엇이라고 대답합니까?"

모세가 또 다른 의문을 제기하자 하나님께서 다시 이르셨다.

"나를 여러분에게 보내신 분은 '스스로 있는 자'(I am who I am)이다. '너희 선조들의 하나님, 아브라함의 하나님, 이삭의 하나님, 야곱의 하나님이 나를 여러분에게 보내셨습니다.' 하고 말하라. 그리고 히브리 백성들 중에 장로들을 모두 한 자리에 모아서 이집트인들이 히브리 백성들에게 행한 못된 짓거리를 하나님께서 모두 지켜보았다고 하라. 이제 내가 이집트에서 히브리 백성들의 슬픔을 끝내려

한다는 사실을 분명히 말하라. 그러면 히브리인들이 너의 말을 믿고 그들이 모두 너와 함께 시내 산으로 되돌아오게 될 것이다. 모세야, 너는 그들을 꼭 이곳으로 데려와야 한다"(출 3:11-17).

> ◉ **하나님의 이름 야훼(Yahweh), 여호와(Jehova), 주(Lord), YHWH 또는 JHWH**
>
> 모세가 시내 산에서 하나님의 이름을 확인한 후 하나님을 지칭하는 이름은 이상 5가지로 전해져 오고 있다. 당시 하나님은 분명히 당신의 이름을 알려주셨지만 훗날 신명기에서 하나님의 이름을 함부로 부르지 못한다는 율법에 의해 이상 자음만으로 전해져 오는 이름이 어떻게 읽혀졌는지 오늘날 아무도 모른다.
>
> 히브리인들에게는 이 자음이 나올 때마다 '주님'이라는 뜻을 지닌 '아도나이(Adonay)'로 읽는 습관이 전래되었다. 알렉산드리아의 유대인 학자들은 기원전 250년 경에 히브리 성서를 그리스어로 번역하면서(70인역) YHWH 에 해당하는 히브리어 자음이 나올 때마다 주님이라는 의미의 퀴리오스(Kyrios)로 번역하였던 것이다. 중세의 유대인 학자들은 자음만으로 이루어진 히브리 성서를 읽기 쉽게 하려고 자음으로 된 본문에 모음 표시를 삽입한 YHWH(JHWH)로 자음에는 '아도나이(Adonay)'에 사용되는 모음을 그대로 삽입하였다. 이런 전통에 따라 '에호바(여호와라고도 함)'라는 합성어가 만들어진 것이다. 그러므로 '여호와'는 출애굽기 3장 14-16절에서 모세에게 계시된 하나님의 이름이 옳은 발음은 아니다. 또한 '야훼'라는 발음 역시 학자들의 연구를 통한 하나의 추측일 뿐이다. 따라서 현재는 하나님은 이름이 없는 분이라는 새로운 정의에 이르게 되었다..
>
> 그러므로 구약에서 하나님의 이름을 '주님'이라는 칭호로 대신하였던 습관은 신약에서 예수님에게도 그대로 적용되었다. 이는 신약성서의 저자들이 예수님의 신성을 확언하는 것이다. 그래서 신약에서 예수님에게 주어진 주님이라는 칭호의 의미는 구약에서 하나님 이름을 주님이라는 칭호로 대신한 데에 그 기반을 두고 있다. 사실 이는 그리스도의 신성(神聖)에 관한 우리의 가르침과 직접 관계를 맺고 있다.

13. 여전히 자신이 없는 모세

하나님께서 진지하게 분부하셨지만 모세는 여전히 자신이 없었다. 의기소침한 모세가 결단을 내리지 못하자 하나님께서 다시 강조하셨다.

"이집트에 도착하거든 바로왕에게 직접 찾아가서 히브리 백성의 주 하나님께서 친히 너를 이집트에 보내셨다고 당당히 밝혀라. 그런 다음 히브리 백성이 하나님께 제물을 바칠 수 있도록 당장 석방하라고 요구하라. 모세야! 다시 당부한다. 바로왕은 쉽게 허락하지 않고 애를 먹일 것이다. 그러나 나는 진노의 팔을 들어 허락할 때까지 바로왕을 응징할 것이다. 그는 결국 나의 지엄한 권능을 체험한 다음에야 풀어 줄 것이다."

하나님께서 해법을 제시했지만 모세는 여전히 결단을 내리지 못했다. 그러자 하나님은 보다 강력한 어조로 다그치셨다.

"모세야! 나는 히브리 백성이 이집트를 떠날 때 빈손으로 떠나지 않고 이웃 사람들로부터 금은 보석 등 너희가 원하는 것은 무엇이든 빌려올 수 있도록 할 것이다."

하지만 자신이 없는 모세는 또 다른 이유를 들었다.

"히브리인들이 내 말을 믿지 않거나, 하나님의 권능을 믿지 않으면 어떻게 합니까?"

모세가 하나님의 능력을 의심하자 지엄한 음성이 메아리쳤다.

"모세야, 지금 네 손에 잡고 있는 것이 무엇이냐?"

"예, 나무 지팡이입니다."

"그 지팡이를 땅에 던져라."

모세가 잡고 있던 나무 지팡이를 땅에 던지는 순간 뱀이 되었다. 모세가 기겁을 하고 도망치자 하나님의 음성이 들렸다.

"모세야, 네 손으로 뱀의 꼬리를 잡아라."

모세가 뱀의 꼬리를 잡는 순간 요동치던 물체가 다시 지팡이가 되었다.

"모세야, 이것은 아브라함의 하나님, 이삭의 하나님, 야곱의 하나님인 내가 너희들에게 나의 능력을 믿도록 하기 위해 증거를 보여준 것이다."

하나님은 친히 당신의 능력을 사실로 드러내 보여주셨다(출 3:18-22).

14. 모세의 변명과 하나님의 설득

하나님께서 다시 이르셨다.

"모세야, 네 손을 품속에 넣었다가 꺼내라."

모세가 손을 겉옷 속에 넣었다 꺼내는 순간 피부가 문둥병에 걸린 손으로 변했다. 모세가 기겁을 하자 다시 하나님의 음성이 들렸다.

"모세야, 네 손을 다시 겉옷 속에 넣었다 꺼내라."

모세가 손을 품속에 넣었다 꺼내자 원상태로 회복되었다. 하나님께서 다시 이르셨다.

"모세야, 만일 이집트에 있는 히브리 백성들이 너를 믿지 않거든 지금 내가 너에게 보여준 기적을 그들에게 똑똑히 보여주어라. 만일 그래도 그들이 믿지 않거든 강에서 물을 떠다 마른땅에 뿌려라. 그러면 그 물이 땅에 닿는 순간 피로 변할 것이다."

모세는 하나님께서 권능을 주시겠다고 하셨지만 바로왕과 싸울 자신이 없다고 털어놓았다.

"주여, 죄송합니다. 저는 도무지 말재간이 없는 사람입니다. 어제도 그제도 그러했고 주님께서 저에게 말씀하신 오늘도 마찬가지입니다. 저는 워낙 입이 둔하고 혀가 굳은 사람입니다."

모세가 자기의 어눌한 말씨를 들어 사양하자 하나님께서 다시 꾸짖으셨다.

"누가 사람에게 입을 주었느냐? 누가 벙어리나 귀머거리를 만들고 눈을 열어 주거나 앞 못 보는 장님이 되게 하느냐? 나 하나님이 아니더냐? 어서 가거라. 네가 입을 열 때 내가 무슨 말을 해야 할지 가르쳐 주마."

그러나 여전히 자신이 없는 모세는 눈물을 머금고 사양했다.

"하나님! 정말 저는 자신이 없습니다. 제발 저 말고 다른 사람을 택하십시오"(출 4:1-7).

15. 모세의 승복

모세는 정말 자신이 없었다. 모세뿐만 아니라 다른 누구도 이집트제국의 바로왕과 싸워 이길 수는 없었다. 그러나 모세의 항변에도 불구하고 하나님은 이미 그를 당신의 종으로 쓰기 위해 선택하셨기 때문에 어떤 변명도 통하지 않았다. 하나님은 모세로 하여금 스스로 자신의 능력을 깨달을 때까지 타이르셨다.

"모세야, 이집트에는 아직 네가 생각하지 못한 형이 한 사람 있다. 그가 바로 레위 사람이며 너의 형 아론(Aaron)이다. 그는 너 보다 말을 뛰어나게 잘한다. 네가 이집트로 돌아가면 아론이 너를 맞이하기 위해 마중 나올 것이다. 그는 네가 말이 필요할 때마다 너를 대신할 것이다. 그리고 아론이 너를 도와주도록 내가 말한 내용을 그에게도 똑같이 가르쳐 줄 것이다. 모세 네가 이집트에 가면 아론이 너를 돕게 될 것이다. 네가 하나님인 나를 위해 말하는 것처럼 그도 너를 위해 말할 것이다."

마침내 하나님의 섭리를 확인한 모세가 순종할 것을 다짐하자 하나님의 음성이 들렸다.

"모세야, 네가 나를 필요로 할 때마다 나는 너와 함께 할 것이다. 그러므로 나는 네가 무엇을 해야 할 것인가를 늘 기억하고 있다가 만일 네가 필요할 때마다 미리 가르쳐 주겠다. 그러나 지금은 더 이상 말하지 않겠다. 어서 이집트로 돌아가거라. 전에 너를 죽이려 하던 이집트인들은 이미 다 죽었다. 더 이상 중언부언할 여지가 없다. 어서 이집트에 가서 나의 백성을 구출해 와야 한다. 그 지팡이를 잡고 가거라."

모세가 하나님의 분부에 순종하기로 결심하는 순간 가슴이 뜨거워지면서 마음에 확신이 섰다. 하나님의 뜻을 확인한 모세는 곧장 장인 이드로를 찾아갔다.

◆ 탈무드의 전설

모세가 바로의 궁정에서 당대 최고의 교육을 제대로 받고 훌륭하게 장성했는데 왜, 말을 제대로 못하고 말더듬이가 되었을까? 성서의 말씀을 쉽게 납득하기 어려운 대목이다. 서기 1세기에서 5세기에 유대인들의 랍비들이 자기들 나름대로 해석해 놓은 미드라쉬(Midrash), 미쉬나(Mishna), 탈무드(Talmud)에 의하면 이집트 왕국에서 왕위 계승권자가 확실히 부상할 때까지 왕자들간에 골육상쟁의 혈투가 벌어졌다고 한다.

크리스티앙 자크라는 사람이 쓴 장편 소설 '라암셋'에 의하면 당시 라암셋이 형을 제치고 왕위에 오르는 과정에서 형이 동생을 몇 번이나 죽이려고 계략을 꾸몄다고 한다. 공주가 데려다 기른 양자 모세도 왕권 경쟁자로 부상했기 때문에 바로왕의 요술이나 주술사는 물론 공주와 바로 왕자들이 각별히 경계하는 대상의 한 명이었다는 것이다.

그러던 어느 날 바로왕이 뜨겁게 달군 금 구슬을 모세에게 주었다고 한다. 만일 모세가 똑똑하고 사리판단을 잘해서 그 뜨거운 구슬을 덥석 받지 않으면 죽이려고 했다. 그런데 모세가 미련스럽게도 그 구슬을 덥석 받아 입에 넣었다. 그래서 혀가 불에 탄 모세의 모습을 지켜본 바로는 모세를 그냥 살려두어도 별 문제가 없는 멍청이로 간주하고 살려줬다는 것이다. 모세는 그 때 혀가 타서 말을 더듬거리게 되었다고 한다.

그런데 실상은 모세가 그 때 뜨거운 구슬을 입에 넣지 않으려 했지만, 천사가 나타나 모세의 손을 움직여서 입에 넣어주었다고 한다. 바로왕의 음흉한 속셈을 아시는 하나님께서 모세를 살리기 위해 그렇게 안배하셨다는 것이다. 일찍이 유대 사회에는 '질문도 할 줄 모르는 놈'이라는 말이 바보를 뜻한다고 한다. 그래서 유대인 아이들은 성서에 기록된 내용이 궁금하여 서슴지 않고 어른들에게 계속 물었다고 한다. 유대인들은 모세 이야기를 아이들에게 들려줄 때 "살다 보면 어렵고, 힘든 일들이 생기지만 더 큰 계획과 더 큰 사명을 위해서 미리 준비하신 하나님의 손길일 수도 있으니까 잘 받아들이고 항상 감사하며 살라"고 가르쳤다고 한다.

"이집트에 있는 내 형제들이 아직 살아 있는지 가서 보고 오겠습니다."

작별 인사를 드린 다음 모세는 가족들이 꾸려준 짐을 챙겨 아내와 두 아들을 나귀에 태우고 지팡이를 잡고 집을 나섰다. 그러나 마음 한 구석에는 여전히 막중한 임무를 어떻게 수행할 수 있을까 두려움이 가시지 않았다. 다만 필요할 때마다 하나님께서 도와 줄 것이란 약속을 믿고 길을 나섰다. 모세는 비로소 하나님의 분부는 무조건 순종해야 한다는 것을 새삼 깨달았다(출 4:8-20).

16. 피 흘려 얻은 신랑

모세가 길을 나서 어느 곳에 이르러 날이 저물어 하룻밤 묵고 가기로 했다. 그런데 갑자기 하나님이 그를 죽이려 했다. 그때 아내 십보라가 돌칼로 제 아들의 포경을 잘라 그것을 모세의 발에 대며 말했다.

"당신은 피로 얻은 나의 신랑입니다."

그제야 주님께서 그를 놓아 주셨다. 그래서 십보라는 모세를 향해 외쳤다.

"할례를 베풀어 피 흘려 얻은 신랑이에요"(출 4:24-26).

제2장 모세와 바로의 대결

1. 40년 만에 돌아온 모세

모세 일행이 하나님의 산 시내에 이르렀을 때 먼 지평선에 아른아른 움직이는 물체가 눈에 들어왔다. 처음에는 희미하게 보이던 물체가 점점 가까워졌을 때 그것은 길을 나선 또 다른 여행자들이었다. 모세 일행이 그들을 자세히 살피고 있을 때 상대편에서 누군가 한 사람이 앞으로 나와 손을 흔드는 것이었다. 그것을 보고 모세가 자리에서 벌떡 일어섰다.

'그렇지, 나를 맞으러 올 사람이 있지!'

황급하게 낙타에 올라 채찍을 휘둘렀다. 양편에서 달려온 낙타가 마주쳤을 때 모세가 먼저 낙타에서 내려 말을 걸었다.

"당신이 아론입니까?"

거두절미하고 이름을 부르자 상대방은 왈칵 달려들어 모세의 등을 얼싸안고 입을 맞추었다.

"주님께서 이르시길 형님께서 찾아올 것이라고 했습니다. 당신이 아론입니까?"

"그렇다. 내가 바로 너의 형 아론이다. 주님께서 이집트로 돌아오는 너를 인도하도록 마중 보내셨다."

오랜만에 만나 의기투합한 두 형제는 이집트로 향했다(출 4:21-30).

2. 바로에게 하나님의 뜻을 전하다

이집트에 도착한 모세는 즉시 민족해방운동을 시작했다. 정든 이집트에 돌아와 짐을 푼 모세는 아론의 안내로 히브리 원로들을 찾아갔다.

"하나님께서 히브리인들을 구출하기 위해 저를 보내셨습니다."

모세는 히브리 원로들에게 그 동안 미디안에 있었던 경위를 설명하고 다시 이집트에 돌아온 목적을 밝혔다. 원로들은 하나님께서 자신들을 해방시켜 주시려 한다는 말에 크게 감동했다.

그때 그는 80세였고, 아론은 83세였다. 이집트 궁궐에서 40년간 학문을 배우고 군사 수련을 받은 다음 미디안 광야에서 40년 간 목자생활을 해 세상 경험이 풍부한 모세였다. 하나님 보시기에 히브리 민족의 지도자로 이집트에서 히브리인들을 이끌어내기에 충분한 경력을 갖춘 인물이었다. 그러나 히브리인들이 오랜만에 돌아온 자신을 어떻게 맞을 것인가 몹시 걱정스럽기도 했다. 다행히 히브리 원로들이 자신을 신뢰하는데 대해 큰 용기를 얻었다. 모세는 주저 없이 히브리인 구출작전에 들어갔다. 우선 바로왕이 자신에게 관심을 기울이도록 아론과 함께 찾아가 단도직입으로 하나님의 메시지를 전했다.

"바로왕이시여! 제 말을 잘 들어주십시오. 히브리인들의 주님께서 저에게 '모세야, 너는 나의 백성을 구하기 위해 모든 어려움을 감수하고 사흘 동안 황막한 사막을 통해 이집트에 들어가 나의 백성을 석방시켜야 한다. 만일 그렇지 않으면 너를 크게 벌할 것이다.' 하고 말씀하셨습니다. 하루 속히 우리가 사흘쯤 광야로 나가 하나님께 희생제물을 바칠 수 있도록 허락해 주십시오."

그러나 바로는 코웃음 쳤다.

"도대체 하나님이 누구냐? 나는 아직 그 하나님을 본 바도 들은 적도 없다. 그런데 내가 어떻게 당신이 하는 말을 하나님의 말이라고 믿을 수 있단 말이냐? 또 당신이 말하는 하나님이란 신이 과연 히브리인들의 하나님이라는 사실을 내가 어떻게 믿느냐? 뿐만 아니라 히브리인들 역시 당신의 말을 어떻게 믿고 따라가겠느냐? 절대로 안 된다. 히브리인들은 아직 여기에 할 일이 많다. 우선 나의 궁전도 지어야 하고, 창고도 지어야 한다. 만일 내가 히브리인들에게 광야에 나가 기도할 시간을 베려한다면 그만큼 일하는 시간을 더 연장해야 할 것이다."

바로왕은 모세의 요구를 일언지하에 거절했다(출 5:1-5).

3. 바로에 대한 재앙

모세가 히브리 백성을 석방하라고 요구하자 바로왕은 오기가 끌어 올랐다.

'제 놈이 무엇인데 내 수중의 노예들을 이래라 저래라 하는 거지? 저할 일이나 할 것이지…'

모세를 괘씸하게 생각한 바로왕은 반감을 품었다. 모세와 아론이 히브리 노예들에게 일을 하지 못하도록 선동한다는 등 엉뚱한 이유로 단입의 빌미를 잡은 바로왕은 히브리인들에게 종전보다 훨씬 더 많은 작업량을 떠맡겼다. 결국 모세에 대한 바로왕의 반감은 애꿎은 히브리인들에게 분풀이로 돌아왔다. 주로 건축 공사장에 투입된 히브리인들은 벽돌을 만드는데 쓰이는 밀집을 모아다 자르는 작업을 했다. 그런데 모세가 나타난 후 작업량이 배로 불어나면서 히브리인들의 노역은 한층 더 가혹해졌다. 바로왕이 히브리인들을 혹사시키는 방법은 교묘했다. 매일 일정

량의 밀짚을 자르도록 지시한 다음 밀짚을 가진 이집트인들에게는 히브리인들에게 밀짚을 주지 못하도록 방해했다. 그리하여 작업량을 채우지 못하면 힘든 벽돌을 만들거나, 아니면 더 까다롭고 힘든 일을 그 만큼 더 하도록 강요했다. 만일 재료가 없어 책임량을 감당하지 못하면 엉뚱하게 태만했다는 이유로 가차 없이 매질을 가했다. 결국 바로왕의 비위를 거스른 후 히브리인들에 대한 탄압이 격심해졌기 때문에 이번엔 히브리 원로들이 모세에게 항의했다.

"당신이 우리를 도와주려고 했지만 결과는 전보다 더 악화되었소. 당신이 우리를 바로와 그의 신하들에게 눈에 가시처럼 만들었소. 바로왕에게 우리를 죽일 구실을 주었으니 하나님께서 벌할 것이오."

히브리 원로들의 볼멘소리가 커지면서 모세의 입장이 난처했다. 하나로 뭉쳐도 어려운 일인데 내부적으로 분열이 생긴 것이다. 그러나 모세는 실망하지 않았다. 설마 하나님께서 당신의 사랑하는 백성에게 더 시련을 주기 위해 자신을 보내지는 않았을 것이라고 생각하며 기도했다.

"주님, 어찌하여 당신의 백성이 괴로움을 겪어야 합니까? 제가 주님의 뜻을 밝힌 후 히브리 백성들은 더 심한 고통을 당하게 되었습니다. 왜 저를 보내셨습니까?"(출 5:6-21)

4. 모세에게 권능을 베푸시다

하나님께서는 모세를 위로하며 용기를 주셨다.

"나는 너의 주 하나님이다. 내가 너희를 이집트 사람들의 노예생활에서 해방시켜 자유로운 몸이 되게 하려고 큰 능력과 심판으로 너희를 구원하여 내 백성을 삼겠다. 그리고 너희들의 하나님이 될 것이다. 내가 아브라함과 이삭과 야곱에게 주겠다고 약속한 땅으로 인도해 너희들에게 그것을 주어 소유토록 하겠다."

그리고 모세에게 투쟁방법을 가르쳐 주셨다.

"모세야, 이제 너는 바로왕에게 본때를 보여 주어야 한다. 내가 너를 통해 히브리인들을 모두 구출한다고 당당하게 맞서라. 바로가 곧 너를 부를 터이니 그때 네가 어떻게 대처해야 할 것인가를 그때 가서 다시 알려 주겠다."

그 다음날 바로왕이 모세를 불러들였다. 그는 모세에게 느닷없이 히브리인들이 믿는 하나님의 능력을 보여 달라고 했다. 모세는 아론에게 기적을 보여 주라고 했다.

아론이 손에 잡고 있던 지팡이를 바로왕 앞에 던지자 곧 뱀으로 변했다. 그러나 심기가 뒤틀린 바로왕은 하나님의 권능을 인정하지 않았다. 그 정도의 기적 쯤은 이집트인들도 할 수 있다고 하면서 이집트의 마술사들을 불러들였다. 역시 이집트의 마술사들도 똑같은 기적을 보여주었다. 바로왕은 하나님의 권능을 대수롭지 않게 여겼다. 그런데 이상한 일이 벌어졌다. 아론의 뱀이 마술사들의 뱀을 모조리 잡아먹는 것이었다. 그것은 하나님의 능력과 마술사의 속임수가 다르다는 증거였다. 그러나 바로왕은 기적의 진가를 구별하지 못했다(출 5:22-23; 7:8-13).

5. 마술사들을 끌어들이다

바로왕은 하나님의 기적을 가소롭게 여겼지만 모세는 좌절하지 않았다. 더 많은 기적을 보여주면 결국 깨달을 것이라고 생각하고 다음날 나일강 가로 나가 단호하게 말했다.

"나의 주님께서 폐하께서는 재앙을 통해 하나님의 권능을 알게 될 것이라고 하셨습니다. 만일 우리 히브리인들을 풀어 주지 않으면 이번에는 기적이 아니라 재앙을 내릴 수밖에 없습니다."

그러나 바로왕은 여전히 코웃음 쳤다. 어디 재앙을 내려보라는 태도였다. 바로왕의 태도에 격분한 모세가 아론에게 손에 잡은 지팡이로 강물을 내려치라고 했다. 아론이 지팡이로 강물을 내려치는 순간 맑고 푸르던 강물이 검붉은 피로 변했다.

연못과 샘은 물론 궁궐 안에 있는 항아리의 물까지 모두 붉은 피로 변했다. 물고기가 떼죽음 당해 썩는 냄새가 온 누리에 풍겨 물을 마실 수 없을 뿐더러 죽은 물고기에서 전염병까지 번졌다.

그러나 바로왕은 여전히 하나님의 권능을 인정하지 않고, 이집트의 미술사들을 불러들여 물었다.

"너희들도 모세처럼 미술을 할 수 있느냐?"

바로왕의 사주를 받은 미술사들이 자기들도 할 수 있다고 대답했다.

"그렇다면 나는 마음을 바꾸지 않겠다. 히브리인들은 계속 이집트에 남아 있어야 한다."

바로는 조금도 태도를 바꾸려고 하지 않았다(출 7:14-29).

6. 개구리 재앙

모세는 다음날 다시 바로왕을 찾아가 새로운 조건을 제시하고 석방을 간청했다.

"우리 히브리인들이 하나님을 섬길 수 있도록 보내 주십시오. 만일 허락하시지 않으면 개구리의 재앙이 일어날 것입니다. 강은 물론 폐하의 궁궐에도 개구리 떼가 들끓게 될 것입니다."

지난번과 전혀 다른 형태의 재앙을 내리겠다고 했지만 바로왕의 반응은 냉담했다. 일언지하에 거절당한 모세가 지팡이로 강물을 휘저었다. 그러자 온 누리에 개구리 떼가 들끓었다. 나일강에서 시작된 개구리 떼가 강둑을 넘어 온 대지를 뒤덮었다. 사방으로 번진 개구리 떼는 사람의 머리까지 뛰어올라가 상처를 입혔다. 집집마다 개구리의 더러운 발이 가정의 집기를 마구 짓밟았다. 심지어 궁궐에도 개구리가 들끓었다. 나중에는 사람들의 목에서 주머니 속까지 파고들었다. 사태가 심각해지자 바로왕이 모세를 불러 타협을 청했다.

"제발 당신의 하나님께 부탁해 저 더러운 개구리 떼를 없애 주시오. 그러면 하나님을 경배하도록 당신들을 보내 주겠소"(출 8:1-8).

7. 바로의 식언과 재앙

마침내 바로왕의 입에서 타협안이 제시되자 모세는 다음과 같이 말했다.

"왕께서 말씀하신 대로 내가 하나님과 같은 분이 없다는 사실을 알려 드리겠습니다. 개구리가 왕과 왕의 궁전과 왕의 신하와 백성들을 떠나 나일강에만 있게 될 것입니다."

모세가 바로왕에게 하나님의 권능을 설명하고 하늘을 우러러 기도하자 창궐했던 개구리들이 모두 죽었다. 개구리 떼가 모두 사라지자 바로왕은 태도를 바꾸었다. 바로왕의 약속을 믿고 떠날 것이라고 생각한 히브리인들은 한 발짝도 움직일 수 없었다. 바로왕의 후안무치한 작태를 지켜보신 하나님께서 모세에게 다시 말씀하셨다.

"모세야, 이번에는 그 지팡이로 한 줌의 먼지를 허공에 뿌려라."

모세가 한 줌의 먼지를 허공에 뿌리자 미세한 먼지가 모두 기생충(이)으로 변했다. 기생충이 사람의 몸속에 파고들어 전염병을 유발시켰다. 끔찍한 전염병이 이집트 전역에 번져 백성들의 고통이 극심했다. 그러나 바로왕은 여전히 모세의 요구를 받아들이지 않았다. 다음날 모세는 다시 바로왕을 찾아가 말했다.

"만일 히브리인들을 석방하지 않으면 우리 주님께서 이번에는 파리 떼를 보내시어 이집트 백성을 해칠 것입니다. 물론 폐하의 집안에도 화를 입힐 것입니다. 그러나 고센 땅의 히브리인들만은 안전할 것입니다."

강력한 경고에도 바로왕은 전혀 석방할 기색을 보이지 않았다. 모세가 자신의 경고가 사실로 드러나게 해 달라고 기도하자 파리 떼가 이집트 전역에 몰아 닥쳤다. 마치 검은 구름처럼 떼를 이룬 파리 떼가 바람을 타고 사방으로 몰려가 사물을 덮쳤다. 파리로 인한 백성들의 피해가 극심하자 바로왕이 다시 모세를 불러들였다.

"좋소. 하지만 떠나지 말고 지금 살고 있는 이곳에서 당신들 신에게 제사 지내시오."

그 동안 코웃음 치던 바로왕의 태도가 한결 부드러워졌다(출 8:9-12).

8. 모세의 설득과 응징

모세는 이집트를 떠나지 말라는 바로왕의 제의를 거절했다.

"이집트 사람들은 우리가 하나님께 희생제물을 드리기 위해 짐승 잡는 것을 싫어합니다. 우리는 사흘쯤 광야로 나가 희생제물을 드리고 다시 하나님께서 배려하신 곳으로 떠나야 합니다."

모세는 본래의 주장을 고수했다. 그러자 입장이 난처한 바로왕이 한 발 물러섰다.

"그러면 떠나시오. 그러나 멀리 가지는 마시오."

여전히 덫을 놓자 모세가 말했다.

"바로왕이시여, 제가 드린 말씀대로 약속하셔야 곤충 떼를 몰아낼 수 있습니다. 우리는 이집트를 완전히 떠나야 합니다. 약속을 지키겠다고 말씀하십시오."

모세가 바로 왕과 약속하며 다짐받는 순간 이집트 전역에 퍼져 있던 파리 떼가 사라졌다. 바로왕은 태도가 또 다시 돌변했다. 그는 자기가 한 말에 전혀 책임을 지지 않았다. 참을 수 없는 일이 반복되었다. 그러나 모세는 초조하지 않았다. 바로왕의 식언은 그로 하여금 좀 더 담금질을 당할 필요가 있다고 생각했다.

며칠 후 다시 바로왕을 찾아가 그 동안의 약속을 이행하라고 추궁했다. 만일 약속을 이행하지 않으면 감당할 수 없는 재앙을 당하게 될 것이라고 전했다. 그러나 바로왕은 여전히 모세의 경고를 무시한 채 만전을 피웠다. 바로의 교활한 태도에 격분한 모세가 말했다. 만일 약속을 이행하지 않으면 이집트인들의 동물이 모두 병들어 죽을 것이라고 했다. 역시 모세의 경고가 떨어지자 이집트의 소와 낙타 등 모든 동물들이 마구 죽어갔다. 그러나 히브리인들의 동물만은 무사했다. 그것만 봐도 하나님께서 재앙을 내리는 목적이 무엇인지 분명히 알 수 있었지만 바로왕은 외면했다(출 8:13-16).

9. 여섯 번째, 일곱 번째의 재앙

바로왕의 변덕을 지켜본 하나님께서 다시 모세에게 이르셨다.

"모세야, 아궁이에서 재를 한 줌 집어 하늘을 향해 뿌려라."

모세와 아론이 바로왕 앞에 나가 한 줌의 재를 하늘을 향해 뿌렸다. 작은 재가 옮겨 붙는 피부는 곪아터졌다. 전염병으로 퍼져 백성들은 물론 바로 왕의 피부에도 부스럼이 돋았다. 환자들의 비명이 하늘에 사무쳤지만 바로왕은 돌이키지 않았다. 강퍅한 바로의 태도를 지켜보신 하나님께서 모세에게 다시 이르셨다.

"모세야, 바로에게 가서 이번에는 아직 누구도 겪어 보지 못한 환난을 당하게 된다고 경고하라. 그러면 이 세상에 나보다 더 위대한 존재가 없다는 사실을 똑똑히 보여 주겠다. 내일 당장 공포의 우박을 내리겠다. 누구든 나를 두려워하는 사람은 가족을 집안에 들여앉힘으로써 무사하지만 내 말을 가볍게 여기는 사람은 집밖에 나갔다가 큰 화를 당할 것이다."

모세가 다시 하나님의 경고를 전했다. 그러나 바로왕은 여전히 승낙하지 않았다. 모세가 밖으로 나와 하나님께 호소하자 갑자기 고막을 찢는 천둥소리가 천지를 진동하는 가운데 돌 같은 우박이 쏟아졌다. 사람은 물론 들녘에 풀어 놓은 짐승들까지 얼음 덩어리에 맞아 죽었다. 그러나 하나님의 분부를 간직한 히브리인들은 집안에서 한 발짝도 밖으로 나가지 않았다. 많은 생명체들이 우박을 맞아 죽어갔지만 히브리인들은 한 사람도 해를 입지 않았다. 하나님의 경고를 무시한 백성들만 피해를 입었다. 사태가 심각하게 번지자 바로왕은 모세에게 사람을 보내 이렇게 말했다.

"그 동안 당신들 때문에 많은 벌을 받았소. 그리고 나는 당신들의 주님이 위대한 분임을 비로소 알았소. 그리고 나의 생각이 잘못되었음도 깨달았소. 당신들의 주님께 공포의 우박을 멎도록 해주면 당신들을 떠나보내겠소."

바로왕의 태도에 뉘우치는 기색이 엿보이자 모세가 말했다.

"내가 맨 먼저 이 도시를 떠날 것입니다. 내가 먼저 떠난 다음 우박을 멎게 해달라고 하나님께 요청할 것입니다."

모세가 떠날 채비를 서두르자 쏟아지던 우박이 멈추었다(출 9:13-36).

> ◆ 이집트 탈출연대
>
> 히브리인들이 이집트를 탈출한 연대에 대해서는 두 가지 학설이 있다. 제1설은 히브리인들에 대한 박해를 이집트 18왕조의 토우트메스 3세(Thoutmes 3 기원전 1501-1449년)로 보고, 당시의 바로왕을 아메노피스(Amenophis 3 기원전 1413-1244년)로 보고 있다. 그러나 제2학설은 히브리인들에 대한 박해를 19왕조의 라암셋2세(Ramses 2 기원전 1310-1244년)로 보고, 탈출 당시의 왕을 메네프타(Menephtat 기원전 1211-1225년)로 본다. 제1설에 의하면 이집트 탈출로부터 솔로몬의 성전 건축까지를 480년으로 계산하는 열왕기(Kings)의 기록과 꼭 들어맞는다. 그러나 다른 한편에서 보면 히브리인들이 이집트에 거주한 기간이 430년이었으므로 이집트에 이주한 때가 기원전 1830년이 된다. 즉 힉소스(Hyksos)가 이집트를 정복한 1680-1580년보다 훨씬 뒤에 속한다. 뿐만 아니라 만일 히브리인들이 기원전 1400년 전후에 이집트를 떠났다고 하면 1360년 경에 가나안에 정착하였다는 결론이다. 그러나 문헌에 의하면 기원전 1410-1360년까지 가나안에 관한 정치 상태에 관한 기록이 자세히 기록되어 있지만 히브리인들에 대한 기록은 전혀 없는 점으로 미루어보아 히브리인들의 이집트 탈출은 제2의 학설에 근거해 기원전 1230년 경으로 보는 것이 옳다.

10. 바로왕의 거듭된 식언

그러나 바로왕은 또 약속을 어기고 떠날 채비를 갖춘 모세가 히브리인들과 합류하는 것을 방해했다. 바로왕의 변덕을 지켜보신 하나님께서 다시 모세에게 이르셨다.

"모세야! 걱정하지 마라. 나는 바로에게 내가 누구라는 사실을 보다 따끔하게 보여주겠다. 그의 마음이 변하지 못하도록 심장을 딱딱하게 굳힐 것이다. 그래야만 바로는 내가 전지전능한 하나님이라는 사실을 알게 될 것이다."

다음 날 모세는 다시 바로왕을 찾아가 강력하게 말했다.

"우리 히브리인들을 풀어 주지 않아서 이번에는 메뚜기 떼가 덮칠 것입니다."

모세의 경고가 끝나자 여치 종류의 메뚜기 떼가 순식간에 온 누리에 번져 농작물을 닥치는 대로 마구 갉아먹었다. 메뚜기 떼의 피해가 번지자 신하들은 모세와 한 약속을 어겨 재앙의 원인이 된 국왕을 원망했다(출 10:1-11).

11. 이집트 백성들의 반항

이집트 백성들이 바로왕에게 모세의 요청을 허락해 줄 것을 간청했다. 만일 메뚜기 떼가 전국의 농작물을 모두 갉아먹으면 백성들은 굶주리게 될 판이었다. 백성들의 원성이 높아가자 바로왕은 모세를 불러들여 다시 말했다.

"메뚜기 재앙을 거두어 주시오. 그러면 나는 히브리인들 중 남자들만 떠나도록 허락하겠소. 여자들과 아이들은 계속 남아 있어야 하오."

바로왕은 여전히 잔꾀를 부렸다. 모세가 큰 소리로 맞섰다.

"우리는 남녀 한 사람도 남겨 놓을 수 없습니다. 동물도 두고 갈 수 없습니다."

하지만 바로왕은 여전히 동의하지 않았다.

한편 대지를 뒤덮은 메뚜기 떼가 농작물을 계속 잠식했다. 불어난 메뚜기 떼가 하늘을 날 때는 마치 검은 구름처럼 태양을 가려 대지가 어두워져 앞이 보이지 않을 정도였다. 나무에 달린 과일은 물론 잎사귀까지 닥치는 대로 마구 갉아먹었다. 메뚜기 떼가 한 번 휩쓴 농경지는 폐허로 변했다. 다급한 바로왕이 모세를 불러들여 이렇게 말했다.

"메뚜기의 재앙을 거두어 준다면 히브리인들을 모두 풀어 주겠소."

바로왕은 비로소 아무 조건도 달지 않았다. 모세는 그의 말을 전적으로 믿지 않았지만 그렇다고 자발적인 제의를 거부할 수는 없었다. 그래서 메뚜기 떼를 거두어 달라고 기도했다. 메뚜기 떼가 사라지자 또 바로왕의 태도가 달라졌다. 약속을 어기며 식언을 번복하는 바로왕을 지켜보신 하나님께서 무서운 재앙을 내리도록 이르셨다.

"모세야, 너의 손을 하늘을 향해 들어라."

모세가 손을 들어 하늘을 가리키자 갑자기 세상이 질식할 정도로 캄캄했다. 전혀 앞을 내다 볼 수 없는 어둠이 사흘 동안 계속되었다. 히브리인들은 어둠 속에서도 여전히 물체를 알아볼 수 있었다. 그러나 겁먹은 이집트인들이 바로왕에게 히브리인들을 놓아주라고 했다. 그러자 바로왕은 모세에게 사람을 보내 이렇게 말했다.

"떠나가시오. 가서 당신들의 하나님을 섬기시오. 히브리인들 모두 데려가시오. 그러나 당신들의 동물만은 남겨 두고 가시오."

바로왕은 여전히 조건을 달았다.

"안됩니다. 우리는 동물까지도 데리고 떠나야 합니다."

"그럼 당신들은 떠날 수 없소."

철면피한 바로왕은 또 약속을 파기했다. 모세가 바로왕을 상대로 더 이상 약속을 할 수 없다고 결론을 내렸을 때 하나님께서 마지막 열 번째 재앙을 말씀하셨다.

"모세야, 이제 마지막 재앙이다. 바로왕은 마지막 재앙을 당하면 항복할 것이다"(출 10:12-29).

12. 마지막 재앙과 자유를 향한 파스카(유월절 Pascha)

하나님으로부터 최후의 재앙을 통고 받은 모세는 그 길로 바로왕을 찾아갔다.

"하나님께서 최후의 심판을 준비하셨습니다. 히브리인들은 선택받은 하나님의 맏아들입니다. 하나님께서 당신의 맏아들을 석방하라고 폐하에게 연거푸 통고했음에도 번번이 약속을 어겼기 때문에 하나님이 한밤중에 직접 이 땅에 와서 이집트인들의 집을 방문할 것입니다. 그러면 맏아들을 비롯해 첫 번째 태어난 짐승까지 모두 죽임을 당할 것입니다. 물론 폐하의 아들도 예외가 아닙니다. 우리는 오늘 밤 공포의 벌이 지날 때까지는 이집트를 떠나라고 해도 떠나지 않을 것입니다."

모세는 바로왕에게 최후의 심판을 통고한 다음 즉시 히브리인들이 몰려 사는 고센지방으로 달려갔다. 원로들을 한 자리에 모아 놓고 하나님께서 내리실 최후 심판에 관해 그는 설명했다.24)

"이제 하나님께서 이 달(음력 3월) 10일에 마지막 재앙을 내리실 것입니다. 그러나 우리 히브리인의 아이들만은 보호하도록 미리 저에게 말씀해 주셨습니다. 지금부터 여러분께서는 집집마다 한 살이 채 안 되는 새끼 양을 잡아 그 피를 문설주에 뿌리십시오. 그리고 내일 아침 해가 뜰 때까지 절대 집밖으로 한 발짝도 나가지 마십시오. 오늘밤 하나님께서 우리가 살고 있는 이 땅을 휩쓸 것입니다. 이집트인들의 맏아들은 모두 죽을 거예요. 그러나 문설주에 붉은 피가 뿌려진 히브리인들의 집안은 무사할 것입니다. 우리는 오늘밤을 영원히 기억하게 될 것입니다."

모세는 또 다음과 같이 덧붙였다.

"이제 우리가 이집트를 떠나 하나님께서 약속하신 땅에 도착해서 자유롭게 살아가는 날이 올 것입니다. 그때 가면 우리의 후손들이 오늘밤의 사건을 기념하기 위해 해마다 축제를 베풀 것입니다. 그리고 '이 날을 경축하는 이유가 무엇이냐?'고 물으면 오늘밤에 있었던 일을 이야기하게 될 것입니다. '주님의 유월절, 즉 하나님께서 이집트인들을 벌하고 히브리인들의 집을 그냥 지나치심으로써 우리를 살아남게 한 이 밤을 길이 축하할 것입니다."

---

24) 고센 땅에 살고 있던 이스라엘 백성이 어린양의 피를 문에 바름으로써 노예생활에서 벗어난 것처럼 예수님이 십자가에서 피를 흘리고 죽으심으로써 우리도 구원받게 된 것이다.

모세의 설명을 듣고 난 히브리인들은 즉시 새끼 양을 잡아 문설주에 피를 뿌리고 집 밖으로 한 발짝도 나가지 않았다(출 11:1-10; 12:1-16).

13. 이집트의 모든 장자들이 죽다

모세가 경고한 바로 그 날 밤 하나님의 가공할 심판이 시작되었다. 문설주에 붉은 피가 뿌려져 있지 않은 집의 맏이는 모두 죽었다. 바로왕이 역시 예외가 아니었다. 바로왕의 장남은 물론 감옥에 갇혀 있는 죄수에 이르기까지 이집트인들의 장남은 모조리 죽었다. 무서운 심판이 벌어진 밤, 이집트 백성들의 울음소리가 천지를 뒤흔들었다.

날이 채 밝기도 전에 모세와 아론을 불러들인 바로왕은 겸손한 태도로 모세의 요구를 수락했다.

"어서 떠나가시오, 이제 나도 지쳤소. 가서 당신들의 하나님을 받드시오. 동물까지 전부 데리고 가시오.. 그 동안 우리에게 내린 재앙까지도 모두 가져가시오."

그 동안 바로왕의 약속은 신빙성이 없었지만 이때의 말은 달랐다. 모세는 히브리인들에게 떠나도록 독촉했다. 야곱이 기원전 1680년 이집트에 이주한 후 430년 만에 하나님께서 아브라함에게 언약한 약속을 지키셨다. 야곱의 후손들을 마침내 이집트에서 이끌어 내기 시작하셨다.

히브리인들이 짐을 챙기자 이집트인들이 앞 다투어 협력했다.

"어서 서두르십시오. 우리 이집트인들이 모두 죽기 전에 어서 떠나십시오."

그 동안 바로왕의 식언으로 극심한 재앙을 겪은 이집트 사람들은 히브리인들에게 금과 은을 서슴없이 내주고 챙겨 주었다. 바로왕을 굴복시킨 히브리인들은 이집트 사람들로부터 금 은 등 각종 패물과 의복을 닥치는 대로 거둬들였다. 히브리 사람들로 인해 큰 재앙을 당한 이집트 사람들은 자진해서 가진 것을 서로 내주었다(출 12:1-35).

◈ 하비루와 히브리의 관계

기원전 20세기 무렵부터 가까이는 11세기까지 메소포타미아, 앗시리아, 팔레스타인, 이집트 등 초승달 지역에 흩어져 살던 하비루들을 모두 이스라엘의 선조로 볼 수 있느냐? 는 점이다. 우선 성서에 히브리라는 말이 두 가지 의미로 사용되었는데, 첫째 히브리라면 일단 이스라엘 민족을 가리키는 말도 되지만 소외집단이나 천민들을 가리키는 말로 통용되었다. 따라서 하비루들과 이스라엘의 선조들을 똑같이 볼 수는 없다. 다시 말하면 하비루들이 모두 이스라엘의 선조들은 아니다. 하비루들은 어떤 한 종족이 아니라 종족과 언어를 달리하는 잡다한 사람들로 이루어진 사회의 소외계층을 일컫는 말이라고 볼 때, 이집트 북부지방에 살던 히브리인들(출 1-5)도 이런 소외 계층들이었다. 당시 '히브리인'이라는 호칭은 '강건너 땅에서 온 사람'이라는 뜻이기도 했다. 그리스어에서는 '히브리인'을 '유프라테스 강 건너편에서 온 사람'으로 번역했다. 이집트인들은 '이스라엘 사람들'보다는 폭넓은 의미의 '히브리인'이라는 명칭을 더 널리 사용했다.

14. 요셉의 유언을 지킨 모세

한편 모세는 이집트를 떠나기 430년 전에 요셉이 남긴 유언을 원로들에게 상기시켰다.

"나는 죽지만 하나님은 분명히 형님들을 보살펴 주셔서 이 땅에서 인도해 내어 아브라함과 이삭과 야곱에게 약속하신 땅에 이르게 하실 것입니다. 하나님이 분명히 여러분을 인도하여 그 땅에 이르게 하실 것입니다. 그때 여러분이 내 유해를 메고 올라가겠다고 나에게 맹세하시오. 하나님께서 여러분을 돌보아 주시기 위해 찾아오실 터이니 그때 내 뼈를 여기서 옮겨 주시오."

모세는 이 유언에 따라 요셉의 묘지에서 유골을 파내 가지고 떠났다.

라암셋 성곽은 히브리인들이 이집트인들의 학대를 받으며 땀과 고혈(膏血)을 짜서 축조한 도성이었다. 사방에 흩어져 살던 히브리인들이 시산달(3월-4월) 밤 바로 그 라암셋 성곽 아래 모여들었다.

라암셋 도성은 고센지방 중앙에 자리잡은 도성으로 각 지방에 흩어져 있던 히브리인들이 집합하기에 편리한 곳이었다. 히브리인들은 자신들의 땀과 피로 이룩한 성곽을 떠나 모세를 따라 젖과 꿀이 흐르는 가나안을 향해 길을 나섰는데 이때가 기원전 1230년이었다(출 12:36-50).

> ◈ 파스카 축제에 관하여
>
> 파스카(Pascha), 즉 넘어가다(Pass over)라는 뜻의 명칭은 그 기원과 의미가 불확실하다. 일단은 주님께서 문설주에 양의 피가 묻은 집은 '넘어가기'로 약속하신 열 번째 재앙과 연관되면서 성서에서 그 근거를 찾아볼 수 있다(출 12:13 이하). 파스카 축제가 히브리인들이 종살이에서 자유로 '넘어갔던' 밤을 기념한다는 해석은 예수님이 죽음에서 생명으로 '넘어가신' 그리스도의 '죽음-부활' 신비로 확장된다. 우리 자신도 죄의 노예라는 죽음에서 은총의 새 생명과 자유로 '넘어감'으로써 그 신비에 참여하게 된다.
>
> 파스카 축제는 그 기원에 있어 본래 가장인 아버지가 주관하는 가족관계였는데 오늘날까지도 여전히 그 모습으로 남아 있다. 그런데 이스라엘이 모든 예배를 예루살렘을 중심으로 집중하기 시작하면서 파스카 축제 역시 하나의 순례축제가 되어(신명 16:16) 성전에서 거행되기 시작했다. 이렇게 해서 예수님 시대의 유대인들은 이 축제 때가 되면 예루살렘으로 올라가 모였으며(눅 2:41; 요 11:55), 파스카 양은 성전 안에서만 도축되었다(신 16:5 이하).
>
> 원래 목동의 의식(儀式)이었던 파스가 축제는 예수님 시대에 이르기까지 상당히 많은 변화를 거듭하였다. 처음에는 여행 떠날 준비를 갖춘 양치기 차림으로 손에 지팡이를 들고 축제 기간을 지냈는데, 예수님 시대에는 기대어 앉아서 음식을 먹는 로마의 관습이 받아들여져 처음에 먹던 양고기와 누룩 없는 빵에 포도주가 곁들여졌다.
>
> 파스카 축제는 '기념의 날'이다(출 12:14; 신 16:1-3). 그러나 그것은 지나간 역사적 사건에 대한 단순한 회상이 아니다. 파스가 축제는 현대의 사람들이 하나님의 구원 활동에 참여하고 그 활동을 기억하며 지금 여기에서 재현하는 것이다. 거기에 대한 이 생생한 기념은 미래에 대한 희망을 안겨준다.. 하나님께서 이스라엘을 이집트에서 구해 내셨고, 지금 여기에서도 여전히 우리를 구하고 계시기 때문이다. 파스카 축제는 그리스도 시대까지도 민족주의적 성격을 강하게 띠고 있었다. 이 의식은 하나님이 이집트인들에게서 이스라엘 백성을 구해내셨던 방식으로, 로마의 압제로부터 다시 이스라엘을 구해낼 메시아에 대한 기대에 고스란히 반영된다.

제3장 이집트를 떠난 히브리인들

1. 라암셋에서 시내산까지

시산달 4-3월 어느 날 이집트의 라암셋 도성을 떠난 일단의 무리가 광야를 가로질러 부지런히 이동하고 있었다. 나이가 들어 허리가 굽은 노인에서부터 패기에 찬 젊은이들과 천진한 어린이들에 이르기까지 여러 세대의 히브리인들이 무리를 지어 이동하고 있었다. 남녀노소 가릴 것 없이 저마다 자기 힘에 걸맞은 짐을 챙겨 거대한 대오를 지어 국경 밖으로 열심히 이동하고 있었다. 황량한 벌판을 가로질러 어디론가 향하는 무리의 행렬은 마치 한 사회가 옮겨가는 광경이었다. 물론 이 거대한 집단을 선두에서 이끄는 지도자는 모세였다.

길을 나선 히브리인들의 행렬은 끝이 보이지 않았다. 여자들과 어린이들을 제외한 성인 남자들만 약 60만 명이었다. 역사상 일찍이 보지 못한 거대한 대오가 모세를 따라 나선 것이다. 이집트를 떠나 국경에 위치한 소코트(Soccoth=히브리어의 Sukkot)에 이르렀을 때 날이 저물어 하루를 묵고 다음날 아침 거친 광야를 가로질러 에탐(Etham)으로 향했다(출 12:31-42).

2. 모세가 두 번째 밟은 시내 반도

모세를 따라나선 히브리인들은 농사와 목축에 종사해온 선한 사람들이었다. 그들은 오랫동안 이집트에서 노예로 살았기 때문에 자립 의지가 약했다. 새로운 환경에 대한 적응력도 약했지만 적을 만나면 싸움을 감당할 만큼 패기도 용맹도 없었다. 만일 도중에 적을 만나면 공포에 사로잡혀 싸움도 해보지 못하고 포로가 되거나, 굴복하여 새로운 강자의 노예가 되거나 아니면 다시 이집트로 되돌아가자고 할 오합지졸이었다. 그래서 모세는 블레셋 사람들이 몰려 사는 길은 통과하기 어렵다고 판단하고, 거리가 먼 남쪽 홍해 연안(紅海沿岸)으로 돌아가는 길을 택했다.

물론 모세가 히브리 백성을 이끌고 가는 최종 행선지는 숙곳이 아니라 젖과 꿀이 흐르는 가나안이었다. 그러나 막상 길을 나선 히브리인들은 가나안이 어디에 있는지 아무도 알지 못했다. 다만 하나님의 종 모세를 믿고 따를 뿐이었다. 그러나 모세 자신도 가나안에는 한 번도 가본 적이 없었다. 다만 선조들로부터 전해 들었을 뿐이었다. 그러나 백성들은 하나님의 종 모세의 뜻에 순종했다. 해방감에 도취된 히브리인들은 흥에 겨워 모세의 지시를 홍겹게 믿고 따랐다.

그러나 여러 날 광야를 계속 행진하는 가운데 일부 심신이 피로한 사람들이 불평하기 시작했다. 하나님의 은총을 의지하는 사람들과 자유의 가치를 소중히 여기는 사람들은 하나님과 함께하는 모세를 의지한 채 고난을 참으며 묵묵히 따랐다(출 13:1-10).

> ◆ **이집트를 탈출한 사람들의 숫자**
>
> 성서에는 이집트를 탈출한 히브리인들이 장년만 60만 명이었다고 기록되었다(출 12:37). 여기에 어린이, 여자, 십대, 노인 등 딸린 가족들을 합치면 약 2백만 명이었다는 계산이다. 그러나 후대 전체의 이스라엘 인구를 참고할 때 그 숫자는 정확하지 않다. 첫째, 이집트의 바로 왕이 히브리 여인 산파에게 사내아이를 모두 죽이라고 할 때 그 명령을 받은 산파는 단지 두 명(출 1:15)뿐이었다는 기록과도 크게 모순된다.
>
> 현대 학자들에 의하면 당시 이집트의 전체 인구가 약 280만이었다고 추정한다. 특히 현실적으로 시내광야는 그 십분의 일(가축까지)이 먹고 생존할 만한 초원과 물을 제공할 수 없었다. 오늘 날 시내 반도에 살고 있는 베두인족을 보더라도 그들을 모두 합쳐봐야 4만 명을 넘지 못하는데, 19세기에는 5천 명도 되지 않았다. 따라서 이집트를 탈출한 히브리인들은 소수의 숫자가 단체로 탈출한 것으로 추측된다. 기껏 해야 일이천 명 정도의 노예집단이었을 것이라고 한다.

3. 히브리를 이스라엘로

이집트를 떠난 히브리인들의 꿈은 해방 즉, 자유였다. 일단 노예의 굴레를 벗어나 하나님을 자유롭게 섬길 수 있는 종교의 자유가 목적이었다. 종교의 자유를 누리기 위해 일찍이 하나님께서 배려하신 가나안을 찾아가는 길이었다. 그동안 이집트에서 자유를 위해 바로왕과 투쟁했고, 자유를 위해 이집트를 떠난 것이다. 그러므로 모세를 따라나선 무리 중에 이집트인은 없었다. 다만 이집트에서 함께 살던 일부 외국인들이 따라왔을 따름이다. 히브리인들로 구성된 이동집단의 영도자는 모세였다.

　모세는 노예살이로 신음하던 히브리 백성을 이끌어내 새로운 민족으로 탄생시켰고, 그들의 새로운 안식처를 위해 먼 길을 나선 것이다. 그러므로 히브리인들이 이집트를 떠나기 전까지는 노예들이었지만 일단 이집트 국경을 벗어난 이상 노예가 아니었다. 이제 그들은 자유로운 민족으로 새롭게 탄생한 것이다. 따라서 모세는 이집트를 떠나 광야에 발을 들여놓은 즉시 제일 먼저 개혁을 단행했는데, 그것은 노예의 대명사로 불리던 '히브리' 대신 '이스라엘(Israel)'이라고 부른 것이었다. 이스라엘은 천사가 야곱에게 '하나님과 싸워 이긴 사람'이란 의미로 지어 준 야곱의 별명이었다. 그러므로 이스라엘이란 이름은 이때부터 지명이 아닐 뿐더러 히브리 민족의 이름이었다. 그러나 히브리라는 이름에 혀가 굳어진 사람들은 좀처럼 이스라엘이라고 부르지 않았다. 그리하여 이스라엘과 히브리는 계속 혼용되었다. 그러나 일단 개혁을 단행한 후에도 모세를 따라나선 백성들의 일상생활은 좋아진 것이 아니라 오히려 더 고생스러울 때가 많았다. 그래서 일부 백성들은 바로왕의 노예살이가 차라리 자유보다 더 좋았노라고 투덜거렸다(출 13:11-16).

4. 블레셋을 피해 가다

　한편 히브리 백성들이 이집트를 떠나자 하나님은 가나안으로 가는 길을 인도하셨다. 우선 블레셋 사람들의 땅을 거쳐 가는 지름길로 가지 말도록 이Rm셨다. 만일 블레셋과 싸움을 치르게 되면 전쟁을 겪어보지 못한 사람들이 겁을 먹고 이집트로 되돌아가자고 주장할 것을 염려하여 지중해 연안으로 질러가는 길을 두고 시내 반도로 우회(迂廻)하는 먼 길로 돌아가도록 하셨다. 그리하여 한 번도 싸움해본 적이 없는 이스라엘 사람들을 안전하게 보전하고, 황야의 여정을 통해 심신을 연단시키셨다. 농사와 목축에 종사해온 히브리인들을 광야에서 강인하게 만들어야 가나안에 이르기까지 맞서는 적과 싸울 수 있었다. 모세는 백성들을 이끌고 길을 떠날 때 미리 군대식으로 대오를 편성했다. 뒤처지는 사람들이 없도록 서로 돕게 하는 등 공동체의 기강을 확립시켰다.

그리고 낮에는 피부가 벗겨지도록 뜨겁고 밤에는 얼어 죽을 정도로 기온이 내려가는 광야의 생활을 참고 견디려면 연단이 필요했다. 하나님은 모세를 따라 아무 준비 없이 광야로 나온 이스라엘 백성들을 각별히 보살펴 주셨다. 낮에는 거대한 구름기둥으로 작렬하는 태양을 가려주셨고, 밤에는 불꽃기둥으로 어두운 사막의 길을 밝혀 주셨다(출 13:17~22).

◆ 모세가 탈출한 경로

현재 에탐이 어디인지 그 위치는 확실하지 않다. 다만 지중해의 동쪽 해안을 따라 가나안에 이르는 통상로(通商路)였던 것으로 추측된다. 그러나 통상로를 따라 가면 가나안의 남쪽 경계선 가자(Gaza)지구에 이르게 되는데 그 행로는 바로왕에게 추격을 당할 우려가 있을 뿐만 아니라 그곳 블레셋 사람들은 용맹스럽고 싸움에 숙달된 사람들이었다. 특히 가자지구의 블레셋 사람들은 이집트와 동맹관계에 있었으므로 모세가 통과한 경로는 그곳이 아니었다. 사실상 모세의 행로는 아직도 미스터리이다.

5. 바로왕의 광기(狂氣)

한편 히브리인들이 떠난 이집트에서는 예기치 못한 상황이 벌어졌다. 우선 일손이 모자라 공사의 진도가 늦어지고, 편리하게 부려먹던 노예들이 사라지자 지배층 사람들이 불편하였다. 백성들이 히브리 노예들을 풀어준 바로왕에게 원망하기 시작했다. 바로왕 역시 자기가 석방하지 않을 수 없었던 상황은 생각하지 못하고, 손쉽게 부려먹을 수 있었던 노예들이 아쉬워졌다. 게다가 이집트를 떠난 히브리인들이 광야에서 방향을 제대로 정하지 못하고 진퇴유곡에 빠졌다는 정보를 접한 바로왕은 비상한 결단을 내리기 위해 조정 중신회의를 열었다. 그러나 그것은 바로왕의 일방적인 통고만 있을 뿐 신하들이 의사를 제기하거나 국왕의 지시를 거부할 수 없는 일방적인 회의였다. 바로왕은 회의가 시작되자 큰 소리로 말했다.

"우리는 모세에게 속았다. 우리가 왜 노예들을 풀어 주었단 말이냐?"

회의 벽두부터 노예들에 대한 성토를 토하자 한 신하가 거들었다.

"바로왕이시여, 노예들이 달아나도록 내버려 두신 것은 실수입니다. 앞으로 벽돌을 누가 만듭니까? 그들은 지금 우리를 비웃을 겁니다."

아첨 섞인 말로 읊조리자 또 다른 신하가 부추겼다.

"위대한 바로왕이시여! 히브리 놈들은 지금 우리를 조롱하고 있습니다."

침통한 바로왕이 자리에서 벌떡 일어서는 순간 그의 얼굴에 살기가 서렸다.

"전쟁이다. 나팔을 불어라. 오늘 히브리인들을 추격하겠다. 히브리인들의 주인은 하나님이 아니라 바로 나(바로)라는 사실을 확실히 보여주겠다."

바로왕의 명령이 떨어지자 병사들이 사방에서 출동하기 시작했다. 진한 색깔의 방패와 긴 창을 든 병사들이 몰려나오고, 다른 한편에서는 갑옷으로 무장한 궁수들과 창수들이 속속 전열을 가다듬었다. 사방에서 몰려든 병사들이 군가를 부르며 광야로 향했다. 바로왕은 이집트 최고의 전차 600대를 출동시켰다. 두 마리의 말이 한 쌍을 이룬 두 바퀴가 달린 전차는 이집트가 자랑하는 비장의 무기였다. 바로왕은 이 전차로 지형이 험한 곳에서도 작전 능력이 탁월했다. 이 특수전차 앞에 당할 적이 없었다. 두 명의 장교가 두 마리의 말을 조종하고 두 명의 궁수(弓手)가 한 조가 되어 전차에 탔다. 일단 싸움이 시작되면 적진을 향해 말의 목이 부러질 정도로 빠르게 달려가 적을 무너뜨리는 무서운 병기였다. 바로왕은 이 특수전차로 수많은 적의 진지를 초토화시켰다(출 14:1-9).

> ◆ 히브리 민족의 영웅 모세의 풍모
>
> 히브리 민족을 해방시킨 모세는 영웅다운 기품을 갖춘 인물이었다. 작가들마다 그려내는 모세는 키가 크고 흰 수염을 길게 늘어뜨린 모습인데, 어느 모로 보나 도사형 풍모를 갖춘 절세의 영웅이었다. 거기다 지혜와 결단력을 겸비했고, 때로는 근엄한 얼굴에 홍조를 머금어 언뜻 보아도 호감이 넘치는 믿음직한 풍모였다. 그러나 바로왕을 상대로 끈질긴 투쟁을 통해 히브리 백성을 석방시킨 위대한 혁명가인 동시에 하나님을 섬기는 종교인이었다. 2백만 명의 노예들을 탈출시키고 미지의 땅으로 이끌고 가는 모세야말로 민족해방의 영도자요, 하나님을 뜻한 율법의 창시자요, 민족공동체를 창출한 절세의 경세가(經世家)였다.

6. 홍해를 가른 하나님의 기적

한편 이집트를 떠난 이스라엘 백성은 광야를 가로질러 홍해에 이르렀다. 믹돌(Migdol)과 홍해 사이의 비하히롯(Pihahiroth)앞의 바알-스본(Baal-Zephon)의 맞은 편 해변에 이르러 천막을 치고, 지친 몸을 쉬고 있었다. 그들 대부분이 졸지에 길을 나서느라고 미처 짐을 제대로 챙기지 못했다. 이집트를 떠난 후 먹은 것은 오직 누룩을 넣지 않고 구운 딱딱한 비상용 건빵이었다. 오랜만에 짐을 푼 백성들이 비상용 빵을 먹고 있는 동안 이집트 쪽을 바라보던 사람이 소리쳤다. 멀리 떨어진 사막 한가운데서 뿌연 먼지가 하늘로 치솟는 것이었다.

"이집트 전차다. 바로왕의 군사가 우리를 추격해 오고 있다."

맑은 하늘로 치솟는 뿌연 먼지, 그것은 분명히 이집트의 전차가 질주할 때 일어나는 먼지였다. 일단의 이집트 군대가 맹렬히 추격해오는 것을 지켜보던 사람들이 겁을 먹고 벌벌 떨었다. 삽시간에 분위기가 뒤숭숭한 가운데 일부 겁먹은 사람들이 모세에게 대들었다.

"이집트에도 우리를 파묻어 줄 쓰레기 더미는 얼마든지 있소. 이집트에 묘지가 없어서 우리를 이 사막에 끌어다 죽이려는 거요? 나는 이런 일이 일어날 줄 알았소. 우리가 이집트 사람을 섬길 수 있도록 그대로 내버려 두라고 하지 않았소?"

공포에 질린 사람들이 모세를 향해 마구 불평을 퍼부었다. 바로왕의 잔인성을 잘 아는 사람들이 지레 겁을 먹고 울부짖었다.

"우리는 모세의 말을 듣지 말았어야 했소. 이 광야에서 죽느니 차라리 이집트에서 노예로 사는 편이 훨씬 더 나았을 거요."

사방에서 볼멘소리가 빗발쳤다. 그러나 모세는 비장의 묘안을 숨겨 놓은 듯 의연했다.

"여러분, 두려워 마시오. 하나님께서 우리를 어떻게 구해 주시는지 기다려 봅시다. 두고 보시오. 우리 앞에 이집트 사람은 나타나지 못할 거요."

겁먹은 사람들을 격려한 다음 모세는 기도하였다. 그때 하나님의 음성이 들렸다.

"모세야, 너는 어째서 나에게 부르짖느냐? 이스라엘 백성에게 앞으로 나아가라고 말하라. 그리고 너는 네 지팡이를 들고 손을 바다 위로 내밀어 물이 갈라지게 하라. 그러면 이스라엘 백성이 마른 땅을 밟고 바다를 지나갈 것이다. 내가 이집트 사람들의 마음을 돌처럼 굳게 할 것이니 그들이 그 뒤를 따라 갈 것이다. 내가 바로왕이 이끄는 그의 모든 군대, 곧 그의 전차와 기마병을 통해서 영광을 얻을 그 때에 가서야 이집트 사람들이 내가 전능한 하나님임을 알게 될 것이다"(출 14:10-18).

◆ 모세의 고뇌

미디안 땅에서 40년 동안 목자로 살아온 모세는 자신의 무력함을 절감했다. 눈앞이 캄캄한 모세는 초조한 나머지 절망감에 빠졌다. 심지어 백성들을 속이고 몰래 자기 혼자 광야로 도망쳐 버리겠다는 생각도 했다. 광야에서 40년간 목자로 살아온 경험이 있는 모세는 혼자 생존할 능력이 충분했다. '백성을 죽음으로 이끈 책임을 지고 자결해 버릴까?'라는 생각도 했다. 고대로부터 정치 지도자들 중에는 국민의 원성을 감당하지 못할 상태에 이르면 자기의 명예를 지키기 위하여 자살하는 경우가 흔했다. 모세가 자취를 감추거나 죽어버리면 바로왕은 나머지 백성들을 용서해 줄지도 몰랐다. 아니면 '백성을 무장시켜 이집트 군대에 대항할까?'라고 생각도 했다. 그러나 싸울 무기도 없었지만 군사훈련을 받아본 적이 없는 백성이 과연 싸울 수 있을까? 백성들의 말대로 바로왕에게 항복하면 무사히 이집트로 다시 돌아갈 수 있을까? 만감에 사로잡힌 모세는 침묵하시는 하나님을 계속 의지할까? 만일 하나님이 나를 이대로 버리신다면 백성들은 어떻게 될까?' 바로왕에게 항복하자는 민중의 외침이 이집트군 진영에게까지 들릴 정도로 혼란한 판에 알 수 없는 하나님의 의지를 헤아려야 하는 모세의 고뇌가 오죽했을까? 모세는 백성 전체를 살릴 것인가? 죽일 것인가?를 가늠해야 했다. 그러다가 백성을 살려달라는 조건을 내걸고 자기 혼자만 처벌을 받겠다고 바로왕 앞에 나가 항복한다면 치욕적이기는 하지만 백성은 모두 살 것인가?

모세는 피땀이 솟는 고뇌 끝에 결국 인간의 모든 방법을 포기하기로 했다. 그는 아브라함을 본받아 신앙의 결단을 내렸다. 인간의 능력으로 예측 가능해 보이는 방법보다 예측할 수 없고 불확실하게 느껴지는 신앙의 길을 택했다. 그러자 백성들로부터 온갖 원망에도, 위풍당당하게 신념에 찬 모세의 태도를 지켜보신 하나님께서 "두려워 말라. 움직이지 말고 오늘 야훼께서 너희를 어떻게 구원하시는가 보아라. 너희가 오늘 눈앞에 보는 이집트 인들을 다시는 보지 않게 되리라. 야훼께서 너희를 위하여 싸워주실 터이니 모두들 진정하여라."(출 14:13-14)고 하셨다. 이 말씀은 모세 자신을 다그치는 말씀이었다. 하나님이 히브리 백성의 동맹자이심을 강조함으로써 절망에 잠긴 백성들에게 의욕을 불러 일으켰다. 또 그들은 반드시 승리할 것이라고 격려하셨다.

7. 얼음 동굴처럼 갈라진 물벽

하나님의 분부를 받고 모세가 바닷가에 다가가자 갑자기 하늘에 떠있던 구름기둥이 거대한 흑암의 장막으로 변하면서 질풍처럼 추격해오던 바로왕의 진로를 방해했다. 단숨에 삼킬 듯이 달려오던 이집트 군대는 갑자기 구름 장막에 가려 밤새도록 이스라엘 진지에 접근하지 못했다. 다음날 모세가 의기소침한 사람들에게 소리쳤다.

"모두 나를 따르시오!"

공포에 질린 백성들이 모세의 뒤를 따라 바닷가에 이르렀을 때 마침 해가 저물기 시작했다. 그런데 그때까지 짙게 드리워졌던 구름 장막이 돌연히 작열하는 불꽃기둥으로 변해 모세 일행의 진로를 환하게 밝혀 주면서 추격하는 바로왕의 진로를 방해했다. 모세가 백성을 이끌고 파도가 무릎까지 차오르는 갯벌로 들어가 하늘을 우러러 기도한 후 검푸른 바다를 지팡이로 내리쳤다. 그러자 거대한 바람이 휘몰아치면서 바닷물이 공중으로 들리어 오르기 시작했다. 엄청난 속도의 힘을 가하는 바람이 바닷물을 완전히 두 쪽으로 밀어붙이기 시작했다.

이스라엘 백성들이 해변에 몰려들었을 때 갑자기 얼음산이 갈라지는 굉음 소리와 동시에 출렁이던 바다가 거대한 병풍처럼 양편으로 갈라져 마치 깎아지른 물벽을 형성했다. 그리고 갈라진 물벽 사이에 해초가 융단처럼 뒤덮인 해면이 반대편 해변까지 마치 얼음 동굴처럼 훤히 뚫리는 것이었다. 사람들이 황홀경에 빠져 갈라진 바다를 바라보고 있을 때 모세가 소리쳤다.

"여러분, 하나님께서 우리를 위해 바다를 가르셨소. 어서 건너시오."

모세의 명령이 떨어지자 짐 꾸러미를 챙긴 사람들이 뚫린 물벽 사이로 들어갔다. 마차를 비롯해 양, 염소 등 각종 짐승과 짐 꾸러미를 챙긴 행렬이 질서 있게 바다 밑의 진흙을 밟고 반대편 해변으로 향했다(출 14:19-22).

8. 추격하는 이집트 군대

한편 질풍같이 추격하던 바로왕의 전차부대와 기마병들은 어둠이 드리워질 무렵에야 홍해 부근의 바알-스본의 맞은 편 바닷가에 이르렀다. 그때 갑자기 구름기둥이 장막으로 변해 병사들의 시야를 가렸다. 이집트 병사들은 결정적인 시점에서 방향을 잃고 허둥지둥했다. 또 다른 거대한 불꽃기둥이 드리워지면서 병사들의 진로를 방해했다. 모세에게는 어둠을 밝혀 주며 등대역할을 하는 불빛이었으나 이집트 군대에게는 시야를 가리는 장애물이 되었다. 바로왕의 병사들이 해변에 이르렀을 때 이미 모세 일행은 바다를 건너가 반대편 해변으로 올라가 한 사람도 보이지 않았다. 바로왕의 병사들이 썰렁한 해변에서 거대한 물벽을 멍하니 바라보고 있을 때 한 장교가 소리쳤다.

"놈들을 위해 바다 물이 갈라졌다."

"정말로 저 놈들의 신은 위대한 신이다."

바로왕의 지휘관들이 바다 물이 갈라진 상황을 예삿일로 보지 않았다. 그러나 바로왕은 지휘관들의 말을 귀담아 듣지 않았다.

"아니다. 우리는 저놈들을 그냥 보내 줄 수 없다. 바다 물이 우리를 위해 아직도 열려 있다. 계속 추격해 모조리 잡아 죽이고, 살아남은 놈들은 사슬로 묶어 이집트로 끌고 갈 것이다. 갈라진 바다로 진격하라."

바로왕의 명령이 떨어지자 병사들이 쏜살같이 갈라진 바다 밑으로 들어갔다. 그러나 모세가 이끄는 이스라엘 백성은 이미 건너편 해안 언덕을 오르고 있었다(출 14:2-22).

◈ 홍해(Red Sea)와 갈대의 바다(Reed Sea)

이스라엘 백성이 건너간 바다가 그리스어 칠십인 역 성서와 라틴어 불가타 성서에는 '홍해(Red sea)'라고 기록되어 있다. 그러나 지도를 잘 살펴보면 이 성서에 나오는 바다가 홍해라는 설명은 맞지 않는 번역이다. 분명히 히브리어 성서에는 '갈대 바다(Reed sea)'라고 기록되었다. 수에즈 만의 홍해는 건너면 육지까지의 폭이 평균 35킬로미터이고, 수심은 60미터이다. 그러니까 하룻밤 안에 이스라엘의 그 많은 대중이 홍해를 건너는 것은 불가능하다. 따라서 성서의 말씀이 사실이라면 이스라엘 백성이 건너간 바다는 홍해가 아닌 것이 분명하다는 것이다. 고대 문헌에 의하면 라암셋-다니스 근처에는 두 개의 '큰 물', 즉 호수가 있었다고 한다. 하나는 호루스의 물이고, 또 하나는 파피루스 습지라고 한다. 파피루스 습지가 바로 갈대 바다이다.

이 갈대 바다의 위치에 관해서도 학자들의 의견이 엇갈린다. 갈대(파피루스)는 깨끗한 물에서만 자라기 때문에 갈대 바다의 위치는 이집트 동쪽 끝의 얕은 호수 지역이었을 가능성이 크다. 갈대가 무성하게 자라는 갈대 바다가 '쓴 호수(Great Bitter Lake)'의 북쪽에 있다고 주장하는 학자들도 있고, '쓴 호수' 남서쪽에 있다고 주장하는 학자도 있다. 하여간 이 두 학설 모두 갈대 바다는 홍해의 북쪽 연장으로 간주하고 있다. 정리하면 '쓴 호수가 홍해와 연결되었던 시대에 썰물을 만나면 이스라엘 백성이 '쓴 호수'의 남쪽 여울을 기적적으로 건너갈 수 있었을 것이라고 한다. '쓴 호수'는 남북의 길이가 약 40킬로미터이고, 동서의 넓이가 약 10~12킬로미터, 깊이가 15미터 되는 큰 호수이다.

9. 수몰 당한 이집트의 군사

모세가 건너편 언덕에 올라섰을 때 6백 대의 전차와 수많은 기마병들이 갈라진 물벽 사이로 격렬하게 추격해 오고 있었다. 전차부대의 추격을 지켜본 사람들이 호들갑을 떨었다.

"저기 바로왕의 군대가 온다. 우리는 몰살당할 판이다."

바로 그때 바다 밑에 들어선 전차들이 갑자기 움직이지 못하고 한 자리에 멎었다. 바다 밑의 끈끈한 진흙에 마차 바퀴가 처박혀 꼼짝하지 못했다. 뒤따르는 후속 부대까지 모두 바다 한복판에 들어서자 경험이 풍부한 한 지휘관이 소리쳤다.

"우리는 덫에 걸렸다. 저 물벽이 무너지면 우리는 끝장이다."

불길한 예감을 느낀 바로왕의 지휘관들이 우왕좌왕 하자 반대편 해변에서 이를 지켜보고 있던 모세에게 하나님의 음성이 들렸다.

"모세야, 네 손의 지팡이로 다시 바다를 가르라. 이집트 사람들과 그들의 전차와 병마 위에 물이 흐르게 하라. 무지한 이집트인들에게 하나님의 권능을 깨우쳐 줘라."

모세가 지팡이로 바다를 내려치자 갑자기 천둥치는 굉음 소리와 동시에 양쪽으로 갈라졌던 물벽이 와르르 내려앉았다. 질풍같이 추격하던 병사들과 전차들이 한 순간 바닷물에 파묻혀 시야에서 완전히 사라졌다. 뒤에서 작전을 지휘하던 바로왕이 읊조렸다.

"역시 하나님은 위대한 신이다."

바로왕은 참담한 심정으로 발길을 돌렸다.

다음날 이집트인들의 시체가 바닷가에 널려있는 것을 본 이스라엘 사람들은 하나님의 권능에 힘입은 모세를 경외하는 마음으로 바라보았다(출 23:31).

◈ 모세가 건넌 홍해의 위치

　모세가 이스라엘 백성을 이끌고 건넌 홍해의 위치를 정확하게 알기는 어렵다. 고증에 의하면 수에즈만의 얕은 바다였을 것이라고 한다. 이 얕은 지협의 폭은 113킬로미터에 달하는 멘잘레(Menzanleh)호수의 남쪽 끝으로부터 더 남쪽으로 내려가면 몇 개의 모래언덕이 솟아있고, 제일 높은 언덕에 엘 칸타라(El-Qantara)다리가 있다. 그 다리의 이름은 이집트와 동북방의 황아에 걸친 통로를 이루었다는 데서 생긴 명칭이다. 당시 이집트에서 가나안으로 가는 길은 세 갈래가 있었는데, 하나는 지중해 연안을 따라 가는 길이었고, 다른 하나는 주로 상인들이 다니는 길이었는데, 그 길은 시내 반도를 가로질러 가는 길이었다고 한다. 그리고 또 다른 한 길은 수에즈 만 연안의 마라(Marah)와 르비딤(Rephidim)을 거쳐 아카바만 연안을 따라가는 길이 있었다고 한다. 그런데 모세는 수에즈만으로 돌아가는 안전한 길을 택한 것으로 본다. 이 지역의 폭은 113킬로미터에 달하고 멘잘레(Menzaleh)호수의 남쪽 끝으로 내려가면 몇 개의 모래 언덕이 솟아 있고, 제일 높은 언덕에 엘-칸타라 다리(橋)가 현재 자리잡고 있다. 이곳은 이집트와 동북방의 황아에 걸친 통로를 이룬 데서 그런 명칭이 생긴 것이다.

10. 홍해를 건넌 이스라엘 백성들의 환성

　바로왕의 병사들이 수몰 당했을 때 이스라엘 백성들이 모세를 앞세워 하나님을 찬양했다.

모세의 노래

"내가 주님께 찬송하리라.
주님은 나의 힘, 나의 노래, 나의 구원이 되셨네.
그가 나의 하나님이시니 내가 그를 찬양할 것이요
그가 내 아버지의 하나님이시니 내가 그를 높이리라.
주님이시여! 주의 오른손에는 권능이 있어서
원수들을 부숴 버리셨습니다.
주는 큰 위엄으로 주를 대적하는 자들을 엎으시고
불같은 분노를 쏟아 지푸라기처럼

그들을 소멸해 버리셨습니다.
주님이시어! 신들 중에 주와 같은 자가 누구입니까?
주와 같이 거룩하여 위엄이 있고 영광스러워 두려워할 만 하며
놀라운 기적을 행하는 자가 누구입니까?
주께서 오른손을 드시므로 땅이 그들을 삼켜 버렸습니다.
주님께서 영원히 다스리실 것입니다"(출 15: 1-18).

미리암의 노래

백성들이 모세를 앞세우고 노래와 춤으로 축제를 베풀었다. 그때 아론의 누이 미리암(Miriam)이 여인들을 이끌고 백성들 앞에 소고를 들고 나와 춤을 추며 노래했다.

"하나님을 찬송하련다. 하나님은 영광스런 승리를 하셨고, 말과 병사들을 바다에 넣으셨다."

여인들의 춤과 노래를 구경하던 사람들도 모두 자리에서 일어나 손에 손을 잡고 춤과 노래로 하나님을 찬양했다. 이날의 축제는 다음날 새벽까지 이어졌다(출 15:20-21).

11. 마라의 쓴 물과 불평하는 백성들

이스라엘 백성들은 얼마간 휴식을 취한 후 다시 행렬을 가다듬어 쉬르(Shur)지방을 향해 광야를 가로질러 행진을 계속했다. 그러나 마실 물이 없었다. 그들은 마실 물이 떨어진 가운데 매일 행진했다. 극심한 갈증을 느끼며 힘겹게 행진한지 사흘 째 되던 날 어려움이 닥쳤다. 끝없이 넓고 삭막한 광야에 갑자기 바람이 몰아쳤다.

그곳은 마라(Marah)였는데, 비로소 우물을 발견할 수 있었다. 그러나 마라의 물을 떠 마시는 순간 토하고 말았다. 그 물은 마실 수 없는 독물이었다. 이스라엘 백

성들은 갈증을 참을 수 없어 모세에게 몰려가 아우성 쳤다.

"이제 우리는 무엇을 마셔야 한단 말이오. 목이 타 죽게 되었소"

백성들이 불평하는 소리를 들은 하나님께서 모세에게 이르셨다.

"모세야, 지금 네가 서 있는 발 아래 놓여있는 나무토막을 독물에 담근 다음 다시 물을 떠서 사람들이 보는 앞에서 마셔라."

모세가 사람들이 지켜보는 가운데 나무토막에 적신 독물을 퍼 마셨다. 맛이 달라졌다. 이미 그 독물은 생수로 변해 있었다. 그래서 물이 없다고 불평하던 사람들이 실컷 마시고 가죽 주머니에도 가득 채웠다. 하나님께서 기적을 보여준 다음 이스라엘 백성이 앞으로 지켜야 법규를 말씀하셨다.

"너희가 만일 너희의 하나님인 나에게 순종하고 내가 보기에 옳은 일을 행하며 나의 모든 명령을 지키면 내가 이집트 사람들에게 내렸던 질병을 너희에게는 내리지 않겠다. 나는 너희를 치료하는 하나님이다."(출 15:22-27).

12. 만나와 메추라기

백성들은 마라에서 얼마간 휴식을 취한 후 다시 황량한 광야를 가로질러 계속 나아갔다. 하나님께서는 낮에 작렬하는 태양열을 구름기둥으로 가려 주셨고, 밤에는 불꽃기둥으로 사막의 방향을 분별할 수 있도록 밝혀주셨다. 광활한 황무지를 얼마쯤 통과했을 때 이번에는 사람이 살지 않는 사막에 우거진 숲을 발견했다. 엘림(Elim)이란 오아시스로서 그곳에는 12개의 샘과 70그루의 무성한 종려나무가 숲을 이루고 있었다. 모두 반가워 부지런히 다가갔으나 막상 몇 그루의 관목과 벌레들이 서식할 뿐 사람이 머물 수 없어 그곳을 떠나고 말았다.

일행은 이집트를 떠난 지 한 달 만에 엘림과 시내산 사이에 있는 광야에 도착했다. 우물가가 있어서 그 주변에 천막을 치고 쉬어 가기로 했다. 그때 여독에 지친 사람들이 불평하기 시작했다.

"모세, 이제 먹을 빵이 떨어졌소. 가축까지 모두 도살했으니 이제 모조리 굶어 죽게 되었어요. 어떻게 하면 좋겠소? 차라리 이집트에 있었더라면 편안하게 죽었을 터인데 공연히 여기까지 끌고 와 굶겨 죽인단 말이오."

백성들의 불만이 터질 때마다 모세는 입장이 난처했다. 하나님의 능력을 직접 체험하고도 불평하는 사람들에게 앞으로 해야 할 일을 말로 설명해 보았자 별 의미가 없었다. 모세는 행렬 뒤에 떨어져 깊은 생각에 잠겼다. 그때 하나님의 음성이 들렸다.

"모세야, 네가 필요한 음식을 하늘에서 비처럼 내려 주겠다. 백성들이 매일 나가서 그날 그날 필요한 양식을 거두도록 하라. 나는 이번에 그들이 내 지시에 따르는지 따르지 않는지, 시험할 것이다. 그러니 염려 말고 계속 앞으로 나아가라"(출 16:1-5).

13. 모세의 격려

하나님의 계시를 받은 모세가 실의에 빠진 사람들을 독려했다.

"여러분, 염려 마십시오. 하나님께서 여러분의 불평을 들으셨습니다. 반드시 응답이 있을 겁니다. 오늘 저녁에 여러분을 이집트에서 인도해 내신 분이 주 하나님이라는 사실을 깨닫게 될 것이며 내일 아침에는 주 하나님의 영광을 보게 될 것입니다. 주님께서는 여러분의 불평을 들으셨습니다. 여러분이 불평하면 그것은 나에 대한 불평이 아니라 하나님에 대한 불평입니다."

모세가 백성들 앞에서 하나님의 뜻을 밝히고 하늘을 우러러 기도했다. 백성들은 마지못해 모세를 따라 땅에 엎드려 기도하는 척 했다. 모세와 일행이 땅에 엎드려 기도하는 동안 갑자기 구름기둥이 나타나 찬란한 황금빛을 발하기 시작하였다. 하나님의 음성도 들려왔다.

"나는 너희들이 고기와 빵이 없다고 불평하는 소리를 들었다. 오늘 해가 지기 전에 먹을 고기를 보내 주겠다. 내일은 너희들이 한 번도 맛보지 못한 빵을 먹게 될 것이다. 너희들은 고기와 빵을 먹으면서 내가 너희들의 하나님이라는 사실을 기억하기 바란다."

말씀이 끝나는 순간 하늘에 드리워졌던 찬란한 빛이 한 순간에 사라졌다(출 16:6-12).

14. 하늘을 날아온 메추라기와 만나

하나님께서 친히 먹을 고기를 하늘에서 비처럼 내려 주겠다고 하셨지만 사람들은 여전히 불평을 늘어놓았다. 그들은 모세를 통해 홍해를 가른 후에도 여러 차례 하나님의 기적을 체험했음에도 의심을 떨쳐 버리지 못했다. 일부 사람들이 여전히 불평하는 가운데 누군가 동쪽 하늘을 가리키며 탄성을 질렀다. 하늘에서 검은 물체가 구름처럼 몰려오는 것이었다. 사람들이 두 눈을 부릅뜨고 바라보았다. 가까이 떨어진 물체는 뜻밖에 메추리[25] 떼였다. 살이 통통하게 찐 메추리 떼가 삑삑 소리를 지르며 천막 주변에 우르르 내려앉았다. 그 동안 육식에 굶주린 사람들이 부지런히 메추리를 잡아 실컷 요리해 먹고 나머지는 햇빛에 말려 보관했다. 그러나 불만에 찬 백성들은 하늘에서 내려온 메추리 고기를 먹으면서도 여전히 빵을 보내 주겠다고 하신 하나님을 믿지 않았다. 메추리는 하늘로 날려 보내 줄 수 있지만 빵은 날아다닐 수 없는 물체이기 때문에 불가능하다고 생각했다.

그러나 하나님의 말씀은 하루가 지나기 전에 실현되었다. 다음날 이른 새벽 삼

---

25) 메추라기(출 16:13; 민 11:31-34)가 이른 봄 홍해에서 시내 반도를 가로질러 이 지역에 이르렀을 때는 힘이 빠져 비실비실 떨어져 앉았다. 이스라엘 사람들은 그것을 손쉽게 잡아서 요리해 먹을 수 있었던 것 같다. 이 같은 설명은 하나님께서 자연의 질서를 존중하시며 기적을 행하신다는 사실을 증언하려는 시도로 볼 수 있다. 고대 이스라엘 사람들이 보기에 자연은 만물을 창조하시고 섭리하시는 하나님의 손 안에 있고 그 분께 순종하도록 되어 있었다. 중요한 사실은 하나님께서 광야에서 굶주린 이스라엘 백성에게 먹을 것을 직접 마련해 주셨다는 사실이다.

자리에서 일어난 사람들이 넓은 사막에 빤짝빤짝 빛나는 물체를 보고 소리쳤다. 처음에는 이슬이 햇빛에 반사하는 것으로 알았다. 그러나 이상한 물체는 이슬이 증발된 뒤에도 하얗게 백설처럼 남아 있었다. 사람들이 모세의 천막에 몰려가 호들갑을 떨었다.

"저게 무엇입니까? 하얀 물체가 사막을 뒤덮었습니다."

모세는 대수롭지 않다는 듯 미소를 머금고 말했다.

"나는 주님을 믿소. 그것은 주님께서 여러분에게 내려주신 하늘의 양식 '만나'입니다. 주님께서 보내 주신 것이니 필요한 만큼씩 거두십시오. 가족 수대로 한 사람당 2리터씩만 거두십시오."

모세는 들녘에 나가 보지도 않고 그것이 만나(빵의 일종)라고 했다. 만나는 한낮의 태양열에 녹아 버리는 음식이었다(출 16:13-16).

15. 공정한 배분은 하나님의 정의

모세는 만나를 공정하게 분배하기 위해 일정한 규칙을 정했다.

"여러분, 주님께서 내려 주신 양식은 공정해야 합니다. 한 사람이 한 조각씩만 드십시오. 누구도 남의 몫보다 많이 가져가서는 안 됩니다. 물론 자기의 몫을 차지하지 못하는 사람이 한 명이라도 있어서는 안 됩니다. 주님께서 주신 만나는 공평해야 합니다."

모세의 지시가 끝나자 모두 들녘으로 나가 필요한 만큼씩 거두었다. 밀가루와 꿀을 섞어 만든 빵처럼 만나는 그 동안 즐겨 먹은 어떤 빵보다도 훨씬 맛이 좋았다. 저마다 만나를 모아 각자의 천막으로 돌아간 후 모세는 하나님께 감사한 다음 백성들에게 말했다.

"여러분, 잘 들으시오. 식량은 일용할 분량이면 충분합니다. 만나를 하루 분만 거두십시오. 그리고 거둔 것은 하나도 남기지 말고 모두 먹어야 합니다. 절대로 욕

◈ 만나는 어떤 음식인가?

백성들의 아우성을 들으신 하나님께서 모세에게 말씀하셨다.

"이제 내가 하늘에서 너희에게 먹을 것을 내려줄 터이니, 백성들은 날마다 나가서 하루 먹을 것만 거두어 들이게 하여라. 이렇게 하여 이 백성이 나의 지시를 따르는지 따르지 않는지 시험해 보리라"(출 16:4).

현대 학자들은 만나와 메추라기에 대하여 그 지역의 자연환경을 바탕으로 설명하고 있다. 만나(출 16:15)는 광야에서 자라는 식물의 즙을 빨아먹고 사는 곤충의 분비물이었다고 한다. 달콤하고 끈적끈적한 분비물은 곤충의 몸에서 빠져 나오자마자 광야의 더운 공기 때문에 수분이 증발되면서 곧 굳어진다. 그러면 그것을 개미들이 물어다 한 곳에 쌓아 놓으면 사람들이 아침 일찍 일어나 그것을 거두어 모아서 음식의 재료로 삼았다는 것이다. 현재도 아랍 사람들은 식물의 즙을 먹고 사는 이런 곤충을 '만'이라고 부르고 이 곤충의 분비물을 '만에 싸마(하늘에서 내려온 만나)'라고 부른다.

그것이 무엇인지 궁금하게 여긴 백성은 히브리어로 '마후(이것이 무엇일까?)', 또는 '만후(이것이 무엇이냐?)'라고 서로 떠들었다. 오늘의 만나는 이 말에서 유래된 것이라고 한다. 아랍어의 질문은 '만'이고, 히브리어로 질문은 '마'인데 히브리어로 만나의 어원은 그것이 구체적으로 무엇을 가리키는지 분명하지 않다. 다만 "이스라엘 사람들은 이것을 만나라고 이름 지어 불렀다. 그것은 고수씨 같이 희었고 맛은 벌꿀과자 같았다."(출 16:31)고 만나의 유래를 기록했을 뿐이다.

"만나는 고수풀(향신료=香菜)씨처럼 생겼고 빛깔은 브델리움(Bdellium=창 12:12)같았다. 백성들은 돌아다니며 그것을 모아다가 맷돌에 갈거나 절구에 빻아 냄비에다 구워서 빵을 만들었다. 그 맛은 기름에 튀겨 낸 과자 맛이었다. 밤에 이슬이 내리면서 그들이 진을 친 곳에 만나도 함께 내리곤 하였다"(민 11:7 9). 만나는 마치 밀가루에 꿀을 섞어 빚은 후 기름에 튀긴 과자 맛이었다고 한다.

오늘날에도 만나는 존재하는데 시내 반도에서 자라는 위성류(渭城柳, 위성류과 나무)라는 식물의 덤불에 기생하여 그 수액을 빨아 먹는 두 종류의 개각충(介殼蟲=미세한 곤충)이라는 곤충들이 배설하는 달콤하고 끈적끈적한 물질이 바로 그것이라고 한다. 덤불의 잎사귀로부터 그 물질이 땅에 떨어지면 광야의 차가운 밤공기 중에 조금 굳어지는데 해가 떠서 기온이 70°F가 되면 녹기 때문에 오전 8시 30분 전에 주워 모아야 먹을 수 있다. 이러한 식용물질은 특히 6~7월 시나이 반도의 중부 계곡에서 먹을 수 있다. 아랍인들은 이것을 빵에

> 발라 먹었다.
>
> 오늘날 그 지역에서 유목생활을 하는 베두인족에게는 그 단맛 때문에 아껴먹는 진미로 여긴다. 그런데 학술명으로 '타마리스 마니페라(나일강 지류의 버드나무)'라고 불리는 이 물질은 분량과 지역, 계절과 성질로 보아서 성서에 기록되어 있는 만나와 비교할 때 납득하기 매우 부족한 상태이다.

심 부리지 마십시오. 내일을 위해 남겨 두지 마십시오. 내일의 식량은 내일 다시 마련해 주실 것입니다."

그러나 일부 사람들은 모세의 말을 따르지 않았다. 내일을 대비하는 것은 부지런한 사람의 바람직한 근면이라고 생각하고 다음 날 먹을 분량까지 거두어 숨겨 놓았다. 그러나 모세의 지시를 어기고 숨겨 놓은 만나는 다음날 썩어서 벌레로 변했다. 모세가 규칙을 어긴 사람들에게 화를 냈다.

"당신들은 내가 한 말을 벌써 잊었단 말이오? 주님께서 당신들을 굶어죽지 않도록 먹을 만큼 주셨음에도 믿지 못하고 그런 짓을 합니까? 아직도 당신들은 당신 자신들만을 위해 엉뚱한 짓을 합니까. 왜 하나님의 당부는 지키지 않습니까? 여러분 자신을 위해서는 최소한의 일만 해야 한다는 것을 왜, 잊었습니까? 하나님께서는 평안히 누워 안일하게 살기를 바라는 사람과 자기만을 위하여 사는 사람의 입에는 만나를 넣어 주지 않습니다. 그러니 모두 자기 몫만 거두십시오"(출 16:17~23).

16. 모세가 처음 정한 생활규칙

일용할 양식을 공급받은 이스라엘 백성은 다시 사막을 가로질러 지루한 여행을 계속했다. 하나님은 필요할 때마다 새로운 만나를 적절히 내려주셨다. 모세는 만나를 계기로 이스라엘 백성의 일상생활에 대한 규칙을 정했다.

"여러분, 평소에는 그날 그날 필요한 식량만 준비하십시오. 다만 엿새 되는 날은 다음날 먹을 양까지 모으십시오. 안식일은 하나님께 예배하는 날입니다. 그날은 어떤 일도 해서는 안 됩니다. 그날만은 일용할 만나를 모아서도 안 됩니다. 주일은 온전히 주님의 날입니다. 여러분의 몸과 마음을 오직 하나님만 위해 경건하게 지켜야 합니다. 그러므로 안식일을 위해 전날 모아 둔 만나는 상하지 않습니다. 그날만은 두 배를 준비하시오."

모세는 백성들에게 안식일을 준수할 것을 지시하면서 그날 먹을거리도 준비한 다음 아론으로 하여금 항아리 속에 2리터의 만나를 담아 길이 간수하도록 지시했다. 이때부터 아론이 만나를 담은 항아리를 길이 보관했는데 후일 그 항아리가 법궤의 시작이 되었다(출 16:24~34).

17. 바위에서 샘물이 솟다

이스라엘 백성은 매일 일용할 만나를 공급받으면서 구름기둥의 인도를 따라 계속 남쪽으로 진행했다. 그런데 구름 기둥이 시내산(山)의 르비딤(Rephidim)에서 멎었다. 모세는 일단 구름기둥이 지정한 르비딤에 머물렀다. 그런데 강렬한 불볕이 내리쬐는 신(Sin)광야에 이르는 동안 또 마실 물이 떨어졌다.

"왜, 우리를 태워 죽이려 합니까? 하나님은 과연 우리 곁에 계시는 겁니까?"

백성들은 모세를 찾아가 당장 마실 물을 달라고 마구 대들었다.

"여러분은 왜, 이렇게 투덜댑니까? 당신들은 하나님을 시험합니까?"

모세는 꾸짖었지만 무지한 백성들은 막무가내였다.

"하나님, 저 무지한 백성을 어떻게 하면 좋습니까? 저를 돌로 쳐 죽이려 합니다."

모세가 하늘을 향해 다급한 사정을 호소하자 하나님의 음성이 들렸다.

"모세야, 원로들을 데리고 앞장서거라. 내가 호렙산 바위 옆에 나타날 터이니 네가 장로들을 데리고 나일강을 치던 그 지팡이를 손에 잡고 가거라. 내가 시내산 바위 위에 서있을테니 너는 그 지팡이로 바위를 쳐라. 그러면 물이 솟아 날 것이다."

　모세는 하나님의 계시대로 원로들을 데리고 앞장섰다. 호렙산에 이르렀으나 물이 나올 만한 곳이 보이지 않았다. 하지만 하나님의 말씀대로 지팡이로 가까이 있는 바위를 내리쳤다. 그러자 놀라운 일이 벌어졌다. 바위 밑에서 물이 솟아나 산허리를 굽이쳐 시냇물을 이루었다. 불평하던 사람들이 실컷 마시고 가축에게도 충분히 먹인 다음 장막 안에 마련한 항아리에도 가득 채웠다. 모세는 그곳을 미사(Massah), 또는 므리바(Meribah)라고 했는데, 그것은 이스라엘 백성이 "하나님께서 우리 가운데 계시느냐, 계시지 않느냐?" 하고 의심했기 때문이었다(출 16:35; 17:1-7).

18. 아말렉과의 전쟁과 '주님 닛시'

　이스라엘 백성이 진을 친 르비딤 지방에는 이삭의 아들이며 야곱의 형 에서의 후손들이 살고 있었는데 그들이 바로 아말렉(Amalek)이었다. 아말렉은 새로 나타난 이스라엘 백성들의 재물을 빼앗으려고 싸움을 걸었다. 그러나 한 번도 싸움해본 경험이 없는 이스라엘 백성들은 아말렉의 날쌘 병사들 앞에 속수무책이었다. 아말렉의 위협이 끊이지 않자 모세는 무법자들에게 당할 수만은 없다고 생각하고 힘이 센 여호수아(Joshua)를 지휘자로 뽑아 군사 조직을 한 다음 지휘권을 맡겼다.

　"여호수아야, 나는 네가 승리하리라 믿는다. 너는 힘센 남자를 뽑아 아말렉과 싸워라. 내일 병사들을 이끌고 나가 저들을 공격해라. 나는 언덕에 올라가 지팡이를 들고 서 있겠다. 승리는 반드시 우리의 것이다."

　모세의 명을 받은 여호수아가 이스라엘 백성들 중 체력이 강인하고 용감한 남자들을 뽑아 대오를 편성한 다음 아말렉을 향해 돌진했다. 그리고 모세와 아론과 훌(Hul)은 언덕에 서서 여호수아가 싸우는 것을 지켜보았다. 아말렉 사람들은 본래 야영생활로 잔뼈가 굵었기 때문에 힘이 셌다. 뿐만 아니라 그들은 평소 남의 재산을 약탈하기 위해 생명을 내걸고 싸움을 해 왔기 때문에 여호수아가 이끄는 이스라엘 병사들은 그야말로 새발의 피였다. 그런데 언덕에 올라가 싸움을 지켜보던 모세가 손에 잡은 지팡이를 치켜들고 기도하면 전세가 여호수아 쪽으로 호전되었다. 그러나 몸이 피곤해서 팔을 내리면 다시 아말렉 군대가 파도처럼 밀려와 여호수아의 병사들을 궁지에 몰아넣는 것이었다.

모세는 싸움이 끝날 때까지 하루 종일 팔을 들고 있기가 힘들었다. 그래서 아론과 훌이 돌을 들어다 두 팔을 양쪽에서 떠받쳤다. 그런 상태로 팔이 아픈 모세를 도우며 해가 저물 때까지 계속 싸움을 지켜보았다. 그러자 아말렉 군대가 슬금슬금 도망치기 시작했다. 그때 여호수아가 기회를 놓칠세라 맹공을 가하였다. 패주하는 아말렉의 병사들을 몰아붙이며 끝까지 추격했다. 모세는 여호수아의 승리를 확인한 다음 팔을 내리고 그곳에 돌을 들어다 단을 쌓으며 말했다.

"하나님의 기치를 높이 쳐들어라! 하나님께서 아멜렉과 대대로 싸워 이길 것이다."

이어서 그곳을 '주 하나님-닛시'(The Lord is my Banner=주님은 나의 푯대)라고 불렀다(출 17:8-15).

제4장 모세에게 내려주신 성약(聖約)

1. 시내 산 기슭에 이르다

홍해를 가르고 도강한 이스라엘 백성은 3개월간의 긴 여정 끝에 수르(Shur)지방과 르비딤을 거쳐 마침내 시내 산기슭에 이르렀다. 르비딤에서 시내 산까지는 불과 하루정도의 거리였다. 이스라엘 백성은 북쪽의 세이크(Scheikh) 계곡으로 들어가 시내산 가장 넓은 라합(Rahab)기슭에 천막을 치고 짐을 풀었다. 그러나 시내산 주변은 기후의 변화가 심했다. 낮에는 하늘에서 퍼붓는 태양열과 땅에서 내뿜는 무더운 열기에 실린 안개가 시야를 가렸고 저녁에는 모래바람이 휘몰아치는 가운데 낮과 밤의 기온 차가 30도나 되었다. 모세가 도착한 3~4월은 1년 중 기후가 가장 나쁜 계절이었다. 특히 캄신(Khamsin)이라는 열풍이 불면 수분이 순식간에 증발되면서 초목이 말라죽을 만큼 건조한 계절이라 생활하기 어려운 계절이었다.

그러나 다행히 모세는 처음 이집트에서 쫓겨 와서 망명 생활을 할 때 이드로의 사위로 40년간 양치기 생활을 했기 때문에 이곳 시내 산을 비롯한 그 일대 지방의 지리에 밝았다. 그런데 마침 이스라엘 백성을 이끌고 온 모세는 이 지방의 특수한 기후에 적절히 대처할 수 있었다. 일단 시내 산간에서 1년 간 머물기로 작정한 모세는 백성들에게 챙겨온 짐을 풀도록 지시했다. 오랜만에 한곳에 정착하게 되자 여행에 지친 백성들이 저마다 이집트에서 꾸려온 짐을 풀었다. 그러자 천막을 치는 사람, 음식을 만드는 사람 등 저마다 분주한 가운데 하루해가 저물었다(출 19:1-2).

◆ **시내산의 위치와 규모**

일명 '호렙산' (Horeb Mount) 또는 '하나님의 산'이라고 불리는 시내 산은 모세가 이스라엘 백성을 대표하여 율법의 기본인 십계명을 받은 곳이다. 하지만 하나님으로부터 율법을 하사 받은 위치는 확인하기 어렵다. 그것은 아직도 이스라엘 백성들의 광야 생활을 증명할 만한 고고학적 물증이 발견되지 않았기 때문이다. 다만 전통적으로 믿고 있는 시내 산은 반도 남쪽 끝에 위치한 해발 2,500미터의 시내 반도의 최고로 높은 예벨-무사(모세의 산)를 가리킨다. 현재 시내 산은 레차(Ledcha) 계곡과 쇼엡(Schoeb)계곡으로 갈라진 3개의 평행 산악으로 되어 있다. 기원후 6세기 중엽 유스티누스 회의 수사들이 동북쪽 산기슭에다 성 가타리나 대 수도원을 세우고 수도생활을 했다. 이 수도원에서 가장 오래된 성서(70인역 성서와 신약성서)의 수사본으로 알려진 시나이 사본을 보관하고 있는 것으로 유명하다. 남쪽의 산은 홈르(Homr)산을 중앙으로 호렙(Horeb)산을 대체로 시나이 산이라고 일컫는다. 길이 2천 미터에 폭이 1천 미터 가량 되는 길쭉한 산악으로 높이가 해발 1,969미터로 기암준봉(奇巖峻峰)으로 이루어졌다. 그곳 남단에 위치한 2,231미터의 봉우리를 모세의 산(예벨 무사)이라고 한다.

필연 히브리백성들이 천막을 쳤다면 바로 그 레차 계곡이었을 것이다. 이 계곡은 90만 평 이상이나 되는 넓은 면적으로 2백만 명의 군중을 수용할 수 있다. 성서학자들은 이상 소개된 3개의 산 가운데 어떤 산을 진짜 시나이 산으로 볼 것이냐, 에는 판단을 유보하고 있다. 광야를 횡단했던 무리들이 하나가 아니라 여럿이었고, 나중에 이들이 저마다 다른 전통을 가지고 가나안 땅에 들어왔을 것이라고 추정한다. 이 경우 후대에 서로 다른 전승들을 수렴하는 과정에서 복합적인 시나이산의 모습이 나오게 된 것으로도 볼 수도 있다. 그러나 성서에서 소개하는 이스라엘 백성들의 여정을 보면 시나이산의 위치는 시나이 반도와 뗄 래야 뗄 수가 없다. 따라서 우리는 전통적으로 믿어온 예벤-무사를 시나이 산으로 받아들인다.

2. 장인 이드로의 조언

한편 모세가 시나이에 도착했다는 소식을 전해들은 모세의 장인 이드로 제사장이 마침 친정에 와 있던 모세의 처 십보라와 두 아들을 대리고 시나이 진영에 머물고 있는 모세를 찾아왔다. 모세는 장인 이드로 제사장에게 큰절을 하고, 그 동안 이집트에서 바로왕과 맞섰던 일과 광야를 통해 시나이에 도착하기까지의 경위를 자세히 설명했다. 장인 이드로 제사장은 그간의 어려움을 이겨낸 모세의 장거를 치하했다.

"주님을 찬양하라! 그분께서 이스라엘 백성을 바로의 손에서 건져내시고 종살이에서 구원하셨다. 주님께서 자기 백성을 교만하고 잔인한 이집트 백성의 손에서 구원하셨으니 이제 나는 주님이 모든 신보다 위대하신 분임을 알았다."

이드로 제사장은 전지전능하신 하나님의 능력을 찬양하고 번제물을 바치고 아론을 비롯한 장로들과 더불어 한자리에서 식사했다.

한편 오랜만에 장인을 맞은 모세는 아침부터 저녁까지 백성들의 송사를 처리하느라고 하루 종일 자리에 앉아 있어야했다. 모세가 한 가지 일에만 얽매인 것을 지켜본 장인이 충고했다.

"어째서 자네 혼자 하루 종일 심판하는 일에만 매달리느냐?"

장인이 묻는 말에 모세가 정중히 대답했다.

"백성들이 하나님의 뜻을 알아보기 위해 나를 찾아오기 때문입니다. 백성들이 문제를 제기하면 내가 옳고 그름을 가려주고 하나님의 명령과 법을 그들에게 가르쳐 주어야 합니다."

모세의 사정을 들어본 장인이 다음과 같이 제의했다.

"자네가 하는 일은 옳지 않네. 일을 그렇게 하면 자네와 백성이 모두 지쳐 떨어지네. 자네 혼자서 처리하기엔 일이 너무 많으니, 내 말을 들어보게, 내가 몇까지 조언을 하겠네. 하나님이 자네와 함께 하실 것이니 자네는 하나님 앞에서 백성의 대변자가 되어 그들의 문제를 하나님께 말씀드리고, 백성들에게는 하나님의 법과 명령을 가르치고, 백성들이 어떻게 살아야하고 무엇을 해야 할 것인가를 친히 보여주게."

모세의 장인은 일반 잔무처리는 다른 사람들에게 맡기고 모세는 하나님의 뜻에 따라 중요한 문제만을 지도하도록 권했다.

> ◈ 모세의 편모(3)
>
> 모세는 과연 어떤 인물이었을까? 성서에 나타난 그의 성격은 낙천적이었다. 아무리 어려운 일이 닥쳐도 씩 웃을 만큼 대담했다. 모세는 어려움이 닥칠 때마다 하나님의 뜻에 따라 결단력을 발휘하여 바로왕의 노예였던 히브리 백성을 이끌어 낸 영웅이었다. 그러나 모세에 대한 의문은 한둘이 아니지만, 그는 자기 자신에 관해 따로 기록을 남기지 않았다. 다만 성서를 통해 본 모세는 강인한 인내력과 용기를 겸비한 혁명 투사로 하나님의 뜻에 따라 백성을 다스린 신격적(神格的)종교 지도자였다. 근엄한 얼굴에 천진한 홍조가 감돌만큼 친근감이 풍겼다. 아버지처럼 어질면서도 지혜로운 표정에는 언제나 생기가 넘쳤고, 소리내어 웃을 때는 입이 귀밑까지 벌어져 보기에도 무척 시원스럽고, 즐거울 때는 어린이처럼 파안대소하는 등 구김이 없고, 누구에게나 친절하면서도 웃음을 헤프게 드러내지 않았다. 그러나 하나님의 법도를 어겼을 때는 냉엄하리 만큼 억센 사나이의 투지가 넘치는 인물이었다.
>
> 불의에는 과격하리만큼 엄격한 모세는 자기를 함부로 들어내지 않고 매사에 신중하면서도 결단력이 풍부했다. 정치, 경제, 종교, 사회, 등 모든 면에 경륜을 두루 갖춘 절세의 경세가(經世家)였던 모세는 시나이에 체류한 어느 날 해가 저물녘에 바다처럼 넓은 시나이 광야의 정착촌을 내려다보았다. 긴 머리를 뒤로 추켜올리면서 외쳤다. "아, 우리는 드디어 해냈다. 하나님의 보살핌으로 우리는 해냈다. 이제 우리는 자유민이다. 우리는 승리했다." 정착촌을 바라보던 모세가 감격에 겨워 어린아이처럼 좋아했다.

장인이 새로운 제도를 만들어 백성을 이끌도록 조언하자 모세는 장인의 의견을 겸허하게 받아 들였다. 모세는 백성들 중에 70명의 대표를 뽑아 그들로 하여금 백성들을 효율적으로 다스리기 위해 행정 기구를 조직했다. 그리하여 모세 혼자 처리하던 재판을 보다 능률을 기하기 위해 천부장과 백부장이 모세를 대신해 재판을 맡아 하도록 권한을 대폭 이양했다(출 18:1-27).

3. 모세가 백성을 이끌어갈 새 방도를 찾다

정착촌이 어느 정도 정리되었을 때 모세는 시내 산꼭대기로 올라갔다. 무엇 때문에 올라가는지 그 이유는 아무도 몰랐다. 모세 자신도 하나님의 뜻에 순종할 뿐 왜, 올라오라고 했는지, 이유를 모른 채 올라갔다. 모세는 이스라엘 백성을 바로왕의 손아귀에서 해방시키는 데는 일단 성공했지만 막상 노예에서 해방된 이스라엘 백성은 스스로 살아갈 자치 능력이 없었다. 하나님의 백성이면서도 하나님을 어떻게 섬겨야 하는지, 젖과 꿀이 흐른다는 땅이 어딘지, 그곳에 가면 어떻게 살아야 할 지, 전혀 준비된 것이 없었다. 물론 당시에는 성서도 없었지만 사회적 예법이나 사회 규범도 없었다. 뿐만 아니라 오랫동안 노예살이로 길들여진 백성들은 글을 전혀 모르는 문맹자들로 스스로 삶을 개척하기보다 부림당하기를 더 좋아하는 노예근성의 사람들이 대부분이었다. 모세만이 바로의 양자로 이집트 왕궁에서 여러 나라의 왕자들과 이집트의 학문을 비롯한 세계 여러 나라의 학문을 제대로 배웠을 뿐 백성들 대부분이 노예들이었기 때문에 기초적인 학문도 갖추지 못했다.

모세는 무지몽매한 백성들에게 하나님의 대한 정의(正義)를 설명할 수도 눈으로 보여 줄 수도 없었다. 이스라엘 민족 공동체를 하나님의 백성으로 이끌기 위해서는 새로운 사회 규범이 필요했다. 그런 저런 문제들이 제기 되었을 때 이스라엘 백성의 장래를 염려하신 하나님께서 새로운 규범을 마련하기 위해 모세를 시내 산으로 불러 올리셨다(출 19:3-6).

4. 율법과 이스라엘 백성

모세가 시나이산의 바위틈을 비집고 정상에 도착했을 때 하나님의 음성이 들렸다.

"모세야, 너는 야곱의 후손인 이스라엘 백성에게 나 주님이 이렇게 말한다고 일러 주어라. 너희는 내가 이집트 사람에게 당한 일을 보았고, 또 독수리가 날개로 자기 새끼를 보호하듯이 내가 너희를 보호하여 이곳에 인도한 것을 다 보았다. 만일 너희가 내 말을 잘 듣고 내 계약을 지키면 너희가 모든 민족 가운데서 나의 가장 소중한 백성이 될 것이다. 온 세상이 다 내 것이지만 너희는 특별히 제사장 나라가 되고 거룩한 백성이 될 것이다."

하나님께서는 모세에게 이스라엘 백성을 영도하기 위해 새 질서의 필요성을 말씀하였다. 모세는 그 길로 시나이 산을 내려와 백성들을 모아놓고 하나님의 뜻을 설명했다. 이집트를 떠난 후 모세와 원로들 사이에는 별다른 문제가 없었기 때문에 하나님께서 모세를 통해 제시한 조건을 흔쾌히 받아 들였다.

"하나님의 명령을 우리가 이행 하겠습니다."

이스라엘 백성들은 찬성했다. 백성들이 모세가 제시한 조건에 동의하자 하나님은 크게 기뻐하시고 모세를 다시 정상으로 불러 올린 다음 이렇게 일렀다.

"모세야, 이제 이스라엘 백성에게 나 하나님을 알려야 한다. 그러나 네가 백성들에게 하나님이 누구라는 것을 말하기보다 내가 짙은 구름 속에서 직접 너에게 말하겠다. 그것은 내가 너에게 하는 말소리를 백성들이 직접 들음으로서 너를 더욱 믿고 의지하도록 만들기 위해서다. 그러니 다시 백성들에게 돌아가 내가 찾아갈 것이라는 것을 알려라. 그리고 모두 몸과 마음을 깨끗이 한 다음 경건한 마음으로 나를 맞이할 채비를 갖추어라. 앞으로 사흘 동안 준비할 시간을 주겠다"(출 19:3-15).

5. 하나님의 성역을 지정하다

하나님의 분부에 접한 모세는 그 길로 산을 내려와 백성들을 모아 놓고 하나님의 분부를 전했다. 그러자 백성들은 하나님을 맞이하기 위해 서둘렀다. 백성들은 모세가 하나님의 부름을 받고 올라갔다 내려온 산의 일정한 지역을 일단 하나님의 성역으로 지정한 다음 밧줄로 경계선을 설치했다. 그리고 그 경계선 안쪽 지역에는 누구도 함부로 밟을 수 없는 거룩한 성역으로 선포하는 한편 그 경계선을 무단 출입할 경우엔 죽임을 당한다고 경고했다. 그로부터 3일째 되는 날 새벽이었다. 갑자기 쏟아지는 비 소리에 놀란 사람들이 잠자리에서 일어나 밖을 내다보았다. 세찬 비바람과 천둥소리가 정착촌을 휩쓰는 가운데 어디선가 천지를 진동하는 나팔

(산양 뿔 나팔)소리가 비에 젖은 대지를 강타했다.

　사람들은 꼭두새벽에 나팔을 연주하는 사람이 누구인지 알아보기 위해 저마다 자기 집 밖으로 나왔다. 그 때 하늘에서 들려오는 나팔소리는 하나님이 그 곳에 임재 하신다는 경적이라는 것을 알고 모두 공포에 사로잡혀 벌벌 떨었다.

　그러나 하나님의 분부를 간직한 모세는 동요하지 않았다. 오히려 하나님의 말씀이 사실로 드러나자 더욱 자신감을 가졌다. 모세는 그 날 오후 백성들을 시나이산 밑에 모아 놓고, 이날 새벽에 있었던 경적은 하나님께서 이스라엘 백성에게 당신의 실체를 직접 확인시키기 위한 것이라고 했다.

　모세가 백성들에게 하나님의 뜻을 전하고 있을 때 시나이 산꼭대기에서 황금색 불꽃이 마치 용암이 하늘로 쏟아 오르듯 큰 불기둥이 우두둑 소리를 내며 밤하늘을 밝혔다. 찬란한 불빛아래 검은 연기가 시나이 산의 정상을 뒤덮은 가운데 산 밑의 백성들이 밟고 서있는 땅이 크게 요동쳤다. 충격을 받은 백성들은 심장이 부들부들 떨렸다. 겁먹은 백성들이 긴장해 있을 때 다시 하나님의 부름을 받은 모세가 다시 금단의 경계선을 넘어 시나이산 정상으로 올라갔다. 모세가 금단의 경계선을 밟고 올라가는 것을 지켜본 사람들이 놀란 표정으로 "거룩한 땅을 함부로 밟다니, 모세 스스로 죽으려는 것이 아닌가?" 하고 저마다 염려스러워 했다(출 19:16-25).

6. 십계명과 사회 규범

　모세가 금단의 경계선을 넘어 정상에 오르자 하나님은 이스라엘 백성을 다스리기 위해 열 가지 계명[26])을 제시하셨다.

---

26) 십계명은 시나이 산에서 계약 의식을 거행할 때 반포된 조문들이었다. 그런데 십계명이 가나안 정복 이후에 공포되었다고 보는 학자도 있다. 그러나 십계명이 농경문화에서 유래했음을 암시하는 내용은 십계명 안에 하나도 없다.

"나는 이집트에서 종살이하던 너희들을 인도해 낸 너희들의 하나님이다. 모세야! 나는 특별히 나의 율법을 설명하겠다. 장차 이스라엘 백성이 나의 백성이 되려면 다음 열 가지 율법을 지켜야 한다.

첫째, 너희들의 주 나 하나님을 섬길 것이며, 내 앞에 다른 신을 섬기지 말라. 너희들을 이집트에서 구출한 분이 바로 나 하나님이다. 너희는 오직 나 하나님만을 섬겨야 한다.

둘째, 너희들의 형상이나 어떤 지상의 우상 그 외의 하늘에 있는 것이나 또는 땅 위에 있는 것을 막론하고 나 외에 다른 어떤 것에도 예배하거나 기도하지 말라. 벽에 새긴 동물과 혹은 여신의 모습을 한 동상도 우상이다. 그런 형상은 신(神)이 아니다. 오직 나만이 하나님이다. 그런 형상들에게 기도하지도 만들지도 말며, 가지지도 말아야 한다.

셋째, 너희들은 하나님을 말할 때 주의해야 한다. 하나님의 이름을 함부로 가볍게 사용하거나 하나님의 이름을 헛되이 해서는 안 된다. 그리고 안식일을 경건하게 지켜야 한다.

넷째, 너희들은 엿새 동안만 열심히 일해야 한다. 그리고 칠 일째 되는 날이 안식일이다. 그 안식일은 모두 쉬어야 한다.

다섯째, 너희들은 너희의 아버지와 어머니를 공경해야 한다. 항상 효도를 다해야 한다.

여섯째, 너희들은 절대로 살인하지 말라.

일곱째, 너희들이 결혼하면 아내와 남편에게 충실하여야 한다. 그것이 또한 나의 율법이다.

여덟째, 너희들은 어떤 경우에도 도둑질하지 말라. 그리고 마지막으로 두 가지 율법을 더 제시하겠다.

아홉째, 너희들이 무엇인가를 실행했든 또는 하지 않았든 다른 사람들을 속이지 말라.

열 번째, 너희들은 남에게 속해 있는 것을 탐내지 말고 욕심 부리지 말라. 그 대신 너희가 가지고 있는 것만으로 항상 만족하라. 이것이 너희들이 하나님의 백성이 되는 조건이다."

하나님은 이상 열 가지 율법을 제시한 다음 다시 말씀하셨다.

"모세야, 어서 백성들에게 돌아가 이 열 가지 율법을 백성들에게 설명하고 복종할 것인지 확인해 보아라. 만일 백성들이 복종하겠다고 약속하면 나는 너의 백성들의 하나님이 되고, 이 성약은 이스라엘 백성과 나와의 계약으로 길이 준수 될 것이다."

하나님은 이상 열 가지 계명을 친히 설명한 다음 그 외에 하나님 백성이 의무적으로 지켜야할 열 가지 사회 규범을 다음과 같이 지시하셨다(출 20:1-21).

(1) 제단에 관한 법

"너는 이스라엘 백성에게 내가 하늘에서 한 말을 일러주어라. 너희는 나와 견주기 위해 은이나 금으로 신상을 만들지 말고, 흙으로 단을 쌓고, 그 위에 양과 소로 번제와 화목제를 드려라. 너희가 나를 섬기도록 지정하는 곳마다 내가 찾아가서 너희를 축복할 것이다. 돌로 단을 쌓으려거든 연장을 사용하지 말라. 연장을 사용하게 되면 그 단이 더럽혀진다(20:22-26).

(2) 종에 관한 법

만일 너희가 히브리인을 종을 삼으면 6년 동안만 종으로 부리고 7년이 되면 몸값을 지불하지 않아도 자유로운 몸이 된다. 만일 아내와 함께 종으로 팔려 왔으면 나갈 때도 아내와 함께 나가게 하라. 만일 자기 딸을 종으로 팔았으면 그녀는 남자 종처럼 자유로운 몸으로 나갈 수 없다. 만일 그 여자가 자기를 아내로 산 주인이 그녀를 좋아하지 않으면 주인은 그녀가 다시 팔려갈 수 있게 해야 한다(21:1).

(3) 폭행에 관한 법=살인에 관한 법

사람을 쳐서 죽인 자는 반드시 죽여라. 만일 고의가 아닌 사고로 사람을 죽였다면 그는 내가 정한 곳으로 피신 할 수 있다. 자기 부모를 치는 자는 반드시 죽여라. 만일 남종이나 여종을 매를 들어 죽이면 그는 반드시 형벌을 받아야 하지만, 하루 이틀 앓을 정도라면 무방하다. 그것은 종이 주인의 재산이기 때문이다. 만일 임신한 여자를 다치게 했다면 반드시 그 남편의 요구대로 피해를 보상해야 한다 (21:12-21).

(4) 짐승 단속법

만일 소가 사람을 받아 죽이면 그 소를 죽이되 그 고기를 먹지 말라. 그리고 그 소의 주인은 형벌을 받지 않아도 된다. 그러나 소가 버릇이 나쁜 줄 알면서도 단속을 하지 않아 사람을 죽였다면 그 주인과 소를 돌로 쳐 죽여라. 그러나 피해자가 보상을 요구했을 때는 보상금을 지불하고 자기 생명만은 구할 수 있다. 만일 소나 나귀가 구덩이에 빠지면 그 구덩이 주인이 짐승 주인에게 손해를 배상해야 한다. 만일 소가 소를 받아 죽였다면 두 사람은 산 소를 팔아 똑같이 나누어 가져라. 그러나 소가 버릇이 나쁜 줄 알고 있으면서도 단속을 하지 않았다면 산 소로 전액을 보상해야 한다(21:28-32).

(5) 손해배상법

"만일 어떤 사람이 남의 가축을 도둑질하여 잡거나 팔았다면 훔친 자는 다섯 배로 배상해야 한다. 도둑의 침입을 막기 위해서는 그를 쳐 죽여도 무방하다. 도둑은 몸을 팔아서라도 반드시 보상해야 한다. 만일 불을 잘 못 놓아 남의 밭을 태웠을 때는 반드시 실화한 사람은 배상해야 한다. 만일 남의 재산을 보관한 사람이 유실했다면 책임을 져야 한다. 만일 가축이나, 의복 등 재산을 분실했을 때 분쟁이 생기면 재판을 받되, 재판관 앞에 선언한 대로 배상해야 한다. 남의 손 나귀를 빌려 왔다가 죽거나 상처를 입혔을 때에는 반드시 배상하여야 한다(21:37- 22:4-9).

(6) 윤리 및 종교적인 법

만일 미혼 처녀를 꾀어 성관계를 가졌다면, 신부의 몸값을 지불하고 그녀와 결혼해야 한다. 무당을 살려 두지 마라. 짐승과 음란한 짓을 한 자는 반드시 죽여라. 외국인을 절대로 괴롭히지 마라. 과부나 고아를 괴롭히지 마라. 가난한 사람에게 돈을 빌려주었을 때 빚쟁이로 행세하지 마라. 너희는 첫 아들을 나에게 바쳐야 한다(22: 15- 17).

(7) 모든 사람에게 공정하라

너희는 헛된 소문을 퍼뜨리지 말고 허위 증언으로 악을 돕지 말라. 너희는 다수에 맹종하지 말고 가난하다고 무조건 두둔하지 말라. 길을 잃은 짐승은 주인을 찾아 주고 너희를 미워하는 사람의 재산도 보호해야 한다. 너희는 외국인을 학대하지 마라. (23: 1-13)

(8) 안식년과 안식일에 관한 법

너희는 6년 동안 수확한 땅은 7년째 되는 해에는 땅을 갈지 말고 묵혀 두어라. 너희는 6일 동안만 일하고 7일째 되는 날에는 집의 종들과 외국인 모두 휴식을 취해야 한다(23:12-13).

(9) 3대 명절

너희는 매년 3대 명절을 지켜야 한다. 너희가 이집트에서 나온 1월의 무교절에는 7일 동안 누룩을 넣지 않은 빵을 먹어야한다. 그리고 나에게 올 때에는 빈손으로 오지 마라. 너희는 밭에 씨를 뿌려 수확한 곡식의 첫 열매로 맥추절(麥秋節)을 지켜라. 농산물을 거둬들여 저장하는 연말에 수장절(收藏節)을 지켜라. 매년 이 3대 명절에 너희 모든 남자들은 너희 하나님에게 경배해야 한다(23: 14-17).

(10) 안식일에 관한 법

너희는 나의 안식을 지켜라. 안식일이 나와 너희 사이에 대대로 계약의 표가 되어 내가 너희를 거룩하게 하는 하나님이심을 너희가 알 수 있도록 하기 위한 것이다. 안식일은 너희에게 거룩한 날이므로 너희가 반드시 지켜야 한다. 6일 동안은 너희가 일하는 날이지만 7일째 되는 날은 거룩한 안식일이다. 이스라엘 백성은 안식일을 영구한 계약으로서 대대로 지켜야 한다(35:1-3).

7. 하나님과 이스라엘 간에 체결된 계약

한편 시나이 산기슭에 정착한 백성들은 비를 맞으며 시나이 산꼭대기로 올라간 모세가 돌아오기를 기다렸다. 얼마 후 돌아온 모세가 10가지 조항의 십계명을 제시하고 성실히 지킬 것이냐? 고 묻자 모두 잘 지키겠다고 동의했다. 백성들은 모세가 제시한 십계명을 성실히 지키겠다고 결의한 것을 기념하기 위해 축제를 베풀었다. 그러자 하나님께서 크게 기뻐하시고 "모세야, 내가 이스라엘 백성과의 약속을 돌에 새겨 주겠다."하고 다시 부르셨다. 모세는 시나이 산에 오르기 전에 아론 형을 찾아가 자기가 시나이 산에 올라가 있는 동안 백성들을 보살피도록 당부하고 구름에 덮힌 시나이 산 정상으로 올라갔다(출 24:1-18).

8. 경망한 백성들

한편 시나이 산 기슭에 정착한 백성들은 오랜만에 휴식을 취하고 자유를 만끽했다. 사람들은 오랫동안 시달려온 터라 긴장이 풀리면서 마음이 산만해졌다. 특히 군대식으로 자신들을 엄하게 통제하는 모세가 자리를 비우자 해방감에 도취된 사람들은 자제력을 잃었다. 어렵게 쟁취한 자유를 스스로 소중하게 간직하지 못하고 방종하기 시작했다. 이집트를 떠나기 전부터 틈만 나면 어깃장 놓던 일부 백성들까지도 모세의 강력한 지도력에 눌려 하나의 공동체로 뭉칠 수 있었다. 그러나 스스로 자치 능력을 갖추지 못한 백성들의 공동체는 모세가 자리를 비우자 곧 중심을 잃었다. 그런데 마침 모세가 올라간 시나이 산 정상에서 갑자기 고막을 찢는 폭음과 동시에 불길이 하늘로 치솟는 사태를 산 밑에서 지켜본 사람들은 모세의 신변에 중대한 이변이 발생한 것이라고 생각했다. 무려 40일이 지나도 모세가 돌아오지 않자 사람들은 금단의 경계선을 밟고 정상으로 올라간 모세는 죽었다고 간주했다. 그런 가운데 평소 모세를 껄끄럽게 생각하던 일부 사람들이 하나님과의 약속(십계명)까지 싸잡아 헐뜯는 사태가 벌어졌다.

자제력을 잃은 백성들이 우왕좌왕 갈피를 잡지 못하면서 이스라엘 공동체는 중심이 흔들리고 그들의 공동체는 마침내 기강이 풀려 일시에 혼란을 빚었다. 하지만 모세를 대신해 백성들의 동요를 진정시킬 수 있는 인물이 없었다. 시간이 지나면서 기강이 풀린 이스라엘 공동체는 마침내 방향을 잃었다. 만일 하나님께서 산 정상에 올라간 모세를 제거하셨다면 그가 이끌어온 자신들도 제거할 것이라고 지레 겁을 먹은 일부 백성들이 하나님에 대한 신의를 저버렸다. 공동체가 큰 혼란에 빠졌을 때 일부 젊은이들이 아론의 천막으로 떼를 지어 몰려갔다(출 32:1-3).

9. 아론을 협박하다

"아론, 어서 밖으로 나오시오."

"대체 무슨 일이오."

"우리가 원하는 것은 간단하오. 우리를 여기까지 데려온 모세는 도대체 어떻게 된 거요? 모세 그놈이 우리를 이 사막에 내다 버렸소. 지금 우리는 어디로 가야할지 방향을 잃었소. 이제 모세는 더 이상 필요 없소. 모세 대신 우리를 이끌어 줄 새로운 신을 만들어야 하겠소. 이 광야에서 우리를 구출해 줄 신이 필요하단 말이오"

어처구니없는 요구에 아론이 화를 냈다.

"도대체 무슨 얘기를 하는 거요. 우리들에게는 오직 하나님이 계실 뿐이오. 모세가 하나님의 부름을 받고 갔으니 조금만 더 기다리시오. 이미 우리는 주 하나님을 섬기겠다고 성약까지 체결하지 않았소? 만일 내가 당신들 말대로 새로운 신을 만든다면 큰 벌을 받게 될 거요. 물론 계약을 어기고 우상을 만든 여러분도 벌을 받게 될 것이오."

아론이 결연히 반대했다. 그러나 이성을 잃은 사람들에게 아론의 말은 설득력이 없었다.

"모세, 좋아하네, 그는 이미 죽었소. 그가 죽은 것은 오히려 잘된 거요. 그 동안 우리가 꼼짝 못한 것이 억울하단 말이요. 이제부터 모세 대신 아론 당신이 우리를 지도하시오. 만일 하지 않는다면 미안하지만 당신은 우리들에게 크게 당할 거요."

아론은 젊은이들의 협박에 말려들었다. 겁먹은 아론은 결국 협박에 못 이겨 일단 그들의 뜻에 따르는 것이 편하다는 생각이 들었다. 만일 저들의 요구를 거절하면 자신의 입장이 어떻게 될까? 생각하는 순간 아론은 비겁해졌다(출 32:1-3).

10. 황금 우상과 하나님의 진노

젊은이들은 아론을 물리적으로 협박했다.

"좋소. 당신이 정 허락하지 않는다면 우리는 힘으로 할 수밖에 없소."

노골적인 협박에 넘어간 아론은 가당치 않은 저들의 요구를 허락했다.

"그렇다면 좋소. 여러분의 아내와 아들딸들의 황금 귀걸이와 목걸이를 모두 거두어 오시오."

아론의 승낙을 받아낸 무리들이 백성들이 소지한 금붙이를 모두 끌어 모아 아론에게 바쳤다. 아론은 그 금붙이로 이집트인들에게 보고 배운 기술로 황금 송아지를 빚었다. 그러자 무지몽매한 백성들은 손으로 빚은 금송아지를 자신들의 새로운 신이라고 선언하고, 그 앞에 제단을 쌓고 손뼉을 치고 열광했다.

"이스라엘아, 이것이 우리의 새로운 신이다. 우리를 이집트에서 이끌어 낸 우리의 신이다."

백성들이 열광하자 아론이 말했다.

"여러분, 내일은 주님의 명절이다. 송아지 제단에 제물을 바치고 축제를 베풀겠다."

마침내 축제를 베풀고 황금우상을 섬기는데 아론이 앞장섰다. 다음 날 황금 송아지 앞에 몰려온 무리들이 음식을 차려 놓고 음악을 연주하고, 번제를 올리고, 먹고 마시고 흥에 겨워 춤추고, 노래하는 등 난잡한 축제를 벌였다(출 32:1-6).

11. 하나님의 진노와 모세의 애원

한편 시나이 산에 올라간 모세는 40일 동안 하나님께서 친히 가르쳐 준 계명을 돌 판에 새기는 작업을 마무리하고 있었다. 시작한 일이 거의 마무리할 즈음에 산 밑에서 송아지 우상을 만들어 숭배하는 사태가 벌어진 것이다. 이스라엘 백성이 하나님과의 약속을 어기고, 우상 숭배의 혼란을 시종일관 지켜보신 하나님께서 모세에게 질책하셨다.

"모세야, 어서 이 산을 떠나 너의 백성들에게 돌아가라. 네가 이집트에서 인도해온 저 백성들이 벌써 약속을 파기하고 타락했다. 그들은 나와의 약속을 저버리고 금송아지를 만들어 신으로 숭배하고, 우상에게 제사를 바치고, '이스라엘아 이것이 너를 이집트에서 인도해 낸 너의 신이다!' 하고 외치고 있다."

하나님은 단호한 경고의 말씀을 하셨다.

"모세야, 이 백성을 보니 정말 고집이 센 백성이구나. 이제 네가 나를 말릴 생각은 하지 말라. 내가 그들을 완전히 없애 버리고, 대신 너를 통해 새로운 백성으로 큰 나라를 세우겠다."

하나님의 진노 앞에 모세가 무릎을 꿇고 애원했다.

"주님이시여, 제발 저들을 멸망시키지 마십시오. 저들은 당신의 위대한 능력으로 이집트에서 구출한 당신의 백성이 아닙니까, 어찌하여 하나님께서 이집트에서 구출해 낸 백성을 지상에서 없애 버린단 말입니까, 제발 분노를 거두시고 저들을 죽이지 마시고 한 번만 용서하십시오."

모세의 애절한 호소에 하나님은 당초의 결정을 일단 철회하셨다. 모세는 그 길로 두 장의 십계명이 적힌 석판을 쥐고 산 밑의 정착촌으로 돌아갔다. 정착촌에 들어선 모세는 눈을 의심했다. 엄청나게 큰 제단 위에 눈부시게 빛나는 황금 우상이 우뚝 서있고, 그 주위에는 꽃과 보석으로 장식된 봉헌 예물이 널려 있었다. 거대한 제단에서는 여전히 불에 타는 제물의 연기가 솟아오르고, 주변에는 술에 취한 사람들이 춤추고 노래하는 등 기고만장했다(출 32:7-8).

> ◈ **아론이 만든 황소 우상**
>
> 이집트에는 오시리스(Osiris)신의 성장인 아피스(Apis)라는 신우(神牛)가 있었다. 그런데 광야에 나온 히브리인들은 이집트인들이 섬기는 신우가 눈에 익었기 때문에 그 신을 만든 것이다. 이집트에서 갑자기 떠나온 히브리인들은 일정한 교육을 받지 못한 사람들로 자치능력이 없었다. 그런데 모세가 보이지 않는 하나님을 섬기라고 하자 기왕이면 눈에 보이는 신을 섬기는 것이 났다고 생각했다. 마침 모세가 없는 기회를 틈타 하나님만으로는 만족할 수 없다는 이유로 육안으로 볼 수 있는 형상의 신으로 송아지를 만들었던 것이다.

12. 모세의 준엄한 경고

우상에 심취된 사람들이 흥에 겨워 노래와 춤으로 혼란에 빠졌을 때 모세가 나타났다. 죽었다고 간주한 모세가 갑자기 나타나 큰 소리로 시선을 집중시킨 다음 손에 들고 있던 석판을 머리 위로 번쩍 들어 회중들 앞에다 휙 던졌다. 그러자 석판이 산산이 부서지는 순간 사람들이 한쪽으로 몰려가 숨을 죽이고 모세의 눈치를 지켜보았다. 바로 그 때 모세가 격한 음성으로 아론을 향해 소리쳤다.

"아론, 형님, 도대체 이게 어떻게 된 겁니까? 저들이 형님에게 어떻게 했기에 하나님과의 약속(율법)을 어기고 무서운 죄를 범하셨습니까? 하나님께서 크게 진노하셨습니다. 이제 모두 비참한 벌을 받을 것입니다."

모세가 다그치자 아론이 어물어물 변명했다.

"모세, 제발 노하지 말게, 이 백성들이 악하다는 것은 자네도 잘 알지 않나. 그리고 자네가 우리의 지도자가 아닌가. 화부터 내지 말고 내 말을 들어보게, 우리를 이끌어낸 모세라는 지금 어떻게 되었는지 전혀 소식이 없소' 하고 '우리를 앞장서서 인도해 줄 신을 만들어 달라고 강요하는 바람에 나는 어쩔 수 없었네. 내가 마지못해 그들에게 금 장식품을 모두 빼앗아 오라고 했네, 그러자 그들이 금붙이를 나에게 가져와서 내가 그것을 불 속에 던져 넣었더니 이 송아지가 나왔네."

아론이 변명을 늘어놓자 모세가 격한 어조로 꾸짖었다.

"그래서 형님도 저 들과 우상숭배에 합세했단 말입니까? 나는 실망했습니다. 형님이 어떻게 저들의 이런 짓을 거들 수 있단 말입니까?"

사건의 전모를 파악한 모세는 정착촌 입구에 서서 "여러분 중에 하나님을 따르는 자는 전부 내 곁에 서시오." 하고 패를 가르자 레위지파의 자손들이 모두 모세 쪽으로 모여들었다. 그러자 모세가 다시 약속을 어긴 사람들 스스로 자신들의 진로를 선택하도록 종용하자 많은 사람들이 모세 곁으로 빠져 나왔다(출 32:19-25).

13. 오늘을 절대로 잊지 마시오

모세는 "하나님의 약속을 지키겠느냐?"고 묻고 자기편에 선 사람들에게 칼을 하나씩 나눠줬다.

"이스라엘의 주 하나님께서 여러분에게 명령하셨다. '너희는 각자 허리에 칼을 차고 야영지 이쪽 문에서 저쪽 문까지 왕래하며 너희 형제와 친구와 이웃을 죽이라'고…"

모세가 하나님의 이름으로 명령하자 칼을 잡은 레위인들이 우상 숭배를 부추긴 사람들을 찾아내 모두 죽였는데 이날 우상 숭배를 부추기다 죽임을 당한 사람들이 약 3천명이었다. 많은 사람들이 죽어 간 다음 모세가 레위 사람들에게 말했다.

"오늘을 절대로 잊지 마시오. 오늘 여러분은 여러분의 아들과 형제들을 죽이면서까지 하나님께 헌신하였음으로 하나님께서 여러분에게 축복을 베풀 것입니다."

모세는 하나님을 섬기겠다는 약속을 행동으로 받아 낸 다음 다시 하나님께 기도했다.

"주님, 당신을 배반하고 황금 우상을 만든 저 어리석은 백성들은 큰 벌을 받았습니다. 저들의 행위를 제발 용서해 주십시오. 만일 저들을 용서할 수 없다면 저도 저들과 함께 쫓아내 주십시오"(출 32:26-32).

14. 천사가 하나님을 대신하다

모세가 간절히 호소하자 하나님께서 이르셨다.

"모세야, 이미 벌을 받은 사람들만으로 내 진노는 사그라졌다. 너는 아직 할 일이 많이 남아 있다. 네가 앞장서서 이스라엘 백성을 가나안으로 인도해야 한다. 앞으로도 우상을 숭배하는 사람들은 가차 없이 벌을 받게 될 것이다. 잘 들어라, 나는 이제 이스라엘 백성들이 광야를 통과할 때 더 이상 직접 나타나지 않겠다. 그 대신 천사를 보내겠다. 그가 너희들이 길을 가는 동안 보호하여 내가 예비한 곳에 인도하도록 하겠다. 너희는 그의 말을 잘 듣고 순종하며 그에게 거역하지 말라. 그는 내 이름으로 보냄을 받은 사자이므로 너희가 거역하는 것을 용서하지 않을 것이다. 그러나 너희가 그에게 순종하고, 내가 말하는 모든 것을 행하면 내가 너희 원수에게 원수가 되고 너희 대적에게 대적이 될 것이다."

하나님께서는 이스라엘 백성들이 아론이 만든 송아지를 섬긴 후 새로운 조치를 취하셨다. 그 동안 하나님께서는 모세와 얼굴을 마주해왔으나 앞으로는 일정한 거리를 두고 이스라엘 백성을 보살피겠다고 하시고 석판을 다시 만들도록 이르셨다.

"두 개의 돌 판을 처음 것과 같이 깎아 만들어라. 네가 깨뜨린 처음 석판에 있던 말을 내가 다시 기록하겠다. 너는 내일 아침 그것을 준비하여 시내 산으로 올라와 산꼭대기에서 네 모습을 보여라."

모세는 그 길로 새로 두 개의 석판을 마련하기로 했다(출 32:33-35).

15. 하나님과 계약의 시대

다음날 아침 모세가 석판을 가지고 시나이산의 정상을 향해 다시 올라가 백성들이 약속을 저버리고 우상을 섬긴 잘못을 용서해 달라고 빌었다. 그러자 하나님은 약속을 파괴한 행위는 벌을 받아야 마땅했지만 모세를 보아 너그럽게 용서해 주셨다. 그러나 하나님은 조건을 전제로 용서하셨다. 앞으로 율법을 철저히 지킨다는 약속을 다짐받으셨다. 모세가 용서를 빌 때 하나님은 이스라엘 백성과의 관계를 이렇게 경고하셨다.

"나는 자비롭고 은혜로우며 쉽게 노하지 않고, 사랑과 진실이 풍성한 하나님이다. 나는 사랑을 천대까지 베풀고 죄와 잘못을 용서하지만 그렇다고 범죄한자를 벌하지 않은 채 그대로 두지는 않을 것이며, 그 죄에 대해서는 자손 삼 대까지 벌할 것이다."

모세가 땅에 엎드려 다시 용서를 빌었다.

"주님이시어, 내가 만일 주께 은총을 입었거든 주께서 우리와 함께 가소서, 이 백성이 말을 잘 듣지 않고 고집이 센 백성이지만 우리의 죄와 잘못을 용서하시고, 우리를 주의 백성으로 받아 주소서."

하나님께서 다시 말씀 하셨다.

"내가 너희와 계약을 맺겠다. 내가 너희 모든 백성 앞에서 세상의 그 어느 나라

◈ 율법의 목적과 특성

"나 주님이 거룩하니 너희도 나에게 거룩한 사람이 되어야 한다. 나는 너희를 민족들 가운데에서 가려내어 내 것이 되게 하였다(레 20:26). 하나님께서는 다른 민족들이 섬기는 온갖 신들과 구별되는 유일무이한 신이시듯이, 당신 백성도 다른 민족들과 구별되는 유일한 백성으로 거듭나기를 바라신다. 이스라엘 백성은 하나님의 사랑과 자비와 참된 자유를 그대로 드러내는 거울이 되도록 부르심을 받았다.

하나님께서는 율법을 통하여 사람들의 존엄성이 유지되는 사회, 모든 구속으로부터 자유로운 사회를 이루고자 하셨다. 그분은 이스라엘을 아브라함에게 약속하셨던 '위대한 민족'으로 만들기 위해 이 율법을 주신 것이다. 또한 율법은 죄로 말미암아 손상된 조화를 회복하고 그 조화로움을 보존해 나갈 수 있도록 하나님 백성에게 주어졌다. 이를 위해서 율법은 하나님과 백성, 백성 상호 간, 그리고 땅과 관련된 모든 영역에 걸쳐 이스라엘 백성이 지켜야할 내용을 규정해 놓았다.

우리가 율법이라고 번역하는 히브리어 말로 '토라(Torah)는"가르치다'또는 '지적하다'라는 뜻을 갖는다. 토라는 어떻게 살아야 하는가에 대한 가르침이며, 백성을 지도하기 위한 권고들을 담고 있다. 따라서 토라에는 십계명과 같은 법령들도 들어 있지만, 대개의 경우는 법규들은 바람직한 관습과 관례로 이루어져 있다. 그러나 토라는 하나님께서 백성에게 인정해 주신 법령과 관습 이상의 것이다. 토라는 법규들 이외에도 많은 것을 담고 있다. 토라는 아브라함과 모세와 같은 거룩한 선조들의 생애를 포함하고 있는데, 선조들의 덕행은 백성을 올바른 길로 이끄는 지침이 된다. 또한 선조들의 나아가함이나 잘못은 본받지 말아야 할 "반면교사"의 역할도 한다.

십계명을 포함해서 이 법규들의 핵심을 이루는 부분은 하나님께서 시나이산에서 계약을 맺으면서 모세를 통해 주신 것들이다. 법이 유용한 것이 되게 하려면 백성의 삶에 나타나는 변화에 따라 알맞게 조정되어야 하는 것이다. 따라서 시나이산에서 주어진 주요 법령들은 여러 세기를 통해 발전되었다. 하지만 그 법들 역시 여전히 모세를 통해서 받은 하나님의 법이라 할 수 있다. 그 법들은 백성이 자기들 가운데 현존하시는 하나님께 맞고 또한 시나이에서 모세를 통해 제시된 방향과도 일치된다고 판단한 것들이기 때문이다. 이 모든 법들을 수집하여 이집트 탈출과 계약이라는 맥락 안에 배치하면서 성서저자들은 그 법의 올바른 방향을 잡아 준다. 이제 임금, 재판관, 법률가, 사제, 부유한 사람, 가난한 사람 모두 예외 없이 이 하나님의 법 아래로 들어오게 된다.

에서도 행하지 않은 기적을 행하겠다. 너희 모든 백성이 나 하나님의 놀라운 일을 보게 될 것이다. 내가 너희를 위해 행하는 일은 정말 두려운 일이다. 너희는 오늘 내가 명령하는 것을 지켜라. 내가 너희 앞에서 아모리족, 가나안족, 헷족, 브리스족, 히위족, 여부스 족을 쫓아내겠다. 너희가 들어가는 땅에 살고 있는 백성과 어떤 조약도 맺지 않도록 조심하여라."

하나님은 이스라엘 백성이 계약을 충실히 이행한다는 약속을 전제로 축복을 약속하셨다(출 33:1-14).

16. 마침내 모세의 율법시대가 시작되다

모세는 시나이 정상에 40일 동안 머물면서 하나님께서 친히 일러준 율법을 석판에 새긴 다음 다시 정착촌으로 내려왔다. 새삼 눈여겨본 천막촌은 더없이 평화스러웠다. 시나이 산에서 내려온 모세의 얼굴은 하나님의 빛을 받아 눈이 부셔 바로 쳐다볼 수 없었다. 그러나 모세 자신은 자기 얼굴에 광채가 나는 것을 알지 못했다. 다만 아론과 백성들이 모세의 얼굴에서 빛나는 광채를 보고 가까이 하기를 두려워했다. 사람들이 가까이 하기를 두려워하자 모세가 사람들을 조용히 불러 놓고 조금도 두려워하지 말라고 당부했다. 그러자 사람들은 다시 모세 주변에 가까이 하기 시작했다. 모세는 백성들을 한자리에 모아놓고 그 동안 시내산에 있을 때 하나님께서 이스라엘 백성에게 명령하신 내용을 새삼 자세히 설명했다. 하나님은 모세를 통해 이스라엘과 성약을 체결함으로써 비로소 아브라함의 자손이 하나님께서 친히 선택한 백성으로 많은 자손을 번성할 수 있고, 가나안 땅을 차지할 수 있는 축복의 길이 열리게 된 것이라고 했다. 따라서 이스라엘 백성은 하나님과의 약속을 지킴으로써 약속의 땅을 차지할 것이며, 적의 공격으로부터 보호받을 수 있는 계약시대가 시작된다고 하셨다. 그러므로 이스라엘 백성은 어떤 경우에도 율법을 철저히 지켜야 했다. 이스라엘 백성들에게 하나님의 율법은 가나안에 들어가는 열쇠이며 가나안에 들어간 후 하나님의 백성으로 살아가는 삶의 방법이며, 하나님의 사랑을 세상에 드러내기 위한 수단이기도 했다(출 33:15-23; 34:29-35).

17. 이스라엘 백성의 법궤

정착촌에 돌아온 모세는 율법을 새긴 석판을 보관하기 위해 하나님께서 일러준 대로 법궤를 정교하게 만들었다. 아카시아 나무로 만든 법궤의 규모는 간단했다. 길이 113 센티미터에, 세로 68 센티미터에 높이 68센티미터 짜리 상자를 만든 다음 순금으로 안팎을 입히고 상자의 가장 자리의 둘레에는 금테를 입혔다. 그리고 4개의 금 고라를 만든 다음 상자 안에 율법을 새긴 석판과 만나를 담은 항아리와 아론이 사용하던 지팡이를 담아 길이 보관토록 했는데, 그 때부터 그 상자를 하나님의 성약이 담긴 법궤라 불리었다(출 37:1-9).

18. 이스라엘 백성의 제사규범

모세는 철저히 하나님의 분부와 계시에 따라 백성을 이끌었다. 특히 시나이 광야에 체류하는 일 년 동안 무지한 백성을 새로운 백성으로 육성하여 하나님의 선택받은 거룩한 백성으로 이끌기 위해 십계명 외에 사회 규범과 예배규범(Leviticus)을 만들어 연단 시켰다. 이를테면 지시한 규격에 맞춰 만든 법궤에 보관하는 방법과 운반하는 방법과 성막의 규모와 건설하는 방법, 그리고 법궤를 관리하는 규정을 설정했다. 특히 하나님께 제사 지낼 때에 쓰이는 차림상(Table)의 규격과 제구(祭具)를 사용하는 방법과 순금등대(Lampstand)의 모양과 사용방법, 그리고 제사를 위한 번제단(Burnt Offering)의 규모와 번제물의 종류와 번제물을 바칠 때의 예절 등 제사에 관한 규율을 만들어 일일이 가르쳤다. 그 외에도 제사장들이 입는 예복 즉 에봇(Ephod)의 규격과 종류를 정하고 장신구, 가슴 패(Breastpiece)의 모양과 종류도 정했다. 그리고 성막의 뜰(Courtyard)의 규격과 관리 규정을 정했고, 성막을 밝히는 등불에 대한 관리 방법도 정했다. 그 외에 제사장들이 평소에 입는 의복과 제사지 낼 때에 사용하는 분향 대 즉 향단(Altar of Incense)의 규격과 분향 방법도 정했다. 특별히 제사장을 위임할 때의 예식에 관한 규정을 정하고 철저히 지키도록 가르쳤 다(출 39:1-31).

19. 레위기(예배 규정)를 기록하다

제사지낼 때 사용하기 위해 성막 안에 물을 담아 두는 놋쇠로 만든 물통의 크기와 물을 사용하는 방법도 가르쳤다. 그 외에 하나님께 번제를 올릴 때 사용하는 '거룩한 기름(Anointing oil)'의 종류와 사용방법과 성막에서 제사지낼 때 피우는 향(Incense)의 종류에 대해서도 가르쳤다. 그리고 성막을 짓는 기능공(Bezalel and Oholiah)의 자격과 몸가짐에 관해서도 가르쳤다. 특별히 이스라엘 백성의 의무 규정인 "생명의 값(Atonement)"의 규정을 확실히 밝혔는데 생명의 값이란 인구 조사에 관한 규범이었다.

모세는 시나이 산에서 광야로 떠나기 전에 이스라엘 백성을 하나님의 백성으로 훈련시키기 위해 '제사장들이 지켜야할 예배의 지침서'인 레위기(Leviticus)의 내용을 미리 가르쳤다. 그러므로 레위기의 내용은 주로 번제와 소제(Grain Offering)와 화목제(Fellowship Offering)와 속죄제(Sin Offering)와 속건제(Guilt Offering) 등 하나님께 제사를 주관하는 제사장들의 직분에 관한 의무였다. 그래서 훗날 그 책의 이름을 '예배 규정'(레위기)으로 알려졌다(출 40:1-15).

20. 시나이 광야를 떠나다

하나님의 분부를 받은 모세는 그 길로 정착촌으로 내려와 다시 백성들을 이끌고 시나이 광야를 향해 길을 나섰다. 이집트를 떠난 지 2년째 되는 해에 약속의 땅, 가나안을 향해 다시 길을 나섰다. 오랜만에 길을 나선 행렬의 선두에는 유다지파의 자손들이 기를 들고 앞장섰고, 기를 든 사람들 앞에는 나손(Nahshon=유다지파의 지도자)이 선두에 서서 뒤따르는 무리를 이끌었다. 그 다음 잇사갈 지파와 스불론 지파가 순서대로 행진했다.

 모세는 가나안을 향해 길을 나선 백성을 독려했다. 그러자 지친 백성이 모세에게 문제를 제기했다. 특히 식량 문제로 인한 불평이 끊이지 않았다. 모세는 백성들의 불평할 때마다 백성들 스스로 자신들의 문제를 해결하도록 새로운 조치를 취했다(출 40:34-38).

제5장 시내산에서 가데스에 이르기까지

1. 시내산에서 다시 행군을 시작하다(민수기)

 모세가 이스라엘 백성을 대표해 하나님 앞에 율법을 지킬 것을 서약하자 하나님께서 말씀하셨다.

 "내가 너희와 함께 할 터이니 이스라엘 백성을 이끌고 내가 너희들에게 약속한 가나안을 향해 떠나라. 너는 네가 이집트에서 인도해낸 백성과 함께 이곳을 떠나 아브라함과 이삭과 야곱과 그 후 손들에게 주겠다고 약속한 땅으로 올라가거라. 내가 한 천사를 네 앞에 보내 가나안족, 아모리족, 헷족, 브리스족, 히위족, 여부스족을 쫓아내고 너희를 기름지고 비옥한 그 땅에 이르도록 인도하겠다"(출 10:11-32).

2. 백성들의 불평과 하나님의 견책

 어느 날 행진을 계속하던 중 고난을 견디지 못한 사람들이 불평을 늘어놓자 하나님께서 역정을 내시고 백성들이 가는 방향에 불을 내리셨다. 그러자 행진하던 대열(진영(陣營)의 한 쪽이 불길에 휩싸였다. 겁먹은 백성들이 모세에게 몰려가 살려달라고 아우성 쳤다. 모세가 겁먹은 백성들 앞에서 기도하자 맹렬하게 타 들어

오던 불길이 사그라졌다. 불길이 가라앉은 후 백성들은 그곳의 이름을 '다베라(Taberah)'라고 불렀다. 그 때 백성들 중에 외국인이 더러 섞여 있었는데 그들은 하나님을 알지 못했다. 그들이 지난 날 이집트에서 먹던 음식이 먹고 싶다고 입맛을 들먹이자 이스라엘 백성들도 덩달아 한탄했다.

"고기 좀 먹어 봤으면! 이집트에서는 생선, 오이, 참외, 부추, 파, 마늘을 마음껏 먹을 수 있었는데! 지금은 오직 만나밖에 먹을 것이 없구나!"

만일 하나님께서 분수를 모르는 백성들의 불평을 들으셨다면 진노하실 것이 분명했다. 그 때 백성들의 불평을 확인한 모세가 주님께 호소했다.

"주여, 어째서 주의 종에게 이런 괴로움을 주십니까? 어째서 내가 주 앞에서 은혜를 입도록 하시지 않으시고, 이 백성의 짐을 저에게 지우셨습니까? 저들이 저의 자녀들입니까? 아니면 제가 그들의 아버지라도 된단 말입니까? 어째서 제가 유모가 젖 먹는 아기를 품듯 이 못된 백성을 품어야 하고, 우리 조상들에게 약속하신 땅으로 저들을 데리고 들어가라 하십니까? 저들은 지금 고기를 달라고 아우성치는데 이 백성이 먹을 고기를 제가 어디서 구한단 말입니까? 이 백성에 대한 책임이 너무 무거워 저 혼자는 저들을 가나안에 데려 갈 수 없습니다. 주님께서 저를 차라리 죽이시어 더 이상 이 비참한 모습을 보지 않게 해 주십시오. 이것이 저에게 은혜를 베푸시는 길입니다!"(민 11: 1-15)

3. 백성의 대표를 선정하다

모세의 애절한 호소를 들으신 주님께서 대답하셨다.

"모세야! 너는 백성들 중에 존경받는 인물 70명을 선발하여 성막 앞에 소집하여라. 내가 그들에게 백성들에 대한 책임을 함께 지도록 하겠다. 그러면 앞으로 무거운 짐을 너 혼자 질 필요가 없을 것이다. 너는 백성들에게 이렇게 말하라. '여러분은 자신을 정결하게 하고 내일 먹을 고기를 준비 하십시오. 주님께서 여러분이 이집트에서 고기 먹던 시절을 생각하며 투덜대는 소리를 들으셨습니다. 그러므로 주님께서 여러분에게 고기를 먹여주실 것입니다. 여러분은 고기를 하루 이틀이 아니라 앞으로 한 달 내내 신물이 나도록 먹게 될 것입니다. 지금 여러분은 여러분 가운데 계신 주님을 저버리고 이집트에서 나온 것을 후회하고 있습니다.' 하고 말하라."

하나님의 말씀을 듣고 난 모세가 반문했다.

"내가 인도하는 백성이 자그마치 여자와 아이들을 제외하고도 (제 발로 걸을 수 있는 백성이) 60만 명이나 되는데 어떻게 그 많은 사람들을 한 달 동안 고기를 먹여 주시겠다는 것입니까? 그렇게 하려면 우리가 지금 가지고 있는 양떼와 소떼를 모두 잡고 바다의 고기를 다 잡아도 부족할 것입니다."

> ◆광야의 의미
>
> 목마름, 배고픔, 전쟁, 질병의 위험 등으로 표현되는 광야는 대표적인 고난의 장소였다. 하나님 광야는 이스라엘이 야훼 하나님의 구원 섭리를 분명하게 체험하고 인식할 수 있는 단련의 장소였다. 주님께서 이스라엘을 이집트의 종살이에서 이끌어 내신 후 곧바로 가나안으로 데려가지 않고 광야로 인도하신 까닭은 바로 여기에 있다. 약속의 땅인 가나안을 진정으로 소유하려면 자신을 갈고 닦는 훈련과정을 거쳐야 하기 때문이다. 만일 이러한 과정이 없었더라면 이스라엘은 가나안의 바알 문화권에 휩싸여 그들의 유혹을 결코 이겨내지 못했을 것이고, 하나님의 백성으로서의 역할도 제대로 해내지 못했을 것이다.
>
> 지금 우리가 겪고 있는 어려움은 이스라엘이 방황했던 '광야'일 수 있다. 어쩌면 그 어려움은 우리를 단련시키고자, 그래서 참 하나님의 백성으로 거듭나게 하시고자 하나님께서 주신 소중한 선물일지 모른다. 우리의 삶은 오로지 그 분의 피조물이자 그 분의 사랑받는 자녀임을 알아가는 깨달음의 여정이다. 그 광야의 여정은 우리의 먼 눈을 뜨게 하고, 우리의 막힌 귀를 열어주며, 우리의 온 마음을 열어 주어 하나님과 이웃을 향하게 해 주신다.

하나님께서 다시 말씀하셨다.

"모세야! 세상에 내가 할 수 없는 일이 있더냐? 내 말대로 보게 될 것이다."

하나님의 꾸중을 듣고 난 모세가 백성들 중에 존경받는 지도자 70명을 성막 앞에 불러 모았다. 그러자 주님께서 구름 속에 나타나 모세에게 말씀하신 다음, 평소 모세에게 베풀어 주신 영(靈)을 70명의 지도자들에게도 골고루 베풀어 주셨다. 그리하여 주님의 영을 받은 70명의 지도자들도 이 때부터 예언을 할 수 있었다. 그러나 그들은 얼마 후에는 더 이상 예언을 할 필요가 없었다. 주님께서 70명의 지도자들에게 영을 내려 주신 후 바람을 타고 하늘을 날아 온 메추라기가 이스라엘 백성의 진영 주변에 내려앉았다. 하늘을 날아온 메추라기는 지상에서 약 1미터 높이로 날아다녔다. 메추라기가 나타나자 그 동안 고기에 굶주린 사람들이 밤낮 가리지 않고 마구 잡아다 실컷 먹고 즐겼다. 그러나 고기에 굶주린 사람들은 먹을 수 있는 정도의 적당한 양만을 잡지 않고 적게 잡은 사람이 10가마 정도였다. 욕심껏 잡은 고기를 햇볕에 말리는 등 천막촌 주변에 늘어놓은 고기를 지켜보신 하나님께서 재앙을 내리셨다. 그리하여 욕심을 드러낸 사람들이 수없이 죽어갔다. 고기를 달라고 불평하고, 탐욕을 채우려던 사람들이 죽어간 곳을 훗날 '탐욕의 계곡(무덤, Kibroth Hattaarah)'이라고 불렀다(민 11:16-36).

4. 영도자 모세를 비난한 미리암과 아론

어느 날 모세가 구스(Cushite=에티오피아)의 여인과 결혼한 사실이 밝혀졌다. 모세의 누이 미리암과 형 아론이 모세를 맹렬히 비난했다. 그러자 평소 모세의 통제를 못마땅하게 생각하던 사람들과 모세의 결혼을 못마땅하게 생각한 형제들이 합세하여 모세만이 하나님과 긴밀한 관계를 유지하는 것을 시샘하여 자신들도 모세와 똑같이 하나님과 직접 관계를 가질 수 있지 않느냐고 주장했다.[27]

"하나님께서는 왜, 모세에게만 말씀하시느냐? 우리를 통해서도 말씀하실 수 있지 않느냐"고 투덜거렸다. 형제들의 불평을 들으신 하나님께서 모세와 아론과 미리

---

27) 모세가 구스(에티오피아)여인과 결혼한 사실이 밝혀져 모세의 누이 미리암과 형 아론이 모세를 맹렬히 비난했다(민 12:1-2)는 성서의 말씀은 지난날 모세가 바로의 양자로 있으면서 에티오피아를 정복하고 그 나라의 공주와 결혼하고 개선했다는 미드라쉬의 전설을 연상시키는 말이다.

암을 성막으로 불러 들였다. 불평하던 모세의 형제들이 성막 입구에 들어서자 주님께서 단호하게 말씀하셨다.

"내가 하는 말을 잘 들어라. 예언자에게는 내가 환상으로 나타내서 꿈으로 말하지만 내 종 모세에게는 그렇게 하지 않는다. 그는 내 집에 충성스러운 종이므로 내가 그와 말할 때는 직접 대면하여 명확하게 말하고 모호한 말은 하지 않는다. 내 종 모세는 내 모습까지도 보는데 너희가 어떻게 그를 두려워 할 줄 모르고 감히 그를 함부로 비난하느냐?"

하나님께서 모세를 비난하는 형제들을 직접 책망하셨다. 주님의 책망이 있은 후 성막을 뒤덮었던 구름이 사라지고, 모세의 누이 미리암이 갑자기 문둥병에 걸려 온 몸이 하얗게 변했다. 겁먹은 아론이 모세에게 말했다.

"우리가 어리석었네, 우리의 잘못을 용서해 주게, 제발 누님이 모태에서 살이 반이나 썩어 죽어서 나온 아기처럼 되지 않도록 용서해다오."

아론의 호소를 듣고 난 모세가 "하나님, 누님을 고쳐 주소서"하고 부르짖자 하나님께서 말씀하셨다.

"미리암의 얼굴에 아비가 침을 받았다면, 부끄러워 이레 동안 들어앉아 있어야 하는 것이 우리의 율법이 아니냐? 그러니 미리암을 진지 밖으로 내쫓았다가 이레 후에 돌아오게 하라"

하나님의 분부대로 미리암을 7일 동안 진영밖에 설치된 구치소에 가두었다. 그러자 행진하던 이스라엘 백성은 가던 길을 중단하고 미리암이 다시 합류 할 때까지 7일간 한 자리에서 기다렸다. 하나님은 이스라엘 백성에게 모세에게 복종할 것을 엄히 경고하셨다. 모세는 주님의 전폭적인 지지를 받아 이스라엘 백성을 이끌었다(민 12:1-16).

5. 대오를 다시 정리하기 위해 가나안을 탐지하다

모세의 영도 하에 길을 떠난 이스라엘 백성들이 하세롯(Hazeroth)에 머물렀다가 다시 광야를 가로질러 가데스(Kaddish)28)에 이르러 천막을 치자 주님께서 다시 이르셨다.

"모세야, 이스라엘 12지파에서 대표 한 사람씩 뽑아 정찰대를 편성해 가나안에 들여보내 그곳의 정세를 알아보도록 하라."

모세는 하나님의 분부에 따라 12지파에서 대표 한 사람씩 뽑아 12명의 정찰대를 조직했다.

르우벤 지파에서 삭굴의 아들 삼우아(Shammua),
시므온 지파에서 호리의 아들 사밧(Shaphat),
유다 지파에서 여분네의 아들 갈렙(Caleb),
잇사갈 지파에서 요셉의 아들 이갈(Igal),
에브라임 지파에서 눈의 아들 호세아(Hoshea),
베냐민 지파에서 라부의 아들 발디(Palti),
스불론 지파에서 소디의 아들 갓디엘(Gaddiel),
므낫세 지파에서 수시의 아들 갓디(Gaddi),
단 지파에서 그말리엘의 아들 암미엘(Ammiel),
아셀 지파에서 미가엘의 아들 스둘(Sethur),
납달리 지파에서 웝시의 아들 나비(Nahbi),
갓 지파에서 마기의 아들 그우엘(Geuel),

이상 12지파의 대표들 중에 에브라임 지파의 여호수아를 대장으로 삼고, 유다 지파의 갈렙(Caleb)을 부대장으로 임명하여 가나안에 은밀히 들여보냈다. 과연 하나

---

28) 이스라엘 백성들은 가데스의 오아시스에서 비교적 오랫동안 머물러 휴식을 취했다. 이곳에 있는 세 개의 큰 샘에서는 오늘날에도 베두인 사람들이 가축들에게 물을 먹이며 목축업을 하고 있다. 이스라엘 백성들은 여기서부터 북상(北上)하여 가나안에 들어가려고 시도했지만 성공하지 못했다(민 13:1-; 14:45).

님께서 약속하신 가나안 땅이 얼마나 기름졌는지, 숲이 얼마나 어우러졌는지, 어떤 사람들이 살고 있는지, 그곳의 사람들은 힘이 얼마나 센지, 천막을 치고 사는지, 성을 쌓고 사는지, 두루 알아보고, 돌아올 때는 그곳의 농산물도 견물(見物)로 가져 오라고 했다. 모세의 영을 받은 여호수아는 12명의 정보원을 이끌고 가나안 정탐에 나섰다(민 13:1-20).

6. 12명의 정찰대

12명의 정보원이 가나안에 들어가 높은 언덕에서 낮은 지대와 깊은 계곡과 해안 등 가나안의 지형과 그곳의 주민들의 생활을 두루 살펴보았다. 사십 일 간에 걸쳐 가나안을 정탐하고 돌아오는 길에 포도송이가 탐스럽게 달린 포도나무 가지를 꺾어 막대기에 매달아 두 사람이 힘겹게 메고 왔다. 그 외에 석류와 무화과도 가져 왔다.

한편 정보원들이 돌아왔다는 소문을 전해들은 각 지파의 사람들이 모세의 진지로 모여들었다. 정보원들은 40일간에 걸쳐 두루 살펴본 가나안의 실정을 자신들의 판단에 따라 이렇게 보고했다.

"가나안은 젖과 꿀이 흐르는 좋은 땅입니다. 이 과일을 보십시오. 얼마나 먹음직스럽습니까! 그리고 그곳에 사는 사람들은 힘이 세고 튼튼해 보였습니다. 뿐만 아니라 그곳 사람들은 성안에서 살고 있습니다. 가나안에는 주로 아낙(Anak)의 자손들이 살고 있고, 남쪽에는 아말렉 족이 살고 있고, 산 쪽에는 헷(Heth)족이 살고 있고, 지중해 연안과 요단강변에는 가나안 족이 살고 있는데 모두 강해 보였습니다. 저들에 비해 우리는 메뚜기처럼 작고 보잘것없습니다. 우리가 저들과 싸워 이긴다는 것은 꿈같은 일입니다"(민 13:21-32).

7. 정찰대의 절망적인 보고

12명의 정찰 대원들 중에 10명이 이상과 같이 비관적으로 보고했다. 그들은 가나안이 살기 좋은 땅이라는 사실과 더불어 이스라엘 백성이 정착하기에는 불가능하다는 점을 내세웠다. 이미 그곳에 정착한 사람들은 힘이 세고 문화수준이 높다는 등 이스라엘 백성들이 들어가 정착하는 데 불리한 조건만을 골라 보고했다. 그러자 젖과 꿀이 흐르는 가나안을 목표로 모세를 따라온 백성들을 실망시켰다(민 14:1-4).

8. 다시 불평하기 시작한 백성들

비관적인 보고에 접한 백성들은 지레 겁을 먹고 밤새도록 대성통곡했다. 분위기가 뒤숭숭한 가운데 일부 흥분한 사람들이 모세에게 몰려가 거칠게 항의했다.

"왜, 우리를 속이고 여기까지 끌고 왔소. 차라리 이집트에서 죽었더라면 평안했을 터인데 이 광야에서 죽다니, 모세, 당신은 사기꾼이오."

각 지파에서 몰려온 사람들이 모세에게 거칠게 항의하고 일부는 모세의 지도를 거부하고 나섰다.

"우리는 이제 모세 따위는 필요 없다. 다른 지도자를 뽑아 속히 이집트로 되돌아가자."

이성을 잃은 사람들이 길길이 날뛰었다. 모세와 아론은 어이가 없어 할 말을 잊었다. 일부 성급한 사람들은 하나님의 뜻을 알아보지 않고 자기들끼리 새 지도자를 뽑아 자기들 마음대로 이집트로 되돌아가겠다고 했다. 저들의 항의가 거칠어지자 모세와 아론이 흥분한 사람들 앞에 나가 무릎을 꿇고 어리석은 인간의 생각을 버리고 하나님의 뜻을 확인하자고 호소했다. 그러나 흥분한 사람들은 오히려 모세가 진지하게 이해를 구하자 불만에 찬 백성들은 한층 더 기세가 등등했다.

그러나 12명의 정찰대원 중에 대표격인 여호수아와 갈렙 만은 견해를 달리했다. 그들은 흥분한 사람들에게 "우리는 저들을 충분히 이길 수 있습니다." 하고 다른 주장을 했다. 여호수아와 갈렙이 반란자들을 설득시키려고 애를 썼지만 이성을 잃은 저들은 끝내 돌이키지 않았다.

"그렇지 않습니다. 우리는 그들을 당해 낼 수 없습니다."

반란자들은 여전히 뿌리쳤다. 보다 못한 여호수아와 갈렙이 옷을 찢으며 부르짖었다.

"다시 한 번 생각해봅시다. 우리가 탐지한 가나안은 아주 좋은 땅입니다. 그곳의 원주민들이 힘이 세고 단결이 잘된 것은 사실입니다. 하지만 주님께서 우리를 어여삐 여기신다면 그것은 문제가 되지 않습니다. 주님께서는 그 비옥한 땅을 일찍이 우리에게 주신다고 약속하셨습니다. 여러분, 주님의 뜻을 거역하지 마십시오. 현재 그 땅에 살고 있는 사람들은 우리의 밥에 지나지 않습니다. 그들을 조금도 두려워하지 마십시오. 그들의 보호자는 떠났고 주님께서는 우리와 함께 계십니다. 우리 모두 용기를 내서 가나안으로 쳐들어 갑시다."

여호수아와 갈렙이 반란자들을 물리치고 백성들을 상대로 열심히 설명했지만 흥분한 사람들은 돌이키지 않았다. 하나님의 능력을 의지하는 여호수아보다는 하나님의 능력을 믿지 않는 10명의 정탐자들의 의견에 동조했다.

"큰일 났다. 우리는 모세의 말을 믿고 여기까지 따라 왔는데, 약속의 땅 가나에 들어가 보지도 못하다니, 차라리 이집트에서 노예로 살다 죽는 편이 훨씬 더 좋았다."

"아니, 여기까지 오는 도중에 죽었어야 했다. 어쩌자고 가나안의 실정을 제대로 알지도 못하고 우리를 여기까지 끌고 왔는지, 모세는 책임을 져야 한다. 지금도 늦지 않았으니 이집트로 돌아가든지, 아니면 모세 말고 다른 지도자를 뽑아야 한다. 그렇지 않으면 우리는 가나안 사람들한테 맞아죽고, 우리의 아이들은 저들의 포로가 될 것이다."

모세에게 반항하는 사람들의 원성이 사방에서 동시 다발로 불거졌다(민 14:5-12).

9. 가나안에 들어가지 못하다

　백성들의 원성이 절정에 이르자, 모세와 아론이 땅에 무릎을 꿇고 흥분한 백성들에게 용기를 내라고 당부했다. 여호수아와 갈렙도 백성들 앞에 나가 용기를 내라고 간곡히 호소했다. 하지만 무지한 백성들은 받아들이지 않았다. 오히려 모세와 아론을 돌로 쳐 죽이려 했다. 사태가 험악할 때 모세가 하나님께 기도하자 주님의 영광이 눈부신 빛으로 나타났다.

　"모세야, 언제까지 너희들이 나를 경멸할 작정이냐? 그 동안 내가 베푼 기적을 여러 번 경험했음에도 여전히 나를 믿지 않고 불평하는구나. 나는 이제 저 무지한 백성을 모두 무서운 전염병으로 죽여 없애고, 보다 착하고 강한 사람들로 새 민족을 이룩하겠다."

　마침내 하나님께서 당신 뜻에 순종하지 않은 백성을 전멸시키고 새 민족을 이룩하겠다고 하시자 모세는 어이가 없었다. 비록 백성들이 하나님의 뜻을 어기고 행패를 부리는 짓이 야속했지만 그렇다고 무지한 백성을 멸망시키고 새 민족을 형성하겠다는 말씀에는 동의할 수가 없었다. 하나님의 지엄한 경고에 모세가 무릎을 꿇고 애원했다.

　"하나님, 제발 저들을 용서해 주십시오. 주님께서 밤에는 불기둥으로 낮에는 구름 기둥으로 저희들을 인도하시지 않았습니까? 만일 저들을 여기서 죽인다면 하나님께서 저희들을 약속의 땅으로 데려가지 못하니까 이 광야에서 죽였다고 할 것입니다. 저들이 이집트를 떠난 후 여러 차례 용서해 주신 것처럼, 다시 한 번 용서해 주십시오. 주님께서 쉽게 노하시지 않고 사랑과 자비가 많아서 죄와 잘못을 용서하시지만 그렇다고 범죄한자를 벌하지 않은 채 그대로 두지는 않을 것이며, 그 죄에 대하여 자손 삼사 대까지 벌할 것이라고 말씀하셨습니다. 비록 지금은 저들이 용기가 없지만 용기를 회복하면 즉시 가나안으로 인도할 것입니다."

> ◈ 성막 건립
>
> 성막은 눈에 보이지 않는 하나님의 현존을 직접 느끼고 볼 수 있게 하는 뚜렷한 징표였다. 출애굽기는 계약의 최종 완성을 '성막 건립'에 둔다. 결국 출애굽기가 묘사하는, 하나님을 알아가는 이스라엘의 여정은 성막을 중심으로 한 '계약-예배 공동체' 설립을 위한 준비였다고 할 수 있다.
>
> 예배는 선택된 백성들이 하나님께 보여 드리는 사랑의 표현이다. 이스라엘 백성에게 예배는 곧 하나님을 '주인'으로 고백하고 섬기는 행위이다. 예배를 통하여 하나님과의 계약을 떠올리고 그것의 실현을 위해 노력하게 된다. 또한 하나님의 현존을 느끼고 함께 하시는 하나님의 힘을 입어 힘차게 살아가게 된다. 하지만 거짓된 예배, 마음과 정성을 다하지 않는 예배는 하나님의 노여움을 불러 일으킬 뿐 아니라 계약을 통하여 주어진 약속을 거두게 한다.
>
> 예배는 오늘날의 성찬예식과 같다. 그러므로 우리는 예배를 하나님께서 즐겨 받으실 수 있도록 마음과 정성을 다해 드리는지 우리 자신을 성찰해야 하겠다.

모세가 애원하자 하나님은 애절한 충정을 가상히 여기시고 저들을 용서해 주셨다. 그러나 무조건 용서한 것이 아니라 다음과 같이 부언하셨다(민 14:13-25).

제6장 광야에서 40년 유랑한 곡절

1. 가나안에 들어가지 못하고 가데스를 떠나다

"모세야! 좋다, 네 말대로 저들을 용서하겠다. 저들을 죽이거나 상속권을 빼앗지 않겠다. 그러나 분명히 말해 두지만 내가 살아있고 온 세상이 내 영광으로 가득 차 있는 한 저들은 한 사람도 가나안 그 땅에 들어가지 못할 것이다. 저들은 나의 영광을 보았고, 이집트와 광야에서 이룬 기적을 보고도 내 말을 듣지 않고 몇 번이나 나를 시험했다. 저들은 나를 믿지 못하고 불평을 늘어놓고 순종하기를 거부했다. 그러므로 저들은 내가 저들의 조상들에게 약속한 땅에 지금은 들여보낼 수 없다. 내가 분명히 말하지만 저들 중에는 한 사람도 남지 않고 모두 죽을 때까지 앞으로 40년 동안 이 광야에서 나그네로 죄의 대가를 치러야 한다. 그러니 저들에게 이렇게 일러라. 오늘 현재 20세 이상으로 나에게 불평한 자는 한 명도 가나안 땅에 들어가지 못한다. 다만 나의 능력을 믿고 의지하는 여호수아와 갈렙만이 가나안에 들어갈 것이다. 그 외의 다른 사람들이 모두 죽을 때까지 이 광야에서 방황할 것이다. 앞으로 40년이 지나면 현재 20살 이하는 어른이 되고, 그 이상은 모두 이 광야에서 죽을 것이다. 너희는 이 땅을 탐지하는데 소요된 40일의 하루를 1년으로 계산하여 40년 동안 너희는 죄의 대가를 받을 것이다. 그러면 너희가 나를 거절한 결과가 어떤 것인가를 곧 알게 될 것이다. 일단 그 때까지 너희들은 이 광야를 방황해야 한다. 너희는 내일 당장 홍해로 가는 길을 따라 광야로 다시 되돌아가라."

하나님의 단호한 결정이 내려진 후에야 백성들은 후회했다. 그러나 이미 하나님의 지엄한 말씀이 들릴 때 가나안에 들어 갈 수 없다고 주장한 10명의 정보원들이 무서운 전염병에 걸렸다(민 14:20-34).

2. 하나님을 저버린 싸움

가나안에 들어갈 수 없다는 하나님의 분부가 떨어지자 백성들의 반응이 엇갈렸다. 평소 하나님에게 복종하던 사람들은 자신들의 과오를 시인하고 반성했다. 그러나 평소 모세에게 불만을 품고 반항하던 사람들은 장차 40년을 광야에서 방황하는 것은 너무 가혹한 벌이라고 크게 반발했다.

한편 가나안 땅을 정탐하고 돌아온 12명의 정탐 원들 중에 백성들을 실망에 빠트린 10명의 대원들은 벌을 받아 모두 죽었고, 눈의 아들 여호수아와 여분네의 아들 갈렙만이 살아 있었다. 10명의 정찰대원이 죽는 것을 지켜본 사람들 중에 하나님의 권능을 믿는 사람들은 크게 반성했다. 그러나 처음부터 불만을 토로하던 사람들 중에 일부는 자신들의 힘만으로 가나안에 쳐들어가겠다고 서둘렀다. 하나님의 뜻을 저버리고 함부로 계획을 세우는 것 자체가 하나님에 대한 반항임에도 저들은 자신들의 잘못을 깨닫지 못했다. 비록 벌을 받더라도 하나님의 뜻에 무조건 복종하는 것이 하나님 백성의 도리라는 점을 깨닫지 못했다. 그리하여 하나님의 뜻을 무시하고 자기들 맘대로 가나안에 쳐들어갈 것을 결의한 다음 아침 일찍 아말렉과 가나안 사람들의 장막이 내려다보이는 산 정상에 모여 가나안 주민들과 싸울 것을 결의한 다음 모세에게 이렇게 통고했다.

"우리는 하나님께서 약속한 땅으로 쳐들어갈 겁니다. 그 동안 하나님의 벌이 두려웠으나 이제는 두렵지 않습니다."하고 경솔한 행동을 드러냈다.. 모세는 저들의 무모한 행동을 극구 만류했다.

"당신들은 또 다른 죄를 짓고 있소. 왜, 하나님의 뜻을 거역하는 것이오? 제발 그만 두시오. 하나님과 함께 하지 않으면 패할 테니 그 만두시오. 주님께서 함께 하시지 않는 싸움은 패합니다. 가나안에는 강력한 아말렉 족과 가나안 족이 있습니다. 여러분은 그들의 칼날에 쓰러질 겁니다."

모세는 무모한 싸움을 극구 만류했지만 저들은 받아들이지 않았다(민 14:35-45).

3. 하나님의 진노와 유랑

모세의 간곡한 만류를 뿌리친 무리들은 보란 듯이 가나안으로 쳐들어샀다. 역시 싸움의 결과는 참담했다. 아말렉과 가나안의 병사들이 높은 언덕에 대기하고 있다가 공격해 오는 이스라엘 군을 여지없이 격파했다. 아말렉 병사들은 쫓기는 이스라엘 사람들을 호르마(Hormah)지방까지 밀어붙였다. 피비린내 나는 싸움 끝에 많은 사람들이 희생당하고 기적적으로 살아남은 일부 사람들이 모세가 머물고 있는 장막으로 돌아왔다. 참패한 사람들이 실의에 빠져 있을 때 하나님의 준엄한 음성이 들렸다.

"당장 이곳을 떠나 홍해 부근으로 되돌아가라."

어렵사리 가나안 접경에 도착한 백성들은 젖과 꿀이 흐르는 약속의 땅에는 한 발도 들여놓지 못하고, 다시 돌아온 길로 되돌아 가야했다. 이집트를 떠나 홍해를 건너 처음 머물렀던 홍해 부근의 광야로 되돌아가기 위해 길을 나섰다. 하나님의 뜻을 거역한 탓으로 돌이킬 수 없는 40년의 방랑생활을 참담한 심정으로 되돌아가기 시작했다. 그러나 무지한 백성들은 여전히 자신들이 왜, 방랑생활을 해야 하는지? 자신들의 잘못을 깨닫지 못하고, 모든 책임을 모세와 아론에게 전가하기에 급급했다(민 14:45).

4. 고라의 반역

한편 가나안에 들어갈 수 없다는 하나님의 분부를 들었을 때 조직적으로 반항한 무리들이 있었는데 그들의 대표적인 인물이 레위지파의 고라(Korah)이었다. 고라는 불만에 찬 르우벤지파의 엘리압의 아들 다단(Dathan)과 아비람(Abiram)과 벨렛(Peleth)의 아들 온(On) 등 3사람이 작당하여 250명의 두목들을 앞세워 모세를 지도자의 자리에서 몰아내기 위해 반란을 꾀했다. 고라는 반란의 주모자들을 앞세우고 모세에게 찾아가 대들었다.

"당신은 지금까지 분수에 넘치는 행동으로 우리를 지배했소. 이스라엘 백성은 모두 주님께서 선택한 사람들이며 그 분은 우리 가운데도 계시했는데, 어째서 당신만 잘난 체 하는 거요? 당신은 우리를 젖과 꿀이 흐른다는 약속의 땅으로 데려가기는커녕 황무지도 나눠주지 않았소. 그런데 이제 와서 우리를 다시 지나온 광야로 내모니 더 이상 당신을 따를 수 없소."

입장이 난처한 모세가 땅에 엎드려 기도한 후 하나님께서 보살펴 주신 은총을 진지하게 말했다.

"너희 레위인들아, 잘 들어라. 내일 아침 주님께서 자기에게 속한 자가 누구이며, 거룩한 자가 누구인지 보여 주실 것이다. 특히 주님이 택한 자를 가까이 나오게 하실 것이다. 고라와 너희 추종자들아, 너희는 향로에 불을 담고 주님 앞에서 향을 피워라. 그러면 우리가 주님께서 특별히 택하신 자가 누구인지 알게 될 것이다. 너희 레위인 들이야말로 정말 분수에 지나친 행동을 하고 있다." 하고 고라에게 계속했다.

"너희 레위인들아, 잘 들어라! 이스라엘의 하나님이 너희를 이 백성 가운데 구별하여 자기에게 가까이 하시고, 주님의 성막에서 일하게 하셨으며, 모든 사람을 대신하여 주님을 섬기도록 허락하신 것을 너희가 작은 일로 생각하느냐? 하나님께서 너희 레위인들에게 이런 고귀한 큰일을 맡기셨는데 어째서 너희가 제사장 직분까지도 맡으려 하느냐? 너희는 지금 한 패거리가 되어 주님을 거역하고 있다. 아론이 누구인데 함부로 원망하느냐?"(민 16:1-11)

5. 반란에 가담한 자들의 운명

모세가 고라 일당에게 설명한 다음, 그 자리에 나타나지 않은 엘리압의 아들 다단과 아비람을 불러오라고 사람을 보냈다. 그러나 그들은 부름에 응하지 않고 대신 다른 사람을 통해 전갈을 보내왔다.

"우리는 가지 않겠소. 당신이 우리를 비옥한 이집트 땅에서 이끌어 내어 이 광야에서 죽이려 한 것도 부족하여 이제는 우리의 왕까지 되려느냐? 당신은 우리를 비옥한 땅으로 인도하기는커녕 밭도 포도원도 주지 않았소. 언제까지 당신은 우리를 속일 작정이요? 우리는 더 이상 가지 않겠소."

저들은 끝내 등을 돌렸다. 저들의 태도에 분을 참지 못한 모세가 주님께 부르짖었다.

"주여, 저들의 예물을 받지 마소서. 나는 저들의 당나귀 한 마리도 빼앗지 않았으며 저들 중에 한 사람도 해친 적이 없습니다."

모세는 이어서 고라에게 말했다.

"너와 너의 모든 추종자들은 내일 주님 앞으로 나오너라. 아론도 그곳에 나갈 것이다. 너의 추종자 250명 각자가 향로에 향을 담아 주님 앞에 가져오게 하고 너도 아론과 함께 향로를 가지고 나오너라."

다음날 모세와 아론이 향로에 불을 담아 저들과 함께 성막 입구 서있었다. 그러자 고라가 반란자들을 선동하여 모세와 아론에게 대들었다. 그때 갑자기 주님께서 영광스러운 광채로 나타나 모세와 아론에게 말씀하셨다.

"모세야 당장 저들 곁에서 떠나라. 내가 저들을 모두 죽이겠다."

그러나 차마 주님의 결정에 승복할 수 없는 모세와 아론이 땅에 엎드려 읊조렸다.

"주님이시어, 모든 생명의 근원이신 주님이시어, 한 사람이 죄를 겼는데 왜, 모든 사람에게 진노하십니까?"

모세가 울부짖자 하나님께서 이르셨다.

"너는 백성들에게 고라와 다단과 아비람의 천막에서 떠나라고 일러라."

모세가 자리에서 일어나 다단과 아비람에게 다가가자 이스라엘의 모든 지도자들이 뒤따랐다.

"여러분은 악한 자들의 천막에서 떠나 그들의 물건에 일체 손대지 마시오. 그렇지 않으면 여러분도 그들의 죄로 인해 멸망당할 것입니다."

모세가 뒤따르는 사람들을 향해 경고하자 모두 고라와 다단과 아비람의 천막 주변을 떠났다(민 16:12-26).

6. 하나님의 심판

다들 떠나고 고라와 다단과 아비람과 그의 가족만 남은 자리에서 모세가 말했다.

"여러분은 지금까지 내가 한 모든 일이 내 마음대로 한 것이 아니라 주님께서 나를 통하시어 하는 일이라는 것을 알게 될 것이다. 만일 이 사람들이 벌을 받지 않고 보통 사람처럼 죽으면 주님께서 나를 보내신 것이 아니다. 그러나 만일 주님께서 새로운 기적으로 땅이 갈라지게 하여 반란자들과 그들의 모든 소유물을 산채로 깊은 구렁에 빠져 죽게 하시면 여러분은 정말 주님을 멸시했다는 것을 알게 될 것이다."

모세의 말이 끝나자 저들이 서있는 땅이 갈라져 고라와 반란자들과 그들 가족과 모든 소유물을 한꺼번에 땅속으로 빨려 들어갔다. 반란자들이 산채로 깊은 땅속에 빨려 들어가자 벌어졌던 땅이 다시 합쳐지면서 저들은 산채로 생매장되어 지상에서 영원히 사라졌다. 그 주변에 있던 사람들이 비명 소리를 듣고 "땅이 우리도 삼키려 한다." 하고 달아났다. 그 때 하늘에서 불길이 덮쳐 반역에 가담한 250명의 추종자들도 모두 태워 죽였다. 주님께서 반란자들을 이렇게 엄히 심판하신 다음 모세에게 말씀하셨다.

"너는 아론의 아들 엘르아살(Eleazar)제사장에게 불길 속에서 타고 있는 향로를 끄집어내 그 속의 불을 다른 곳에 쏟으라고 일러라. 그 향로는 거룩한 것이다. 반역자들은 죄의 대가로 죽었지만 그들의 향로는 나에게 바친 거룩한 제기이다. 너는 그 향로를 두들겨 제단의 표면을 감싸는 놋쇠 판을 만들어라. 이것이 이스라엘 백성들이 눈으로 볼 수 있는 경고가 될 것이다."

엘르아살 제사장이 불에 타 죽은 자들이 바친 놋 향로를 소재로 놋쇠 판을 두들겨 만들어 제단을 쌓았는데, 그것이 아론의 자손이 아닌 다른 사람은 아무도 주 하나님께 분향하러 나올 수 없다는 증표가 되었다. 만일 이를 어기고 함부로 분향하는 자는 누구든지 고라와 그의 추종자들처럼 죽임을 당하게 된다는 경고의 징표가 되었다(민 16:27-40).

7. 모세와 아론을 원망하는 백성들

하나님은 반란자들을 엄히 다스렸지만 백성들은 오히려 모세 때문에 하나님의 심판을 받은 양 모세와 아론을 원망했다. 일부 과격한 사람들이 모세에게 "당신들이 주님의 백성을 죽였소." 하고 대들었다. 무지한 백성들이 모세와 아론에게 몰려가 항의할 때 성막 위에 구름이 덮이고 주님의 거룩한 광채가 나타났다. 모세와 아론이 성막 앞으로 나가자 주님께서 모세에게 이르셨다.

"너희는 얼른 떠나라. 내가 당장 이 사람들을 죽여 버리겠다."

모세와 아론이 얼굴을 땅에 대고 엎드렸을 때 모세가 아론 형에게 말했다.

"형님은 향로를 가져다가 향을 담고 제단 불로 향을 피워 급히 백성들에게 가서 그들을 위해 속죄하십시오. 주님께서 대단히 노하셔서 무서운 전염병이 발생하였습니다."

아론이 모세가 말한 대로 향로를 가지고 백성들에게 달려갔을 때 이미 전염병이 번지고 있었다. 아론이 향을 피워 그들을 위해 속죄하고 죽은 자들과 살아 있는 자들 사이에 서자 전염병이 그쳤는데 이미 고라의 반역으로 죽은 사람들 외에 전염병으로 죽은 수가 14,700명이었다(민 16:41-50).

8. 제사장 제도를 창설하다 (싹이 돋은 아론의 지팡이)

그러나 백성들은 여전히 모세의 지도에 순종하지 않았다. 일부 불만세력은 모세와 아론에게 불만을 품고 복종하기를 거부하고 사사건건 대들었다. 백성들이 모세의 지도를 거부하자 하나님께서 제사장 제도를 창설하고 직접 제사장을 임명했는데 초대 제사장이 바로 레위 지파의 아론이었다.

그러나 하나님께서 제사장을 임명했음에도 백성들이 제사장 제도 역시 받아들이지 않았다. 하나님은 아론을 제사장으로 뽑은 사실을 백성들에게 직접 확인시키기 위해 모세를 통해 말씀하셨다.

"각 지파의 족장들에게 저마다 자기 이름을 새긴 지팡이를 가져오라."

물론 아론도 레위지파를 대표하여 자기 이름을 써넣은 지팡이를 모세에게 가져왔다.

12지파의 대표들이 저마다 이름이 적힌 12개의 지팡이를 가져다 성막 안에 황금 법궤 앞에 보관시켰다가 다음 날 찾아가도록 했다. 그런데 12개의 지파 지팡이 중 11개는 보관시킨 형태 그대로 있는데 유독 아론의 지팡이에만 새싹이 돋아 아름다운 분홍색 살구꽃이 피고 열매까지 달려 있었다. 그러자 각 지파의 대표들이 아론의 지팡이에 생긴 기적을 보고서야 하나님께서 아론을 이스라엘의 제사장으로 택하셨음을 인정했다(민 17:1-17).

9. 레위지파에 대한 하나님의 배려와 십일조

아론을 제사장으로 확정하신 하나님께서 모세에게 말씀하셨다.

"너는 아론의 지팡이를 법궤 앞으로 다시 가져다 보관시켜 반역자들의 경고가 되도록 전시하여 그들이 더 이상 나를 원망하다 죽는 일이 없도록 하라."

모세는 새순이 돋아난 아론의 지팡이를 법궤에 넣어 길이 보관시켰다. 그러자 일부 사람들이 "어떻게 레위지파만이 하나님을 섬길 수 있느냐?"며 모세에게 문제를 제기했다. 그러자 모세가 하나님께 호소했다.

"우리가 죽게 되었습니다. 주님의 성막에 가까이 가는 자마다 죽게 되었으니 우리가 이렇게 전멸되어야 하겠습니까?"

주님께서 아론에게 이르셨다.

"성소와 관련된 죄에 대해서는 너와 네 아들들과 네 집안사람들이 다 같이 책임을 지고 제사장 직분에 관련된 죄에 대해서는 너와 네 아들들이 책임을 져야 한다. 너는 레위지파 사람들만을 데려다 성소에서 일하게 하라. 성소와 제단에 관한 일은 너와 네 아들들만 해야 한다. 그러면 내가 이스라엘 백성에게 다시는 분노를 터뜨리지 않을 것이다. 제단과 성소 안의 모든 일에 대한 제사장 직분은 너와 네 아들들만 수행할 수 있다. 이 직분은 내가 너희에게 선물로 준 것이다. 그러니 다른 사람이 이 성소에 접근하면 반드시 죽여라."

◈ 제사장의 직능과 권위

레위지파의 아론으로부터 시작된 제사장 제도는 하나님과 인간 사이의 중재자의 기능을 하기 위해 모세가 창설했다. 이스라엘은 하나님과 계약을 체결한 선민으로 하나님을 대변하는 제사장의 나라 또는 '거룩한 백성'이라고 했다. 제사장은 하나님 앞에서 이스라엘 백성들에게 하나님을 섬기는 거룩한 백성으로 이끌기 위해 예배를 인도하고, 모세의 율법을 지키도록 권장하는 역할을 감당하는 것이 제사장의 대표적인 직책이었다. 그러므로 제사장이 되려면 우선 아론의 자손 즉, 레위지파이어야 하고, 신체적 결함이 없어야 하고, 여자의 경우는 과부나 이혼녀가 아닌 순수한 처녀라야 하고, 평소의 생활비는 자기가 땅에서 직접 거둬들인 양곡이 아니라 백성들이 십일조로 바치는 것이어야 하고, 가축의 처음 태어난 것, 추수의 첫 소출과 장자를 위한 대속이어야 했다. 제사장의 예복은 반포 속옷에, 청색 자색 홍색 실로 짠 베로되 고의(袴衣)=반바지)를 흰색 띠(冠)에다 금방울과 청색 자색 홍색 실로 수놓은 석류를 주렁주렁 매단 겉옷을 번갈아 입어야 하고, 양어깨에는 호마노(보석)를 하나씩 매달았는데 그 보석에는 각각 이스라엘 족장들의 여섯 이름이 새겨져 있었다. 그리고 금으로 된 노끈을 에봇(E)에 매달고 허리를 둘러 묶은 흉패를 매야했다. 흉패에는 3개의 귀한 보석을 4줄로 박은 것으로 보석에는 하나님의 뜻을 알기 위해 제비뽑기가 든 주머니가 있었다. 대제사장이 대속의 날을 기념할 때, 또는 국가를 위해 지성소에 들어갈 때는 오직 그 배옷만을 입어야 했다.

제사장의 기본 임무는 무엇보다도 지성소(성막)의 거룩함(神聖)을 유지했다. 그러나 일차적인 역할은 사람들 앞에서 하나님을 증거하고, 하나님 앞에서는 사람들의 중재자 역할을 하는 것이었다. 그리고 하나님 앞에서 사람을 나타내는 경우는 제물을 바치는 행위를 말한다. 그러나 신정(神政)시대가 지나고 국왕제도가 창설되고, 예루살렘이 예배의 중앙화가 이루어짐에 따라 제사장은 국왕의 통제하에 들어갔다. 그리하여 다윗왕 시대에는 제사장의 직무를 레위지파가 아닌 엘리 제사장의 가계를 이어 받는 아비아달과 에르아살의 후손인 사독이 맡았다.

레위지파에게 제사장의 권한을 배려한 하나님의 뜻은 단호하셨다. 이때부터 아론이 제사장으로 이스라엘 백성을 대표해서 주 하나님을 섬기는 직분을 수행했는데 그것이 길이 관례가 되어 이스라엘 백성들 중에 레위 지파의 남자는 성막에서 하나님을 섬기는 일에만 종사하게 되었다.

이렇게 제사장 제도가 결정된 후 하나님에 대한 제사는 오직 레위 지파의 사람들만 성막에 들어가 향을 태우고 재를 치우고, 은(銀)쟁반을 씻고, 장작을 지필 수 있었고, 또한 수시로 성막에 드나들 수 있었다. 이때의 결정이 전통화 되어 훗날 이스라엘의 남북 왕조가 멸망할 때까지 레위 지파 사람들이 제사장의 직분을 독점하게 되었다. 그러나 레위 지파사람들은 제사장이 되는데 반해 땅을 소유하거나 경작 등, 다른 일을 할 수 없었다. 그들은 오직 제사장 역할만을 해야 했다. 그 대신 백성들이 바치는 기름과 보리와 포도주 등 헌물만으로 생활해야 했다. 그 중에도 십일조를 꼬박꼬박 바쳐야 했다(민 18:1-32).

10. 정결에 관한 규정

한편 모세의 충고를 무시하고 가나안의 원주민들을 상대로 싸움을 걸었다 패한 후에는 이스라엘 백성들의 분위기가 호전되었다. 평소 모세에게 불만을 품은 세력까지도 기가 꺾여 모세가 이끄는 대로 순종했다. 힘겨운 광야의 유랑 생활이 계속되었지만 별 탈 없이 받아 들였다. 그러나 모세는 마지못해 순종하는 백성들에게 일정한 규칙이 필요하다고 생각하고 몇 가지 생활 규범을 정했다. 우선 메마른 광야에 장막을 치고 하루하루 힘들게 살아가려면 우선 사람들의 몸이 정결(淨潔)해야 하기 때문에 정결에 관한 실천과제를 마련했다. 정결에 대한 규정이 있어야만 백성들이 몸가짐을 바르게 할 것이라고 생각하고 그에 대한 새로운 규정을 만들었다. 이를테면 송아지를 잡아 제사 지낼 때는 몸을 깨끗이 씻어야할 것과 사람의 시체를 만진 사람은 7일 동안 부정(不淨)한 사람으로 간주하고 거기에 맞는 생활을 해야 하는 등 일상생활에 각별히 요구되는 규범을 가르쳤다(민 19:11-13).

11. 가데스 사건

광야를 떠돌기 시작한 백성들은 늘 목이 마르고 배가 고프고 몸이 파김치가 되도록 피곤했다. 그러나 매일 피곤한 몸을 이끌고 계속 이동하는 가운데 수시로 다른 부족과 싸움이 벌어졌다. 힘겨운 유랑생활이 계속되는 가운데 어느덧 세월이 흘러 처음 이집트를 떠나 가나안에 들어가기 위해 진을 쳤던 가데스(Kades)로 다시 되돌아왔다. 어렵사리 가데스에 돌아와 진을 쳤을 때 불행하게도 모세의 누이 미리암이 죽어 장사 지냈다. 미리암에 이어 이집트에서 함께 떠난 동지들이 하나둘씩 세상을 떴다. 가데스에서 다시 아카바 만을 거쳐 모압 땅에 이르렀을 때 또 물이 떨어졌다. 광야를 떠도는 생활에 지친 사람들에게 마실 물이 떨어지자 백성들은 또 모세를 원망했다.

"하나님께서 우리 형제들에게 벌을 내려 죽일 때 우리도 그들과 함께 죽지 못한 게 한스럽습니다. 어째서 당신은 우리를 이 광야에 끌고 와서 우리의 가축 떼와 함께 죽이려는 거요? 무엇 때문에 당신은 우리를 곡식도, 무화과도, 포도도, 석류도, 심지어 마실 물마저 없는 광야로 내모시지요?"

불만에 찬 사람들은 모든 책임을 모세와 아론에게 뒤집어 씌웠다. 그러나 모세는 그들을 나무라지 않았다. 다만 하나님께 기도했다. 비록 하나님의 능력을 믿지 않는 사람들 때문에 가나안에 들어가지 못하고 광야를 방황하고 있었지만 그 원인을 더 이상 따지지 않았다. 그러던 어느 날 마실 물이 떨어진 백성들이 거칠게 들고일어났을 때 다시 하나님의 음성이 들렸다.

"모세야, 너는 아론의 지팡이를 잡고 백성들을 한 자리에 모아라. 그리고 백성들이 보는 앞에서 바위를 향해 물이 나오라고 하라. 그러면 물이 나올 터이니 목마른 백성들과 가축을 먹여라."

하나님께서 해결책을 제시해 주셨지만 모세는 썩 달갑지 않았다. 왜냐하면, 작은 불편도 견디지 못하고 불평하는 백성들이 괘씸했기 때문이다. 모세는 하나님의 권능을 의심하는 사람들에게 큰 음성으로 말했다.

"자 보아라. 이 반항자들아, 우리가 이 암반에서 너희가 마실 물을 나오게 해 주랴."

모세는 감정을 억제하지 못하고 바위를 두 번 내리쳤다. 그러자 물이 콸콸 쏟아져 나와 그동안 목이 말라 불평하던 사람들이 충분히 마시고 가축에게도 넉넉히 공급했다. 그러나 모세는 큰 실수를 범했다. 하나님의 분부대로 백성들 앞에서 공손한 말로 물을 구하지 않고 혈기로 바위를 두 번 내려침으로서 하나님 앞에 불손한 행동을 드러낸 것이다. 이때 이스라엘 백성이 주님을 무시하는 태도를 취했다 하여 이곳의 물을 '무리버(Meribah)'물이라고 했다. 한편 주님께서 모세와 아론의 불손한 행동을 못마땅하게 여긴 하나님께서 응분의 책임을 물으셨다.

"너는 나를 믿지 않아 이스라엘 백성들 앞에서 나의 거룩함을 드러내지 않았다. 너는 내가 이 공동체에게 주는 땅으로 그들을 데리고 가지 못할 것이다." 이것이 이스라엘 자손들이 주님과 시비한 므리바의 물이다. 주님께서는 이 물로 당신의 거룩함을 드러내셨다.

하나님의 청천벽력이 떨어지자 모세는 몸부림쳤다. 가나안에 들어갈 목적으로 40년간 광야를 방황했는데 그 땅에 들어갈 수 없다는 말씀에 기가 막혔다. 다시 한 번 용서해 달라고 간절히 빌었지만 하나님은 끝내 허락하지 않았다. 다만 가나안을 눈으로 보여주겠다고 하셨다(민 20:1-13).

> ◈ 호르산을 점령하다
>
> 호르(Hor)산은 히브리어로 '높은 산'이라는 의미이다. 그 산은 사해의 남부에서부터 아카바 만에 뻗쳐있는 세이르 산맥 중의 최고봉인 하룸산(Djebel Harum)이라고 알고 있다. 현재 해발 1,328미터의 절정에 아론의 무덤이라는 작은 석조 건물이 있다. 그러나 현대 성서 주석가들 중에는 하룸설을 부정하는 사람들이 많다. 호르산은 네겝 지방이어야 한다. 왜냐하면, 이스라엘 백성들이 호르산에 도착하면서부터 그곳을 떠나기까지 아랏의 왕과 충돌하여 호르마를 격파했기 때문이다. 만일 호르산이 세이르 산맥 중의 하룸이라고 한다면 헤브론 남방 25킬로미터 지점에 도읍을 정하고 있던 아랏의 왕이 그렇게 먼 곳까지 와서 이스라엘을 추격할리가 없다는 것이다. 그러나 이와 반대로 이스라엘 백성이 가데스에서부터 북진한 것이라면 아랏의 왕이 그것을 요격(邀擊)한 것이라던가 이스라엘 백성들이 호르산에서 남쪽으로 방향을 돌린 사실도 저버려서는 안 된다는 것이다.(민 21: 4절) 그러므로 호르산은 가데스 부근에서 찾지 않으면 안된다. 그러나 불행히도 이 지방산에는 호르라는 이름을 가진 산이 없다. 다만 가데스 북방에 원형(圓形)으로 된 모세라(Mosera)산 (신 10:6) 이 가까이 있어서 그 산이 아닐까 추정하고 있다.

12. 에돔이 진로를 가로막다

가나안에 들어 갈 수 없다는 하나님의 분부가 있은 후 모세는 가데스에서 에돔(Edom)왕에게 사신을 보내 이렇게 말했다.

"우리는 당신의 친척 이스라엘의 후손입니다. 우리가 겪는 고생을 이미 들어서 잘 알겠지만 우리 조상들이 이집트로 내려갔다가 우리가 거기서 오랫동안 살게 되었습니다. 그런데 이집트 사람들이 우리 조상들과 우리를 학대하므로 우리가 부르짖었더니 주님께서 우리의 부르짖음을 들으시고, 천사를 보내시어 우리를 이집트에서 인도해 내셨습니다. 그래서 지금 우리는 당신의 영토 경계 지역인 가데스에 와 있습니다. 우리가 당신의 땅을 통과 할 수 있도록 허락해 주십시오. 우리가 밭이나 포도원으로 통과하지 않고 우물물도 마시지 않고 오직 큰 길로만 통과하여 왕의 땅을 다 지나갈 때까지 그 길에서 이탈하지 않겠습니다."

사신을 통해 진솔하게 교섭했지만 에돔왕은 거부했다.

"우리 땅을 통과하지 못한다. 네가 만일 내 땅에 발을 들여놓으면 내가 나가서 칼로 너희를 칠 것이다."

그러자 이번에는 이스라엘 백성들이 직접 왕에게 사정했다.

"우리가 큰 길로만 통과하겠습니다. 만일 우리들이나 우리의 짐승이 왕의 나라에 있는 물을 한 모금이라도 마시면 반드시 그 값을 치르겠습니다. 다만 우리는 왕의 땅을 통과 할 뿐입니다."

백성들이 에돔의 왕을 상대로 진지하게 교섭했지만 여전히 거절당했다. 모세의 가나안 입성을 거절한 에돔왕은 실력으로 맞섰다. 그는 많은 군대를 출동시켜 이스라엘 백성이 통과하지 못하도록 무력시위를 했다. 모세는 할 수 없이 발길을 돌려야 했다(민 20:14-21).

13. 아론이 세상을 떠나다

이스라엘 백성이 가데스를 떠나 에돔 국경에 위치한 호르산에 도착했을 때 주님께서 모세와 아론에게 이르셨다.

"아론은 내가 이스라엘 백성에게 준 땅에 들어가지 못하고 죽게 될 것이다. 이것은 너희 두 사람이 므리바에서 내 명령을 거역하였기 때문이다. 모세 너는 아론과 그의 아들 엘르아살을 데리고 호르산으로 올라가거라. 그리고 거기서 아론의 제사장의 복을 벗겨 그의 아들 엘르아살에게 입혀라 아론은 거기서 죽게 될 것이다."

모세는 주님께서 명령하신 대로 백성들이 지켜보는 가운데 그들을 데리고 호르산으로 올라갔다. 모세가 아론의 옷을 벗겨 그의 아들 엘르아살에게 입힌 후 아론은 산꼭대기에서 죽었고, 모세와 엘르아살은 그 산에서 내려왔다. 이스라엘 백성은 아론이 죽었다는 말을 듣고 30일 동안 그의 죽음을 슬퍼하였다(민 20: 22-29).

14. 놋뱀(구리뱀)

에돔 땅을 통과하지 못한 백성들이 또 모세에게 불만을 토했다.

"왜, 우리를 이집트에서 끌어내다 이 광야에서 죽이려 하시오? 여기는 먹을 것도, 마실 물도 없지 않소? 이제 이 지겨운 만나는 신물이 나서 더 이상 못 먹겠소"

백성들의 원성이 메아리치자 주님께서 불평하는 백성들에게 독사를 내려 보내 불평하던 백성들이 갑자기 나타난 독사에 물려 많은 사람들이 죽었다. 그러자 백성들이 모세에게 찾아와 사과했다.

"우리가 하나님을 원망하여 죄를 지었습니다. 제발 주님께 기도하여 저 뱀을 제거해 주십시오."

겁먹은 백성들이 애원하자 주님께서 모세에게 이르셨다.

"놋으로 뱀을 만들어 장대에 매달아 놓고 뱀에 물리면 쳐다보고 살게 하라."

모세가 주님의 분부대로 놋 뱀을 만들어 장대에 매달자 뱀에 물린 사람들이 그 놋 뱀을 쳐다보고 살아났다. 에돔 국경에서 발길을 돌린 이스라엘 백성들이 오봇(Oboth)을 거쳐 모압의 동쪽 광야를 지나 이예-아바림(Iye-Abarim)에 머물다가 다시 그 곳을 출발하여 세렛(Zered)골짜기에 들어가 얼마간 머물고 있다가 다시 길을 떠나 아모리 땅으로 이어진 아르논(Arnon)강 건너편 광야에 진출했다. 아르논 강은 모압 땅과 아모리인의 땅 사이에 있는 모압의 경계였다. 아르논 강변에서 얼마간 지낸 후 다시 길을 나서 브엘(Beer)에 이르렀을 때 주님께서 모세에게 이르셨다(민 21:4-20).

15. 호르산에서 모압까지

이스라엘 백성이 브엘을 떠나 오봇에서 진을 치고 있다가 다시 그곳을 떠나 동쪽 광야의 이예-아바림에 진을 쳤다가, 다시 그곳을 떠나 아모리 땅과 연결된 아르논 광야에 진을 쳤다. 아르논은 모압과 아모리 땅 사이에 있는 모압의 경계선이었다. 그래서 주님의 전쟁기록에 '수바(Suphah)의 와헵(Waheb)과 그 골짜기, 아르논과 그 골짜기의 비탈은 아르론(Amon)지방으로 뻗어 있고 모압의 경계에 닿았다.'고 했다.

그 후에 이스라엘 백성은 거기서 보엘로 가자 주님께서 모세에게 "백성을 모아라. 내가 그들에게 물을 주겠다."고 하셨다. 그 때 이스라엘 백성이 이렇게 노래했다.

"우물에 물아 솟아나라! 이 물을 노래하세! 이것은 귀족들이 판 우물이요, 백성의 지도자들이 홀과 지팡이로 판 우물이라네…"

그들은 광야를 떠나 맛나다(Mattanah), 나할리엘(Nahaliel), 바못(Bamoth)을 거쳐 광야가 내려다보이는 비스가산 밑의 모압 땅에 이르렀다(민 21:16-20).

16. 요르단의 동쪽(시혼(Sihon)과 옥(Og)을 패배시키다

모압 땅 비스가에 도착한 모세는 아모리 왕 시혼에게 사신을 보내 이렇게 요청했다.

"우리가 당신의 땅을 통과할 수 있도록 허락해 주십시오. 우리는 밭이나 포도원에 들어가지 않고 우물물도 마시지 않을 것이며 당신의 땅을 지나 갈 때까지 큰길로 지나가겠습니다."

그러나 시혼왕 역시 이스라엘 백성을 통과하지 못하게 가로막았다. 시혼왕이 군대를 동원하여 공격하자 이스라엘 백성 역시 시혼왕의 군대와 맞붙어 싸웠다. 사력을 다해 시혼왕의 군사를 무찌르고 아르논 강에서 암몬의 국경에서 압복 강까지 진격했다. 그러나 암몬의 국경 경비가 튼튼해서 더 이상 진출하지 못하고 아모리 사람들의 주거지만을 탈환하였다.

아모리 사람들을 평정한 이스라엘 백성은 용기를 얻어 헤스본(Heshbon)과 그 주변의 부락을 모두 흡수했다. 헤스본은 한때 시혼 왕의 수도였다. 이스라엘 백성이 아모리 사람들을 무찌르고 그들의 땅에 들어서자 사방에서 여러 부족들이 목을 조여 왔다. 졸지에 많은 적에 둘러싸인 이스라엘 백성들이 불안에 떨자 주님께서 이르셨다.

"모세야, 저들을 두려워하지 말라. 너는 저들과 저들의 군대를 이기고 그 땅을 점령하게 될 것이다. 그러므로 너는 헤스본을 다스리던 아모리의 시혼 왕을 무찌른 것처럼 저들에게도 과감히 돌격하라."

주님의 격려에 힘을 얻은 모세는 이스라엘 백성을 이끌고 옥과 그의 아들들과 그들의 군대를 남김없이 모두 죽였다(민 21:21-35).

17. 모압의 발락 왕이 발람에게 지원을 청하다

아모리 족을 무찌른 이스라엘은 마침내 여리고(Jericho)맞은 편 요단강 동쪽의 모압 평원에 이르렀다. 모세가 주변의 부족을 모두 무찌르고 수적으로 우수한 아모리를 평정하고 모압의 접경까지 진출하자 십볼의 아들 모압왕 발락은 큰 충격을 받았다. 지레 겁을 먹은 모압의 지도자들이 미디안의 지도자들에게 "이스라엘 무리들이 마치 소가 초원의 풀을 뜯어먹듯 우리 주변의 모든 것을 모조리 먹어 치우려고 합니다."

미디안 지도자들에게 다급한 사정을 통고하고 협력을 청했다.

한편 모압의 발락 왕은 유프라테스강 근처의 자기 고향에 자리 잡은 발람에게도 사신을 보내 다급한 사정을 통보했다.

"한 민족이 이집트에서 나와 온 땅을 휩쓸더니 지금 우리 곁에 와 있습니다. 저들은 우리보다 훨씬 강합니다. 제발 나를 위해 저들을 저주해 주십시오. 그러면 저들을 내 땅에서 몰아낼 수 있습니다. 당신이 축복하는 자는 복을 받고, 당신이 저주하는 자는 저주를 받는 다는 것을 내가 알고 있습니다. 이곳에 와서 저들을 저주해 주십시오."

발락왕의 전갈을 받은 모압의 지도자들과 미디안의 지도자들이 즉시 돈을 꾸려 가지고 발람을 찾아가 발락왕의 전갈을 그대로 전했다. 전갈을 전해들은 발람이 말했다.

"오늘 밤 여기서 지내시오. 주님께서 말씀하시는 대로 대답하겠소."

모압과 미디안의 지도자들이 그 날 밤 발람과 함께 지냈다. 그런데 주 하나님께서 발람에게 말했다.

"너와 함께 있는 사람이 누구냐?"

"이 사람들은 모압의 발락왕이 보낸 사람입니다. 이 사람의 말인즉 이집트에서 한 민족이 나와 온 땅을 휩쓸고 있으니 그들을 저주해 주면 자기가 물리칠 수 있답니다."

발람이 대답하자 하나님께서 이르셨다.

"너는 발락왕이 보낸 사람들과 함께 가지도 말고, 그 백성을 저주하지도 말라. 이집트에서 나온 백성은 복을 받은 백성이다"(민 22:1-12).

18. 발람이 순종하다

다음날 아침 발람이 모압의 지도자에게 말했다.

"당신들은 그냥 돌아가시오. 주님께서 내가 당신들과 함께 하는 것을 허락하시지 않았소."

모압의 지도자는 발락왕에게 돌아가 사실대로 보고했다. 그러자 발락왕은 보다 더 지위가 높은 사람을 특사로 뽑아 다시 발람에게 보내면서 다시 이렇게 전했다.

"나에게 오는 것을 어려워하지 마시오. 여기 오면 내가 당신에게 충분히 사례하고, 또 당신이 무엇을 원하던 다 들어주겠소. 그러니 제발 이스라엘을 저주해주시오."

> ◆ **미다안의 내력과 현황**
>
> 미디안 족은 아브라함의 세 번째 아내 그두라의 자손이다. 그리고 롯의 혈족이 모압과 암몬인데 이들 두 부족은 사해의 동부지방 아르논(Arnon)강 남쪽 지방에서 거주하고 있었다. 그들이 아르논 강과 얍복(Jabbok)강 사이에 나라를 건설했는데 마침 시혼(Sihon)왕에게 쫓겨 동편으로 물러나 있었다. 당시 모압의 발락(Balac)왕은 이스라엘 백성들이 바산(Bashan)국을 정복하기에 여념이 없는 틈을 타 아르논강을 건너 느보산 사이의 대지를 점령하고 있었다.

모압왕의 특사가 발락왕의 뜻을 그대로 전하자 발람이 대답했다.

"설령 모압의 발락왕이 금은보화가 가득한 궁전을 나에게 준다 해도 나는 주 하나님의 명령을 어기는 일은 절대로 할 수 없소. 그러니 당신들은 오늘 밤은 여기서 보내시오. 혹시 주님께서 나에게 다른 말씀을 일러 주실지 다시 알아보겠소"

발람이 말미를 구하고 그 날 밤 모압의 특사와 함께 밤을 지낼 때 하나님께서 이르셨다.

"그 사람들이 데리러 왔거든 그들을 따라 가거라. 그러나 너는 내가 시키는 대로해야 한다."

다음날 아침 발람은 하나님의 말씀대로 나귀를 타고 모압의 특사와 길을 나섰다(민 22:13-21).

19. 발람이 천사를 피하자 말(馬)이 항변하다

그러나 하나님께서는 발람이 모압의 특사와 함께 떠나는데 몹시 분노하셨다. 발람이 모압의 특사와 길을 나설 때 주님의 천사가 나타나 칼을 빼들고 길을 막아섰다. 그러자 발람이 탄 나귀가 천사가 막아선 길을 피해 다른 밭으로 돌아갔다. 그러자 발람이 빨리 가기 위해 나귀에게 채찍을 가하자 주님께서 발람이 탄 나귀의 발길을 좁은 담장으로 몰아 붙였다.

그러자 화가 난 발람이 빨리 달아나기 위해 나귀를 세 차례 때렸다. 바로 그 때 주님께서 나귀의 입을 열어 말 할 수 있는 능력을 주자 나귀가 발람에게 대들었다.
"내가 무엇을 잘못했다고 이렇게 세 번씩이나 때리십니까?"
"네가 나를 놀렸기 때문이다. 내 손에 칼만 있었다면 벌써 너를 죽였을 것이다."
"나는 오늘까지 당신이 평생 타고 다닌 나귀가 아닙니까? 내가 전에도 당신에게 이렇게 한 적이 한 번 이라도 있습니까?"
"없었다."
발람이 나귀와 주고받을 때 주님의 천사가 칼을 빼들고 길에 나와 서 있었다. 그제야 발람이 천사를 보고 머리를 숙이고 땅에 엎드렸을 때 천사가 말했다.
"너는 왜 나귀를 세 번씩이나 때렸느냐? 나는 네가 가서는 안 될 길을 가기 때문에 너를 가지 못하게 막으려고 왔다. 그런데 나귀가 나를 보고 세 번이나 피해 갔다. 만일 나귀가 피하지 않았다면 나는 너를 당장 죽이고 나귀만 살려 두었을 것이다."
천사의 말을 듣고 난 발람이 비로소 자신의 잘못을 고백했다.
"내가 죄를 범했습니다. 나는 당신이 내가 가는 길을 막으려고 길에 서있는 것을 몰랐습니다. 내가 가는 것을 기쁘게 여기지 않으신다면 지금 당장 집으로 돌아가겠습니다."
"이 사람들과 함께 가거라. 그러나 너는 내가 너에게 일러주는 말만 해야 한다."
천사의 말을 새겨들은 발람은 모압의 특사와 함께 발락왕이 기다리는 곳으로 갔다(민 22:22-35).

20. 발람이 발락을 유도하다

한편 모압의 발락왕은 발람이 온다는 말을 듣고 모압의 국경 아르논 강변에 있는 아르 경계(Arnon Border)까지 달려가 발람을 반갑게 맞이했다.
"내가 당신을 급히 불렀는데 왜 속히 오지 않았소? 내가 당신에게 사례하지 않을 줄 알았소?"

"내가 이렇게 오기는 하였습니다마는 내가 무엇을 말할 수 있겠습니까? 다만 하나님께서 나에게 일러주시는 말만 할 따름입니다."

발람이 이렇게 대답하면서 하나님 뜻에 따르는 자신의 처지를 밝혔다. 발락과 발람은 그날 함께 기럇 후손(Kiriath Huzoth)으로 갔다. 거기서 발락은 소와 양을 잡아 발람과 함께 있는 지도자들을 대접했다. 다음날 발락은 발람을 데리고 바못-바알(Bamoth Baal)산으로 올라갔다. 발람은 산꼭대기에 올라가서 이스라엘 백성을 내려다보았다(민 22:35-41).

21. 발람의 첫 예언

발람이 이스라엘 백성이 내려다보이는 산에서 발락왕에게 말했다.

"여기에 7개의 제단을 쌓고 수송아지 7마리와 수양 7마리를 준비해 주십시오."

발락이 모든 준비를 갖추자 발람이 말했다.

"당신은 당신의 번제물 곁에 서 계십시오. 나는 저리로 가서 주님께서 나를 만나 주실 것인지 알아보겠습니다. 주님께서 나에게 보여 주시는 것이 있으면 무슨 내용이든지 모두 당신에게 말씀드리겠습니다."

그리고는 혼자 산꼭대기로 올라가 하나님께 아뢰었다.

"제가 7제단을 쌓고 각 제단마다 수송아지와 수양을 한 마리씩 드렸습니다."

발람이 아뢰자 주님께서 발락에게 할 말을 일러 주셨다. 발람이 번제물 곁에 서 있는 모압의 지도자들에게 찾아가 주님께서 일러 준대로 이렇게 읊었다(민 23:1-27).

"모압왕 발락이 나를 이 산에 데려다 야곱을 저주하라.
이스라엘을 꾸짖어라, 하는구나!
하나님이 저주하지 않는 자를 내가 어찌 저주하며
주님께서 꾸짖지 않으신 자를 내가 어찌 꾸짖으랴?

내가 높은 바위에서 그들을 보며
산언덕에서 그들을 바라보니
그들은 홀로 사는 민족이요
다른 민족과 구별되는 특이한 민족이구나.
이스라엘 후손들이 땅의 티끌같이 많으니
누가 그 수를 헤아릴 수 있으랴!
나는 의로운 이스라엘 백성처럼 죽기를 원하며
나의 종말이 그들의 종말과 같기를 원하노라!
저주하지 않으려거든 축복도 하지 마시오"(민 23:7-10).

발람이 이렇게 읊자 발락왕이 크게 화를 냈다.
"어떻게 당신이 나에게 이럴 수가 있단 말이오? 내 원수들을 저주해 달라고 당신을 데려왔더니 오히려 원수들을 축복하시다니!"
발락이 항의하자 발람이 말했다.
"주님께서 하시는 말씀을 내가 어떻게 말하지 않을 수 있습니까?"
발람의 태도가 단호했다. 그러나 발락 왕은 다시 발람을 다른 곳으로 데려가 번제를 올리고, 이스라엘의 일부만을 보여 주고 저주를 당부했다. 그러나 발람은 여전히 주님께서 하신 말씀이라며 이렇게 읊었다.

"발락 왕이여, 내 말을 들으시오.
십볼의 아들이여, 내 말에 귀를 기우리시오.
하나님은 사람이 아니시니 거짓말을 하지 않으시며
인간이 아니시니 후회도 하지 않으십니다.
어찌 그가 말씀하시고 행하지 않으시며
약속하시고 지키지 않으시겠소?
내가 축복하라는 명령을 받았으니

그가 내린 복을 내가 바꾸어 놓을 수 없구려.
이스라엘은 불행이나 시련을 당하지 않으리라
그들의 주 하나님께서 그들과 함께 하시니
그들이 주 하나님을 왕으로 부르는 구나.
하나님이 그들을 이집트에서 인도해 내어
그들을 위해 들소처럼 싸우시니
야곱을 해칠 마술이 없고
이스라엘을 해칠 점술이 없구나.
이제 사람들이 이스라엘에게 대하여
'하나님이 그들을 위해 행하신 놀라운 일을 보라.
이 백성이 사자같이 일어나서 잡은 먹이를 삼키고
그 피를 마시기 전에는 누워 쉬지 않으리라"(민 23:18-20).

발락이 여러 차례 이스라엘을 저주 하라고했지만 발람이 계속 불응하자 발락이 말했다.
"당신이 그들을 저주하지 않으려거든 축복도 하지 마시오!"
"나는 주님께서 말씀하시는 대로 할 수밖에 없다고 미리 말하지 않았습니까?"
발락의 요구를 끝내 거부했다.

22. 이스라엘의 세대교체

모세가 이끄는 이스라엘 백성이 요단강 유역의 모압지방에 이르렀을 때 하나님께서 말씀하신 40년의 유랑생활이 거의 끝나고 새 시대가 열리기 시작했다. 이집트를 떠날 때 청장년들이었던 세대는 거의 다 죽었고, 20세 미만이었던 미성년들과 광야에서 태어난 신세대가 이스라엘백성들의 주류를 이루었다.

광야에서 태어난 신세대는 하나님을 잘 섬기고, 광야에서 성장했기 때문에 심신이 단련된 양치기들로 가나안에 사는 부족들 보다 더 용맹스럽고 패기가 왕성했다. 그러나 모세는 이미 허허 백발노인이 되었다. 이집트에서 떠난 세대 중에는 갈렙과 여호수아만이 살아 있었으나 그들 역시 호호 백발이었다.

무려 사십 년간 광야를 떠돌던 이스라엘 백성이 모압 평원에 이르러 꿈에 그리던 가나안을 바라보았다. 요단강 건너편에는 여전히 난공불락의 여리고 도성이 도사리고 있었다. 모압에서 가나안에 들어가려면 반드시 여리고 도성을 통과해야만 했다. 그러나 투지와 확신에 찬 이스라엘의 신세대는 여리고 도성을 조금도 겁내지 않았다. 이스라엘 백성은 제사장들을 중심으로 도강 작전을 시도하기 시작했다.

23. 모압에서 음행하는 백성들

이스라엘 백성이 싯딤(Shittim)에 머무르는 동안 모압의 여성들과 음란한 행위를 했다. 모압의 여성들이 이스라엘 남자들을 자신들의 제사에 초대하여 제물을 함께 나누어 먹고, 그들의 바알 신에게 예배까지 드렸다. 이스라엘 남자들이 바알 신을 섬기도록 유도하는 꾐에 넘어가자 하나님께서 모세를 통해 크게 꾸짖으셨다.

"너는 이스라엘의 모든 지도자들을 잡아다가 대낮에 내 앞에서 처형시켜라. 그래야만 이스라엘 백성에 대한 나(주)의 분노가 풀릴 것이다."

하나님의 꾸중을 들은 모세가 재판관(사사들)에게 바알 신을 섬긴 사람들을 모두 처형시키라고 지시했다. 그리하여 이스라엘 사람들이 성막 입구에서 울고 있을 때 한 이스라엘 사람이 모세가 지켜보는 앞에서 마디안 여자를 데리고 천막 안으로 들어갔다. 그때 아론 제사장의 손자 비느하스(Phinehas)가 벌떡 일어나 창을 들고 그 사람을 뒤쫓아 천막 안으로 뛰어 들어가서 남녀 두 사람이 부둥켜 앉고 누워있을 때 창으로 남자의 등에서부터 그 여자의 배까지 한꺼번에 찔러 죽였다. 그러자 음행을 저지른 이스라엘 백성에게 전염병이 번져 2만 4천 명이 죽었다. 그때 주님께서 모세에게 말씀하셨다.

"나는 비느하스가 행한 일로 이스라엘 백성에게서 분노를 거두었다. 그가 내 명예를 위해 나처럼 분개하여, 내가 분노로 그들을 전멸시키려 했던 뜻을 돌이켰다. 그러므로 너는 그에게 가서 후손에게 영원한 제사장 직분을 주기로 약속한다고 일러라. 그는 나를 위해 분개했기 때문에 내가 그들을 용서하셨다."

이 때 미디안 여자와 함께 죽임을 당한 이스라엘 남자는 시므온 지파의 한 가장으로 살루의 아들 시므리였고, 여자는 미디안의 족장 수르의 딸 고스비(Cozbi)였다. 주님께서 모세에게 다시 말씀하셨다.

"너는 미디안 사람들을 원수로 취급하여 그들을 쳐서 죽여라. 그들을 브올(Peor)에서 교묘하게 너희를 속여 바알을 섬기도록 유도했다. 그 일로 인해 전염병이 번졌을 때 죽임을 당한 미디안 족장의 딸 고스비의 사건으로 나를 유혹했다"(민 25:1-17).

24. 두 번째 인구조사

이 때 가나안 진입을 위해 도강작전을 주도하는 제사장 역시 신세대였다. 아론은 이미 죽었고 그의 아들 엘르아살(Eleazar)이 아버지의 뒤를 이어 제사장이 되어 있었다. 엘르아살 제사장은 도강 작전을 위해 싸움에 임할 20세 이상의 남자들의 수를 확인하기 위해 이스라엘의 열두 지파에 대한 인구조사를 실시했다. 우선 가나안에 들어가 그곳에 사는 이교도들과 싸움이 벌어질 경우를 대비해 지휘자를 중심으로 각종 전술을 연마했다. 그 외에도 인구조사를 해야 할 이유가 또 있었다. 일단 가나안에 들어가면 하나님께서 모세에게 지시한 대로 레위 지파를 제외한 나머지 11지파에게 땅을 골고루 나누어야 하기 때문에 백성들의 숫자를 미리 확인할 필요가 있었다. 그리하여 인구조사를 실시한 결과 전쟁에 임할 수 있는 남자의 수가 60만 1,730명이었다.

그 중에 레위인은 2만 3천 명이었다. 그러니까 여자와 어린이들까지 합치면 이스라엘의 전체 인구는 3백만이 넘었다. 인구조사를 통해 국력을 확인한 모세는 크게 놀랐다. 왜냐하면, 인구조사에 나타난 백성은 모두 광야에서 태어난 신세대들이었기 때문이다. 40년 전에 처음 인구조사를 했을 때 20세 이상이었던 청장년들은 거의 세상을 떠났고, 이스라엘의 60만 장정은 모두 광야에서 태어나 성장한 신세대들이었다. 모세가 국력을 확인하고 전열을 가다듬자 하나님께서 평소 이스라엘 백성을 박해한 미디안을 먼저 공격하라고 일렀다(민 26:1-60).

25. 모세와 미디안의 싸움

모세는 미디안을 공격하라는 하나님의 분부가 떨어지자 즉시 각 지파별로 젊은 장년 1천 명씩 선발해서 대오를 편성한 다음 미디안을 향해 출정시켰다. 엘르아살 제사장의 아들도 출정했는데 그는 직접 싸움에 가담하지 않고 격려의 나팔을 불었다. 오랜만에 복수를 다지고 사기충천한 병사들은 단 한 판의 싸움에서 미디안의 병사 한 명도 남기지 않고 모두 죽이는 대승리를 거두었다. 그 외에도 미디안 내의 각 지역을 다스리던 5명의 왕들도 모두 한꺼번에 죽이는 큰 전과를 올렸다. 얼마 전까지 이스라엘의 진로를 방해하던 악명 높은 발람왕도 이 때 죽었다.

가나안에 들어가기 전에 모압 지방의 도성은 하나도 남기지 않고 모두 불태우고 수천 마리의 소와 양을 전리품으로 끌어왔다. 싸움이 끝난 후 전쟁에 임한 병사들의 피해를 조사한 결과 이스라엘 병사는 한 명도 다치지 않는 일방적인 승리였다. 모압 지방은 본래 땅이 기름지고 초지가 많아 미디안 사람들이 소와 양을 많이 기르던 곳이었다. 모세는 그들이 사육하던 가축을 비롯해 금, 은, 주석, 납 등 많은 물자를 몰수해서 그 전리품을 전쟁에 나가지 않은 사람들에게도 골고루 분배했다. 물론 레위 사람들에게도 나누어 주었다. 모세는 하나님의 보살핌으로 승리했음을 기념하기 위해 미디안으로부터 빼앗은 금, 은 등 많은 패물을 주님께 바치고 승리의 시가(詩歌)를 읊었다(민 31:1-24).

26. 모세의 마지막 노래

하늘아, 귀를 기울여라.
내가 말하리라.
땅아, 내 입에서 나오는 말을 들어라.
나의 가르침은 비처럼 내리고
나의 말은 이슬처럼 맺히리라.
푸른 들에 내리는 가랑비 같고
풀밭에 내리는 소나기 같으리라.
내가 주님의 이름을 부르면
너희는 우리 하나님께 영광을 드려라.
바위이신 그분의 일은 완전하고
그분의 모든 길은 올바르다.
진실하시고 불의가 없으신 하나님
의로우시고 올곧으신 분이시다.
그분께 못된 짓을 하여
그 허물로 이제는 그분의 자녀가 아닌 그들,
비뚤어지고 뒤틀린 세대일 따름이다.
주님께 이렇게 보답하느냐?
어리석고 지혜롭지 못한 백성아!
그분은 너희를 내신 아버지가 아니시냐?
그분께서 너희를 만들고 세우시지 않았느냐?
옛날을 기억하고
대대로 지나온 세월을 생각해 보아라.
아버지에게 물어보아라. 알려 주리라.
노인들에게 물어보아라. 말해 주리라.

지극히 높으신 분께서 민족들에게 상속 재산을 나누어 주실 때
사람들을 갈라놓으실 때
이스라엘 자손들의 수에 따라
민족들의 경계를 정하셨다.
그러나 주님의 몫은 당신의 백성
그분의 소유는 야곱이었다.
주님께서는 광야의 땅에서
울부짖는 소리만 들리는 삭막한 황무지에서
그를 감싸 주시고 돌보아 주셨으며
당신 눈동자처럼 지켜 주셨다.
독수리가 보금자리를 휘저으며
새끼들 위를 맴돌다가
날개를 펴서 새끼들을 들어 올려
깃털 위에 얹어 나르듯
주님 홀로 그를 인도하시고
그 곁에 낯선 신은 하나도 없었다.
주님께서는 그가 이 땅의 높은 곳을 달리게 하시고
들의 소출로 그를 먹이셨다.
바위에서 나오는 꿀을 빨아 먹게 하시고
차돌 바위에서 나오는 기름을 먹게 하셨다.
엉긴 소젖과 양의 젖을
어린 양들의 굳기름과 함께 먹게 하시고
바산의 숫양과 염소들을
기름진 밀과 함께 먹게 하셨다.
그리고 너희는 붉은 포도로 빚은 술을 마셨다.
여수룬은 살이 찌도록 불평을 늘어놓았다.
살이 찌고 몸이 불어나 기름기가 흐르더니

자기를 만드신 하나님을 저버리고
제 구원의 바위이신 분을 업신여겼다.
그들은 낯선 신들로 그분을 질투하시게 하고
역겨운 짓으로 그분을 분노하시게 하였다.
그들은 하나님이 아니라 잡신들에게 제물을 바쳤다.
그들이 알지도 못하던 신들
갓 들어온 새 신들
너희의 조상들은 두려워하지도 않던 신들이다.
너희는 너희를 낳으신 바위를 무시하고
너희를 세상에 내신 하나님을 잊어버렸다.
주님께서는 그것을 보시고 분노하시어
당신 아들딸들을 물리치셨다.
그리고 주님께서 말씀하셨다.
"나는 그들에게서 나의 얼굴을 감추고
그들의 끝이 어떻게 되는지 지켜보리라.
그들은 타락한 세대
진실이라고는 전혀 없는 자식들이다"(신 32:1-43 중).

모세는 이 시가(詩歌)를 눈(Nun)의 아들 여호수아와 함께 낭송한 다음 백성들에게 말했다.

"여러분은 오늘 내가 전한 이 모든 말씀을 마음에 간직하고 여러분의 자녀들에게 가르쳐 훗날까지 간직하십시오. 이것은 헛된 말이 아니라 바로 여러분의 생명입니다. 여러분이 이 말씀을 지켜야 요단강을 건너가 그 땅에서 오래오래 살게 될 것입니다."

모세가 이스라엘 백성을 위해 윤리생활의 규범을 설명했는데 이 때에 설명한 내용을 '제2의 율법', 또는 '모세의 설교'라고 일컫는 신명기이다.

> ◈ 안식일의 의미
>
> 안식일은 하나님께서 엿새에 걸쳐 세상을 창조하신 후 이레째 되는 날 쉬셨다는데 근거한 것이다. '안식일(Sabbath)'이란 말은 '그치다. 쉬다'라는 동사에서 파생되었다. 유대인들은 기도하거나 율법을 묵상하면서 이 날을 거룩하게 지냈다(신 5:13-15). 따라서 진정한 쉼이란 지친 몸을 쉬게 한다는 단순한 차원을 넘어서 우리의 근원을 되찾는 거룩한 행위에 속한다. 안식일의 근원은 바로 하나님께 있음을 늘 기억해야 한다.
>
> 예를 들면 두 농부가 밀밭에서 밀을 베고 있었다. 그런데 한 농부는 전혀 쉬지 않고 밀을 베었고, 다른 한 농부는 틈틈이 쉬어 가면서 밀을 베었다. 저녁 무렵 두 농부가 수확한 밀의 양을 비교해 보니 틈틈이 쉬며 일한 농부가 거둔 것이 쉴 틈 없이 열심히 일한 농부의 것보다 훨씬 더 많았다.
>
> 쉬지 않고 열심히 일한 농부가 가쁜 숨을 고르며 그 비결을 물었더니 그의 대답은 간단했다. "나는 쉬는 틈틈이 낫을 갈았네." 하더라는 것이다. 그러니까 그 농부에게 쉰다는 것은 아무것도 하지 않은 것이 아니라 다음 일을 준비하는 소중한 시간이었던 것이다. 안식일은 이처럼 바쁜 일상생활 중에서도 육체적, 정신적으로 휴식을 취함으로써 다음을 활기차게 살아갈 수 있도록 재충전하는 시간이었다.

27. 모압 땅에 정착한 3지파

모세가 모압 지방을 정벌하자 이스라엘 12지파 중에 가축을 많이 가지고 있는 르우벤과 갓과 므낫세 지파의 사람들이 모세와 엘르아살 제사장을 찾아와 자기들은 가축이 많으니 목축하기 좋고 싱싱한 과일이 풍부한 기름진 모압 땅에 정착하고 싶다고 말했다.

"이스라엘이 정복한 아다롯(Ataroth), 디본(Debon), 야셀(Jazar), 니므라(Nebo), 헤스본(Heshbon), 스밤(Sebam), 느보(Nebo), 보온(Beon) 지역은 특별히 가축을 기르기에 적합한 지방입니다. 제발 이 땅을 우리의 몫으로 떼어 주고 요단강을 건너가지 않도록 허가해 주십시오."

이들 3지파의 청원을 듣고 난 모세가 말했다.

"여러분의 형제들은 가나안에 들어가기 위해 출전하는데, 여러분은 여기에 눌러 앉을 작정이오? 어째서 여러분은 이스라엘 백성을 낙심토록 하여 하나님께서 주신 땅으로 건너가는 것을 방해 합니까? 40년 전에도 내가 가데스 땅에서 가나안의 실정을 정탐해 오라고 여러분의 조상들을 보낸 적이 있었소. 그때 그들도 이런 짓을 하였소. 그들이 에스겔 골짜기를 통해 가나안에 들어가 그곳 사정을 정탐하고 돌아와 이스라엘 백성을 낙심시키는 바람에 가나안에 못 들어가고, 사십 년 동안 광야를 방황해야만 했소."

그러자 3지파의 대표가 대답했다.

"우리는 다만 이곳에서 가축을 기를 수 있는 우리를 만들고, 아이들을 위해 성을 구축하려는 것뿐입니다. 우리는 아이들을 안전한 이곳에 살도록 한 다음 우리 장년들은 무장을 갖추고 이스라엘 백성이 가나안에 도착할 때까지 선두에서 싸울 것이며, 승리를 거둔 다음에는 요단강 동편의 땅을 분배받을 때 우리는 그 곳의 땅을 분배받지 않을 것이며, 그 때까지는 집에도 돌아오지 않겠습니다."

모압 땅에 가족들만 머물도록 한다는 말을 자세히 듣고 난 모세는 그들의 청원을 허락했다. 모세는 이스라엘 백성이 모압을 차지하는 것 보다 요단강을 건너 가나안을 정복하는 것이 더 중요하기 때문에 저들이 함께 싸운다는 것을 전제로 허락했다. 모압 땅은 르우벤 지파에게 할당되었고, 시혼(Sihon)왕국의 땅은 갓 지파가 차지하고, 옥 왕국의 땅은 므낫세 지파에게 정착시켰다(민 32:1-25).

◈ 안식년의 의미

"너희 가운데 가난한 사람이 없도록 하여라;"라는 율법의 명령은 종의 권리를 보호하고 채무자의 사정을 보살펴 주라는 추체적인 지시를 덧붙임으로서 법의 한계를 넘어선 관용과 사랑의 정신을 보여주고 있다. 가난한 사람은 어차피 우리 가운데 있을 것이기에(참고: 신명 15:11; 마태 26:11) 이법은 언제나 우리에게 해당되는 것으로서, 우리는 이들을 위해 임시방편이 되지 않도록 근본적인 해결 방법을 찾는 데 온 마음을 다해야 합니다. 그렇게 함으로써 우리는 사랑의 율법을 따르고 하나님을 섬기는 자유를 누릴 수 있다.

특히 칠 년마다 땅을 완전히 쉬게 하라는 이스라엘 사람들의 안식년 법은 오늘 날 갖가지 농약과 과중한 경작으로 죽어가는 땅을 생각하게 한다. 그리고 현대와 같이 인력과 물질적 제화를 최대한으로 이용하여 생산의 효율만을 높이려는 시대에 땅을 보호하고 고용인의 착취를 금지하고 그 권리를 보장하는 율법은 재산과 노동에 대한 권리만이 아니라 우리 삶에서 생산적인 여유에 대해서도 많은 것을 생각하게 한다. 따라서 이 법은 물질적인 번영이나 땅의 소출이 하나님의 선물이라는 것, 땅의 참 주인은 하나님이시고 인간은 단지 관리자로 수혜자(受惠者)라는 사실을 강조하고 있다.

28. 가나안의 우상을 철폐하고 땅을 골고루 분배하라

한편 모세가 모압의 넓은 땅을 이스라엘 3지파에게 나눠 준 후 다시 전열을 가다듬자 하나님께서 이스라엘 백성에게 이르셨다.

"너희가 요단강을 건너 가나안 땅에 들어가거든 그 땅에 사는 사람들을 다 쫓아내고, 돌로 새겨 만든 것이든 쇳물을 부어 만든 것이든 우상이란 우상은 모조리 부숴 버리고, 그들의 모든 신당을 파괴하라. 내가 그 땅을 너희에게 주었으니 그곳을 점령하여 거기서 살아라. 너희는 각 지파와 집안별로 제비를 뽑아 그 땅을 분배하되, 넓은 땅은 인원수가 많은 지파끼리 제비를 뽑고 좁은 땅은 인원수가 적은 지파끼리 제비를 뽑아 분배하라. 그러나 만일 너희가 그 땅의 원주민들을 쫓아내지 않으면 남아 있는 자들이 너희 눈과 옆구리를 찌르는 가시와 같이 너희를 괴롭힐 것이다. 그리고 내가 그들을 멸망시키려고 계획한 것처럼 너희를 멸망시킬 것이다."

하나님은 요단강을 건너야 할 것과 가나안에 살고 있는 원주민들을 완전히 제거하고, 그 가나안의 땅을 각 지파별로 분배할 지침과 각지파가 차지할 땅의 경계선까지 일러 주셨다(민 32:26-42; 33:50-56).

29. 모세의 마지막 당부와 레위지파의 도성

모세는 하나님의 분부대로 이스라엘 백성이 가나안에 들어간 후에 해야 할 과제를 미리 당부하셨다. 만일 가나안에 들어간 후 우상을 그대로 두면 이스라엘 백성이 그 우상에 물드는 것을 염려하신 하나님께서 미리 예방 조치를 강구하셨다. 그리고 가나안 땅을 정복하는 날 그 땅을 레위 지파를 제외한 11지파가 골고루 나누어 갖도록 했는데, 레위 지파는 하나님께 제사를 지내야 하기 때문에 농토보다는 사람들이 많이 몰려 사는 큰 도성에 살도록 배려했다. 따라서 레위 지파의 사람들은 소나 양을 치기에 알맞은 땅에 살면서 오직 하나님만을 섬겨야 했다.

모세가 여리고 맞은편 요단강변의 모압 평야에 이르러 도강 준비를 할 때 하나님께서 이르셨다.

"너는 이스라엘 백성에게 명령하여 그들이 분배받을 땅 중에 레위 인에게 성과 그 주변을 주어라."

마침 가나안에는 레위지파의 사람들이 하나님만을 섬길 수 있는 도성이 무려 48개나 있었다. 그 중에 6개는 요단강 언덕에 3개씩 떨어져 있었는데 그 도성은 범인들의 도피성(city of refuge)이었다. 이 도피성은 비록 살인범이라도 고의가 아닌 과실범은 일단 그 도피성으로 피신하면 면죄 받을 수 있었다. 그러나 만일 그가 도피성 밖으로 나올 경우에는 복수할 권한이 있는 피해자가 그를 죽여도 살인죄가 성립되지 않았다. 왜냐하면, 도피성에 있어야 할 의무를 저버렸기 때문이다. 도피성은 이스라엘 백성들에게 큰 의미가 있는 특수 도성이었다. 가나안 입성을 목전에 둔 이스라엘 백성은 모압 지방을 완전히 정복한 다음 가나안에 입성할 조건을 두루 갖추었다. 그러나 모세는 자신의 한계가 다가왔음을 알고 이스라엘 백성을 위해 시가(詩歌)를 읊었다(민 35:1-21).

30. 이스라엘 지파들에 대한 모세의 축복을 빈 시가(詩歌)

주님께서 시내 산에서 오시고,
세일 산에서 일어나시고,
바란(Paran)산에서 비춰시고,
수많은 천사들과 함께 오셨으며
그 오른손에는 타오르는 불이 있었다.
주님께서 자기 백성을 사랑하심으로
모든 성도가 그의 보호를 받으며
그의 발아래서 교훈을 받는 구나.
내가 전한 율법은 우리 민족의 소중한 유산이다.
주님께서 이스라엘 백성의 왕이 되셨으니
모든 지파와 백성의 지도자들이 한자리에 모였을 때이다(신 33:2-14).

31. 순종하는 백성을 위한 하나님의 축복

모세는 긴 시가(詩歌)를 읊은 다음 자신의 죽음을 대비하여 이스라엘 백성이 하나님 백성으로 살아가는데 필요한 요건을 다음과 같이 말했다.

"만일 여러분이 하나님께 순종하고 내가 오늘 여러분에게 가르치는 주님의 모든 명령을 충실히 지키면 여러분의 하나님께서 여러분을 세계에서 가장 뛰어난 민족이 되게 하실 것입니다. 만일 여러분이 여러분의 하나님께 순종하면 다음과 같은 복을 받게 될 것입니다. 여러분 가정에서도 복을 받고 일터에서도 복을 받을 것이며, 자손이 번성하고 농사가 잘 되고, 가축이 증식될 것이며 먹을 것이 풍성할 것입니다. 그리고 여러분이 하는 일마다 복을 받을 것입니다.

주님께서는 여러분을 치러 오는 원수들을 여러분 앞에서 패하게 하실 것입니다. 만일 적이 여러분을 공격하려고 떼를 지어 쳐들어 왔다가 뿔뿔이 사방으로 흩어져 달아날 것입니다. 주님께서 여러분이 하는 모든 일에 복을 주셔서 여러분의 창고가 가득 차게 하실 것입니다. 이와 같이 주님께서는 여러분에게 주실 땅에서 여러분을 축복하실 것입니다.

만일 여러분이 주 하나님께 순종하고 그분이 명령하신 모든 것을 지키면 주님께서 약속하신 대로 여러분을 그의 거룩한 백성이 되게 하실 것입니다. 그러면 세상의 모든 민족이 주님께서 여러분을 자기 백성으로 택한 것을 보고 여러분을 두려워할 것입니다.

주님께서는 여러분에게 주겠다고 여러분의 조상들에게 약속하신 땅에서 여러분에게 많은 자녀와 많은 가축과 풍성한 농작물을 주실 것이며, 또 하늘 문을 열어 철따라 단비를 내려 곡식이 잘되게 하시고, 여러분이 하는 모든 일에 복을 주실 것입니다. 여러분은 많은 민족에게 빌려주기는 해도 빌리지는 않을 것입니다.

만일 여러분이 오늘 내가 여러분에게 가르치는 주님의 모든 명령을 듣고, 그대로 지키면 주님께서 여러분을 머리가 되게 하고 꼬리가 되게 하지 않을 것이며, 언제나 여러분을 높여 주실 것입니다. 그러므로 여러분은 무슨 일이 있어도 오늘 내가 여러분에게 전하는 주님의 명령을 떠나 다른 신을 섬겨서는 안 됩니다."

모세는 이스라엘 백성이 하나님의 백성으로 살아가는데 필요한 원칙을 일러주셨다(신 28:1-14).

32. 모세의 마지막 당부(새로운 계약)

모세는 이스라엘 백성이 하나님의 백성으로 살아가는데 필요한 규범을 설명했다.

"하나님께서 이스라엘보다 더 사랑하는 백성은 이 세상에 없다는 점을 후손들에게 길이 전해야 한다. 하나님께서는 이스라엘 백성을 거룩한 선민으로 택하셨기 때문에 순종하면 축복을 받지만 만일 거역하면 반드시 벌을 받는다."

모세는 하나님의 율법을 기록한 모든 두루마리와 법궤를 레위지파의 자손인 제사장에게 맡길 것과 이스라엘 지도자들에게 꼭 실천할 것을 당부했다.

"여러분은 매 7년의 마지막 해, 곧 모든 빚을 면제해 주는 해의 초막절에 백성들이 주님께서 예배 처로 정하신 곳으로 다 모이면, 그들에게 이 법을 낭독해 주십시오. 여러분은 아이들을 포함한 백성의 모든 남녀와 여러분의 성안에 사는 외국인을 모두 불러 모아 그 법을 듣고 배우게 하여 여러분의 주 하나님을 두려운 마음으로 섬기고, 그분의 말씀에 따라 살게 하십시오. 그리고 이 법을 알지 못하는 여러분의 어린 자녀들에게도 이 말씀을 들려줌으로써 여러분이 약속의 땅에 사는 동안 그들도 여러분의 주 하나님을 두려운 마음으로 섬기는 법을 배우게 하십시오."

자신의 운명을 자각한 모세는 이 세상에서 떠날 준비를 하나하나 정리했다. 특별히 백성들에게 많은 교훈을 남겼는데 그 중에도 중요한 점은 다음과 같다.

"나는 지금까지 여러분에게 복과 저주에 관해 제시했습니다. 여러분이 주 하나님에게 쫓겨나 외국 땅에서 흩어져 살 때 내가 한 말이 생각나거든 여러분과 여러분의 자손은 주 하나님께 돌아와 마음을 다하고 정성을 다하여 내가 오늘 여러분에게 가르치는 주님의 명령을 지키십시오. 그러면 주 하나님께서 여러분을 불쌍히 여기시고 여러분을 흩어진 나라에서 다시 모으실 것입니다. 비록 여러분이 땅 끝까지 흩어져 있을 지라도 하나님께서는 여러분을 다시 모아 조상의 땅으로 돌아오게 하실 것이며 여러분은 그 땅을 다시 소유하게 될 것입니다.

주님께서 여러분의 자손에게 순종하는 마음을 주셔서 여러분이 마음을 다하고 정성을 다하여 주 하나님을 사랑하며 평화롭게 살 수 있도록 하실 것입니다. 하나님은 여러분을 미워하고 핍박하는 여러분의 원수들에게 저주를 내리실 것이며, 여러분은 다시 하나님께 순종하고 오늘 내가 가르치는 그 분의 모든 명령을 지키게 될 것입니다. 그러면 하나님께서 여러분이 하는 모든 일을 잘 되게 하시고 여러분에게 많은 자녀와 가축과 풍성한 농작물을 주실 것이며, 또 여러분의 조상들이 번영하는 것을 기뻐하신 것처럼 여러분이 번영하는 것을 다시 기뻐하실 것입니다. 여러분은 하나님께 순종하여 이 책에 기록된 그분의 모든 명령과 율법을 충실히 지키고 주님께 돌아가야 할 것입니다."

모세는 세상을 떠나야 할 자신의 심경을 고백했다(신 29:1-29).

제7장 여호수아를 후계자로 선정하다

1. 모세의 생애

이스라엘 백성이 광야를 40년간 전전하는 동안 이집트에서 태어난 1세대는 나이가 들어 모두 죽고 모세와 여호수아를 비롯한 몇 사람만이 살아 있었다. 그리하여 광야에서 태어난 자손들로 이루어진 이스라엘의 신세대는 용감하고 자유를 위한 패기가 넘쳤다. 세대교체를 이룬 이스라엘 백성들이 가나안의 꿈을 실현하기 위해 다시 모압 땅에 당도했으나 모세는 이미 나이가 120세에다 하나님께서 가나안에 들어가는 것을 허락하지 않았기 때문에 여호수아를 후계자로 세워야 했다.

그러나 모세는 이스라엘 백성을 가나안에 정착시키지는 못했지만 그는 일생을 통해 이스라엘에 위대한 업적을 남겼다. 첫째는 바로의 노예들이었던 히브리 백성을 해방시킨 민족의 해방의 업적이고, 둘째는 하나님과 이스라엘 백성간에 율법을 체결하여 이스라엘 백성의 정체성을 하나님의 선민을 만든 것이다. 그리고 셋째는 하나님의 말씀(율법)을 기반으로 민족 공동체의 결속을 다졌다.

히브리 백성을 해방시킨 모세는 이집트를 떠난 후 처음 두 달 동안 하나님과 얼굴을 마주한 경우가 역사상 전무후무한 체험이었다. 모세가 체험한 주님의 힘으로 이스라엘 백성이 40년간 광야를 방황할 때 강인한 새로운 민족으로 탄생시켰다(신 30:1-10).

2. 모세의 예언: 하나님의 축복

모세가 이스라엘 백성이 모압 땅에 이르렀을 때 백성을 한 자리에 모아놓고 이렇게 말했다.

"나는 여러분에게 이 모든 복과 저주를 제시했습니다. 여러분이 우리 주 하나님에게 쫓겨나 흩어져 사는 외국 땅에서 내가 한 말이 생각나거든 여러분과 여러분의 자손들은 여러분의 하나님께서 돌아와 마음을 다하고 정성을 다해 내가 오늘 여러분에게 가르치는 주님의 명령을 지키십시오. 그러면 여러분의 하나님 주님께서 여러분을 불쌍히 여기셔서 여러분을 흩어버리신 모든 나라에서 다시 모으실 것입니다. 비록 여러분이 땅 끝까지 흩어져 있을지라도 여러분의 주 하나님께서 여러분을 다시 모아 여러분의 조상들 땅으로 돌아오게 하실 것이며 여러분은 그 땅을 다시 소유하게 될 것입니다. 또 주님께서는 여러분을 축복하셔서 여러분의 조상들보다 더욱 번성하게 하실 것입니다. 여러분의 하나님께서는 여러분과 여러분의 자손에게 순종하는 마음을 주셔서 여러분의 마음을 다하고 정성을 다하여 여러분의 주님을 사랑하며 살 수 있도록 하실 것입니다. 그리고 주 하나님은 여러분을 미워하고 핍박하는 여러분의 원수들에게 이 모든 저주를 내리실 것이며, 여러분은 다시 주님께 순종하고 오늘 내가 여러분에게 가르치는 그분의 모든 명령을 지키게 될 것입니다. 그러면 여러분의 하나님께서 여러분이 하는 모든 일을 잘 되게 하시고 여러분에게 많은 자녀와 가축과 풍성한 농작물을 주실 것이며 또 여러분의 조상들이 번영하는 것을 기뻐하신 것처럼 여러분이 번영하는 것을 다시 기뻐하실 것입니다. 그러나 여러분은 여러분의 주 하나님께 순종하여 이 책29)에 기록된 그분의 모든 명령과 율법을 충실히 지키고 진심으로 주님께 돌아가야 할 것입니다"(신 30:11-18).

3. 삶과 죽음의 선택

"내가 오늘 여러분에게 가르친 이 명령은 여러분이 지키기에 어렵거나 힘에 겨운 것이 아니며 또 저 멀리 하늘에 있는 것도 아닙니다. 그러므로 여러분은 '누가 하늘에 올라가 우리를 위해 하나님의 명령을 가지고 와서 우리에게 들려주어야 우리가 그것을 지킬 수 있게 할 것인가?'하고 말할 필요가 없습니다. 이것은 또 바다 저편에 있는 것도 아니므로 여러분은 '누가 바다를 건너가 우리를 위해 하나님의 명령을 지킬 수 있게 할 것인가?' 말할 필요도 없습니다. 그 말씀은 바로 여러분 곁에 있으며 여러분의 입술과 마음에 있으므로 여러분은 지킬 수 있습니다"(신 30:11-14).

4. 모세의 고별사: 삶과 죽음의 선택

"보십시오. 나는 오늘 선과 악, 생명과 죽음을 선택할 수 있는 기회를 여러분에게 주었습니다. 만일 여러분이 내가 오늘 여러분에게 가르치는 하나님의 명령에 순종하고 그분을 사랑하고 그분의 모든 법과 규정을 지키면 여러분은 길이 번성할 것이며 여러분이 들어가 살 땅에서 하나님이 여러분을 축복하실 것입니다. 그러나 만일 여러분의 마음이 변하여 불순종하고 유혹에 빠져 다른 신을 섬기면 내가 오

---

29) 모세가 수록한 성서로서 창세기, 출애굽기, 레위기, 민수기, 신명기를 가리켜 흔히 모세 5경이라고 부른다. 바로 이 오경이 구약성서의 가장 중요한 부분을 이룬다.

늘 선언하지만 여러분은 반드시 멸망할 것이며, 여러분이 요단강을 건너가 점령할 그 땅에서 오래 살지 못할 것입니다.

내가 오늘 하늘과 땅을 증인으로 세우고 여러분에게 생명과 죽음, 축복과 저주를 제시하였습니다. 그러므로 여러분과 여러분의 자손이 여러분의 생명이 되시는 여러분의 하나님 주님을 사랑하고 그 말씀에 순종하며 언제나 그분을 떠나지 마십시오. 그러면 주님께서 여러분의 조상, 아브라함과 이삭과 야곱에게 주시기로 약속하신 땅에서 여러분이 오랫동안 살게 될 것입니다. 이제 여호수아가 나를 대신해 여러분을 인도할 것입니다. 내 나이 이제 120살이 되어 더 이상 여러분을 인도할 수 없습니다. 그러나 하나님은 여러분과 함께 할 것입니다."

모세는 고별사를 마친 다음 기도했다.

"사람의 근원이 되시는 하나님, 이스라엘 백성을 거느릴 사람을 세워 주십시오. 당신의 백성을 목자 없는 양떼처럼 내버려두지 마시옵소서"(신 31:15-20).

5. 모세의 후계자 여호수아에게 마지막 당부

모압 땅에 당도한 모세는 자신의 생애가 얼마 남지 않았음을 자각하고 백성들에게 말했다.

"이제 내 나이 120세나 되어 더 이상 여러분을 인도할 수 없게 되었습니다. 하나님께서도 내가 요단강을 건너지 못할 것이라고 말씀하셨습니다. 그러나 여러분의 하나님께서 여러분 보다 먼저 요단강을 건너 가셔서 그곳 가나안에 살고 있는 민족들을 멸망시키고 여러분으로 하여금 그 땅을 점령할 수 있도록 인도하실 겁니다. 그러므로 여러분은 내가 명령한 대로 마음을 굳게 먹고 용기를 가지십시오! 그들을 두려워하거나 그들 앞에서 떨지 마십시오! 여러분의 하나님께서 함께하실 것이며 여러분을 버리지 않을 것입니다."

모세는 마지막 훈시를 한 다음 여호수아를 불러 다음과 같이 당부했다.

"여호수아야!, 너는 마음을 굳게 먹고 용기를 가져라! 네가 이 백성을 인도하여 주님께서 이스라엘의 조상들에게 약속하신 땅으로 들어가 그 땅을 정복해야 한다. 주님께서 직접 너를 인도하시고 너와 함께 하실 것이며 너를 버리거나 떠나지 않으실 것이다. 그러므로 너는 두려워하거나 낙심하지 말라"(신 31:9-13).

6. 7년마다 율법을 낭독하라

모세는 율법을 기록하여 법궤를 운반하는 레위지파의 제사장들과 이스라엘의 지도자들에게 넘겨주고 말했다.

"여러분은 매 7년의 마지막 해, 모든 빚을 면제해 주는 해의 초막절에 백성들이 여호와께서 예배 처로 정하신 곳으로 다 모이면 그들에게 이 법을 낭독해 주십시오. 여러분은 아이들을 포함한 백성의 모든 남녀와 여러분의 성에 사는 외국인을 모두 불러 모아 그 법을 듣고 배우게 하여 여러분의 하나님을 두려운 마음으로 섬기고 그분의 말씀에 따라 살게 하십시오. 그리고 이 법을 알지 못하는 여러분의 어린 자녀들에게도 이것을 들려주어 여러분이 약속의 땅에 사는 동안 그들도 여러분의 하나님을 두려운 마음으로 섬기는 법을 배우게 하십시오"(31:14-20).

7. 하나님께서 여호수아를 승인하시다

하나님은 모세의 기도를 들으시고 다음과 같이 말씀하셨다.

"눈의 아들 여호수아는 정직하고 신의가 있는 사람이다. 그를 데려다 안수하여 이스라엘의 지도자로 세워라. 그리고 모세의 직권을 그에게 물려주고 백성들로 하여금 그에게 복종하도록 하라."

하나님의 분부에 접한 모세는 다시 여호수아를 불렀다.

"하나님께서 우리 조상에게 약속한 가나안 땅에 우리 민족을 인도할 사람으로 너를 고르셨다. 너는 우리 이스라엘 백성이 약속의 땅을 차지할 수 있도록 용기를 가져야 한다."

여호수아는 이스라엘 백성을 이집트에서 이끌고 떠나온 후 줄곧 모세의 군사문제를 보좌해온 부관이었다. 모세는 여리고성을 통과해야 할 중대한 문제를 놓고 군사 문제에 밝은 여호수아를 후계자로 선정한 다음 백성을 이끄는데 필요한 여러 가지 지침을 전수 시켰다. 우선 재산 상속에 관한 문제를 비롯해 제사와 절기에 따른 예절과 성전 관리에 대한 문제 등, 이스라엘 백성이 지켜야 할 삶의 규범을 상세히 가르쳤다. 모세가 신변을 하나하나 정리하자 하나님께서 이르셨다.

"너는 여리고 맞은편 모압 땅에 있는 아바림(Abarim)산맥의 느보산에 올라가서 내가 이스라엘 백성에게 줄 가나안 땅을 바라보아라. 너의 형 아론이 호르(Hor)산에서 죽었던 것처럼 너도 그 산에서 죽게 될 것이다. 이것은 너희가 싸움에 패한 바 있는 광야의 가데스 므리바(Meribar)샘에서 범죄 하여 이스라엘 백성에게 나의 거룩함을 나타내지 않았기 때문이다. 너는 내가 이스라엘 백성에게 주기로 약속한 땅을 멀리서 바라보고 들어가지는 못할 것이다"(신 34:1-6).

8. 모세의 영면(永眠)

모세는 하나님의 분부를 받은 다음 모압 평야에 있는 느보(Nebo)산으로 가서 여리고 맞은편의 비스가(Pisgah)산 꼭대기에 올라가 길르앗(Gilead)에서 단(Dan)까지 광활한 가나안의 지평선을 바라보았다. 모세가 약속의 땅을 바라볼 때 하나님께서 이르셨다.

"모세야, 잘 보아라. 저 넓은 땅이 내가 아브라함, 이삭, 야곱의 자손에게 약속한 땅이다. 그러나 이제 너는 곧 일생을 마감할 것이다."

모세는 하나님이 가리키는 아바림(Abarim)산맥을 따라 끝없이 펼쳐진 북쪽을 바라보았다. 사시사철 흰 눈에 덮인 헤르몬(Hermon)산이 우뚝 솟아 있고, 그 밑에 굽이쳐 흐르는 요단강물이 사해(死海)로 흘러가고, 더 멀리 아득한 하늘 아래 구름을 치받고 솟아오른 장엄한 여리고 도성의 웅장한 모습이 아른아른 눈에 들어왔다. 모세는 아브라함과 이삭과 야곱이 묻힌 헤브론(Hebron)이 내려다보이는 아바림 산맥의 정상에서 가나안을 바라본 다음 모압 땅 벳브올(Bethpeor)의 맞은편 산골짜기 맑은 냇물이 흐르고 포도나무와 감나무 숲이 어우러진 곳에서 120세에 아무도 모르게 조용히 운명했다.30) 모세가 사라지자 이스라엘 백성은 모압 평원에서 40일간의 추모기간을 정하고 모세의 소천을 애도했다(신 34:6-12). 추모

---

30) 모세가 죽은 후 그 장소와 시신은 찾지 못했다. 사실상 모세는 죽었다고 하기보다 사라졌다는 표현이 적절하다.

창세기 기독교 역사이야기
성서 속에 흐르는 하나님의 섭리 ①

|판권 본사| 값 15,000원

2011년 6월 20일 인쇄
2011년 6월 25일 발행

편저자 / 남홍진
발행인 / 안영동
발행처 / 출판사 동양서적
     주소: 경기도 용인시 기흥구 청덕동 554-5
     전화: (031) 282-4767~6
     FAX: (031) 282-4768
등록번호 - 제6-11호
등록일자 - 1976년 9월 6일
홈페이지 - www.orientbooks.co.kr

ISBN 97889-7262-178-2   04230